Schwester Liliane Juchli
Heilen durch Wiederentdecken der Ganzheit

Schwester Liliane Juchli

Heilen

durch Wiederentdecken der Ganzheit

Mit einem Geleitwort
von Karlfried Graf Dürckheim

Kreuz Verlag

© by Dieter Breitsohl AG
Literarische Agentur Zürich 1985
Alle deutschsprachigen Rechte beim Kreuz Verlag Stuttgart
2. Auflage (11.-16. Tsd.) 1986
Kreuz Verlag Stuttgart 1985
Umschlagbild: Pierre-Yves Trémois: L'Apocalypse, Pur la
Naissance du Surhomme
Umschlaggestaltung: HF Ottmann
Gesamtherstellung: Ebner Ulm
ISBN 3 7831 0794 6

Inhalt

Dank an

– meine Lehrer, die mich in die Welt der Bilder und des tieferen Gewahr-Seins einführten, besonders Karlfried Graf Dürckheim und Maria Hippius;

– die Leitung des Instituts Ingenbohl und die Schwesterngemeinschaft, die mir den notwendigen Freiraum ermöglichten;

– Frau Christa Well, Adelsheim, für das kritische Durchlesen, ihr kreatives Mitdenken und für das Schreiben des Manuskripts;

– Frau Hildegunde Wöller für die Anregung, das Mutmachen und die Begleitung;

– alle, an denen ich in der Auseinandersetzung mit den Fragen um Ganzheit und Ganzheitlichkeit lernen durfte: Freunde und Weggefährten, Kolleginnen, Kollegen, Kursteilnehmer.

Geleitwort

Wir stehen in einer besonderen Zeit – einer Zeit des Übergangs. Wir spüren: Es kommt etwas auf uns zu, etwas Unbekanntes, und der Mensch muß sich darauf vorbereiten. Wie kann er das tun?

Er kann es nur, wenn er in sich selbst Fühlung aufnimmt zu der Dimension, die jenseits von Raum und Zeit auch seine Bedeutung *in* dieser Zeit bestimmt. So geht es beim Menschen darum, in der rechten Fühlung zu seinem Wesen zu stehen. Sein Wesen ist die Weise, in der das Überweltliche, Göttliche, in ihm und durch ihn manifest werden möchte in der Welt: das heißt, wo er wirklich Person wird. Person kommt von personare – hindurchtönen, und wir sind dazu bestimmt, das überweltliche Sein durch uns hindurchtönen zu lassen in die Welt. In diesem Sinne war Jesus die erste Person, der ständige Zeuge des Vaters, und so sollen auch wir als Person ohne Unterlaß Zeuge sein von unserem Wesen, das heißt Zeuge des uns immanenten Göttlichen.

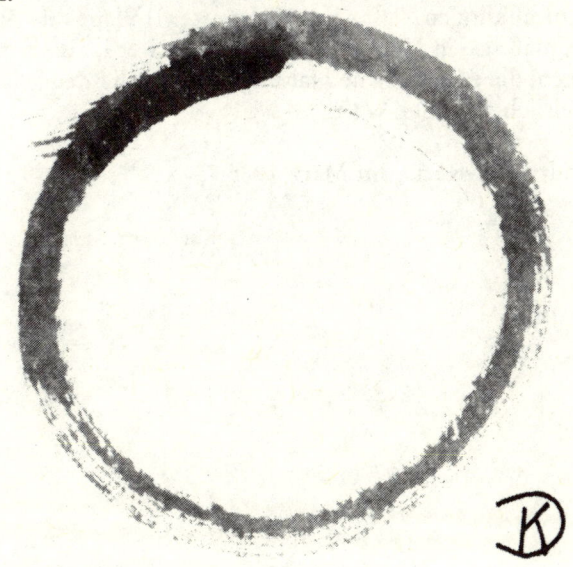

Zen-Kreis von Karlfried Graf Dürckheim

Wir müssen unterscheiden zwischen dem Körper, den man hat, und dem Leib, der man ist. Der Sinn des Körpers ist es, uns leistungskräftig zu machen in der Welt; es geht bei ihm um Gesundheit und Kraft. Der Leib, der man ist, bildet die Einheit der Gebärden, in denen man sich darstellt und ausdrückt – ist die Weise, in der wir transparent werden können für die uns immanente Transzendenz. Diese Transparenz, die in der Weise erscheint, wie wir in der Welt *da* sind, ist der Sinn des Leibes, der man ist.

Wo der Mensch ganz in dem Leibe ist, der er ist, ist er wahrhaft gesund, ob er im gewöhnlichen Sinne krank ist oder elend, jung oder dem Tode nahe. Er ist heilsam für jeden, der ihm begegnet, weil er als Leib Zeuge ist des Überweltlichen in der Welt.

Schwester Liliane, die Autorin dieses Buches, ist mir persönlich bekannt, und ich weiß aus unserer Begegnung, daß sie in ihrer Weise dazusein, in den ihr eigenen Gebärden, ihrer Weise zu sprechen und sich zu geben immer auch Zeuge ist jener höheren Wirklichkeit, die zu verkörpern der höhere Sinn der menschlichen Existenz ist. So wünsche ich diesem Buch, das im Wort durchklingen läßt, was Schwester Liliane als Person darlebt, daß es in der Welt verstanden werde und in den Menschen, die es lesen, jene Haltung bewirkt, die Zeuge ist vom Überweltlichen in der Welt.

Todtmoos-Rütte, im März 1985

KARLFRIED GRAF DÜRCKHEIM

Vorwort

Menschliches Leben – ja Leben überhaupt – ist eingebunden in einen stets wiederkehrenden Kreislauf von Werden und Vergehen. Immer schon haben die Menschen davon gewußt. Zwar suchen wir in der älteren Literatur vergebens nach Worten wie »Wendezeit« oder »Paradigmawechsel«. Denn diese und ähnliche Begriffe sind typische Wörter unserer Zeit, durch die der moderne Mensch sich auszudrücken und mit denen er in Verbindung zu treten versucht. Einigen verhilft das zur Orientierung im Leben, anderen nicht. Viele – vor allem intuitiv veranlagte Menschen – haben kaum Zugang zu solch einer abstrakten Begrifflichkeit. Sie wissen mehr als andere, daß der Mensch nicht nur über Worte, sondern auch über die Welt der Bilder zu Wahrheiten und Wirklichkeiten des Lebens vordringen kann und daß er immer schon zum anderen Menschen über das Bild gesprochen hat. So finden wir in den Mythen und Märchen einen Schatz uralten und doch ewig neuen Wissens. Sie sprechen eine andere Sprache als die Wissenschaft, aber sie sprechen nicht weniger eindringlich über das, was uns heute wieder so sehr angeht: Veränderung – Wandlung – Neuwerdung. Das sind auch die Themen des Märchens, das, als Vorwort, diesem Buch vorangestellt sein soll. Gleichsam wie eine Melodie soll es die Reflexionen und Meditationen dieses kleinen Buches begleiten, das ich für all jene schreibe, denen ich in diesen Jahren auf Tagungen und bei Kursen begegnet bin und die mich immer wieder gebeten haben, die Inhalte – die abstrakten Theorien wie die intuitiv miterlebte Welt der Bilder – schriftlich niederzulegen.

Ich versuche es und beginne das Buch, wie ich ungezählte Seminare begonnen habe, mit der Bitte und der Aufforderung:

Erinnern Sie sich an Ihre Kindheit, an jenen Menschen, der Ihnen damals Märchen erzählt hat. Versuchen Sie, einen Faden zu spinnen zwischen jenem Zuhören und heute, da Sie dieses Märchen lesen.

Setzen Sie sich hin, wie Sie es damals taten, spüren Sie die Qualität der Zeit damals, horchen Sie in sich hinein. Horchen Sie mehr, als daß Sie lesen. Lassen Sie sich anrühren von der Geschichte des Bambus, die auch Ihre Geschichte ist.

Bambus
Zeichnung aus Korea

Das Märchen vom Bambus

Es war einmal ein wunderschöner Garten, der lag im Westen des Landes, mitten in einem großen Königreich. Dort pflegte der Herr des Gartens in der Hitze des Tages spazierenzugehen. Ein edler Bambusbaum war ihm der schönste und liebste von allen Bäumen, Pflanzen und Gewächsen im Garten. Jahr für Jahr wuchs dieser Bambus und wurde immer anmutiger. Er wußte wohl, daß der Herr ihn liebte und seine Freude an ihm hatte.

Eines Tages näherte sich der Herr nachdenklich seinem geliebten Bambus, und in einem Gefühl großer Verehrung neigte sich der Bambus zur Erde. Der Herr sprach zu ihm: »Lieber Bambus, ich brauche dich.« Es schien, als sei der Tag aller Tage gekommen, der Tag, für den der Baum geschaffen worden war. Der Bambus antwortete leise:

»Herr, ich bin bereit. Gebrauche mich, wie du willst!«

»Bambus«, die Stimme des Herrn war ernst, »um dich zu gebrauchen, muß ich dich beschneiden!«

»Mich beschneiden? Mich – den du, Herr, zum schönsten in deinem Garten gemacht hast! Nein, das nicht, bitte nicht! Verwende mich doch zu deiner Freude, Herr, aber bitte beschneide mich nicht!«

»Mein geliebter Bambus«, die Stimme des Herrn wurde noch ernster, »wenn ich dich nicht beschneide, kann ich dich nicht gebrauchen.«

Im Garten wurde es ganz still. Der Wind hielt den Atem an. Langsam beugte sich der Bambus. Dann flüsterte er: »Herr, wenn du mich nicht gebrauchen kannst, ohne mich zu beschneiden, dann – tu mit mir, wie du willst, und beschneide mich.«

»Mein geliebter Bambus, ich muß dir aber auch deine Blätter und Äste abschneiden.«

»Ach Herr, davor bewahre mich! Zerstöre meine Schönheit – aber laß mir doch bitte Blätter und Äste!«

Der Herr antwortete: »Wenn ich sie dir nicht abschneide, kann ich dich nicht gebrauchen.«

Die Sonne versteckte ihr Gesicht. Ein Schmetterling flog ängstlich davon. Und der Bambus, zitternd vor dem, was auf ihn zukam, sagte ganz leise: »Herr, schlage sie ab.«

»Mein Bambus, ich muß dir noch mehr antun. Ich muß

13

deinen Stamm teilen. Wenn ich das nicht tue, kann ich dich nicht gebrauchen.«

Da neigte sich der Bambus zur Erde: »Herr, schneide und teile.«

So beschnitt der Herr des Gartens den Bambus, hieb seine Äste ab, streifte seine Blätter ab, teilte ihn in zwei Teile, drang bis ins Mark. Dann trug er ihn dahin, wo schon aus einer Quelle frisches, sprudelndes Wasser sprang, mitten in die trockenen Felder. Dort legte der Herr vorsichtig seinen geliebten Bambus auf den Boden. Das eine Ende des abgeschlagenen Stammes verband er mit der Quelle, das andere führte er zu der Wasserrinne im Feld. Die Quelle sang ein Willkommen, und das klare, glitzernde Wasser schoß freudig durch den zerschlagenen Körper des Bambus in den Kanal und floß auf die dürren Felder, die so darauf gewartet hatten. Dann wurde der Reis gepflanzt, und die Tage vergingen, die Saat ging auf, wuchs, und die Erntezeit kam.

So wurde der einst so herrliche Bambus zum großen Segen. Als er noch groß und schön war, wuchs er nur für sich selbst und freute sich an der eigenen Schönheit, aber als er sich hingegeben hatte, wurde er zum Kanal, den der Herr gebrauchte, um sein Land fruchtbar zu machen.

GEORGE DELL BRITT*

---

* George Dell Britt ist eine Schriftstellerin, die als Lehrerin in Kowloon, Hongkong, für die Südchina-Foursquare-Gospel-Mission arbeitete. Heute lebt sie mit ihrer Familie in Covinia, Kalifornien. Sie schrieb diese Parabel, die sie auf einer christlichen Konferenz gehört hatte.

Wachsen – Beschneiden – Neuwerden

Märchen sind Teil des Urschatzes der Menschheit wie die Mythen. Märchen rühren uns an. Wir kehren beim Zuhören zu einem in uns verborgenen Wissen zurück. Im Märchen vom Bambus geschieht etwas, das wir alle – mehr oder weniger gut – aus unserem eigenen Erleben kennen.

Der junge Bambus wird schön und groß. Er freut sich seiner Schönheit, und das ist gut und richtig.

Im menschlichen Leben muß dieser Phase des Aufbaus genug Zeit und Raum gegeben werden. Dieses Wachsen macht den Menschen nicht nur stolz im guten Sinn, sondern auch schön. Wir freuen uns an dem, was wird. Wir lassen uns vom Erreichten leiten und wollen immer weiter voran.

In dieser Zeit wird das Kind zum jungen Erwachsenen, der einen Beruf erlernt, seine Rolle findet, an der Welt teilnimmt und sie mitgestaltet. Es liegt im Wesen des Menschen, daß er an seine Karriere denkt, Neues plant, weiterschreitet. Es ist die Phase der Ich-Formung, der Ich-Stärkung. Sie darf nicht übersprungen werden durch zu frühes Beschneiden. Der junge Mensch braucht Zeit zum Reifwerden, sonst verkümmert er in seiner Entwicklung. Erst als der Bambus schön und groß war, kam der Anruf des Herrn.

Das Beschneiden kommt oft unmerklich. Hindernisse stellen sich in den Weg, Grenzen tauchen auf. In vielen Menschenleben wird das Beschneiden als Bruch erfahren oder als Krankheit, als ein Sichzurückziehen, ein Nicht-mehr-weiter-Können.

Das Annehmenkönnen des Beschneidens ist uns möglich, wenn wir dazu herangereift sind. Es fällt uns trotzdem immer wieder schwer. Wie sehr wehrt sich dieser Bambus dagegen, daß ihm die Äste und Blätter genommen werden! Keiner steckt gern seine Ziele zurück. Unerwartet tritt dieses ganz andere in unser Leben ein: »Das hatte ich nicht gewollt.« – »So habe ich mir mein Leben, meinen Beruf nicht vorgestellt.« In jedem von uns klingen ähnliche Sätze nach.

Wer ist der Herr des Bambus, der da einbricht? Wer spricht mit solcher Vollmacht, daß der Bambus einwilligt? Wer spricht in unser Leben so, daß wir immer wieder uns selbst überschreiten können, ein Ja finden und zu einer neuen Lebensqualität heranreifen?

15

Die Geschichte vom Bambus ist die Geschichte des *Menschen*, der sich auf den Weg gemacht hat, wirklich Mensch zu werden. Sie ist auch die Geschichte des Menschen, der im Dienst am Menschen steht.

Der Bambus wird nicht zu früh beschnitten. Er darf wachsen und sich entfalten. Vielleicht ist innerhalb der helfenden Berufe gerade an dieser Stelle ein besonderes Lernfeld. Wir dürfen jungen Menschen nicht zu früh eine Reife abverlangen, die sie noch nicht bringen können. Sie brauchen Zeit, sich selbst zu erfahren, sich zu formen, sich einzubringen, sich selbst zu verwirklichen im rechten Sinne des Wortes. Diese Selbstverwirklichung ist letztlich Gottesverwirklichung und hat nichts zu tun mit Egoismus. Der Weg führt vom Ich über das Selbst zum Du. Der Mensch, der diesen Weg beschreitet, wird erfahren, was es heißt: Verleugne dich selbst.

Wir kennen alle das Wort der Bibel: »Liebe deinen Nächsten wie dich selbst.« In der Sozialarbeit wie in der Pflege ist dieser ganze Satz mit seinen beiden Teilen von Bedeutung. Es geht nicht um ein Entweder-Oder, sondern um das bewußte Sowohl-Als-auch. Ich muß den Weg meines eigenen Menschwerdens finden und gehen. Ich muß das Ich wie das Du ernst nehmen. Wenn wir das Ich verkümmern lassen, dann verbrauchen wir uns zu sehr in unserem Beruf und werden zu früh müde. Zuviel Dienst und zuwenig Wissen um sich selbst machen schließlich krank.

Die Geschichte des Bambus kann uns auch als Bild für die Entwicklung unseres *Berufes* dienen. Er wuchs aus kleinen Anfängen und wurde zum großen Baum mit vielen Ästen und Verzweigungen. Heute spüren wir, daß Zersplitterung droht und eine Rückbesinnung aufs Mark – auf die Mitte, das Wesentliche – notwendig ist. Dahin sind Menschen an vielen Orten unterwegs. Wir hören die Stimmen des Unbehagens über Inhumanität im Krankenhaus, den Ruf nach mehr Menschlichkeit. Wie können wir etwas verändern? Was wollen wir überhaupt verändern?

Solange der Bambus nicht ins Mark hinein erfaßt wird, ist er einfach ein schöner Bambus. Erst die Verwandlung durch den Herrn des Gartens macht ihn auf neue Weise fruchtbar. Neues Werden geht auch in unserem Beruf nur durch dieses Beschneiden hindurch: Rückbesinnung – Neuorientierung – Mut zu neuen Wegen.

1. Gedanken zur Zeitenwende

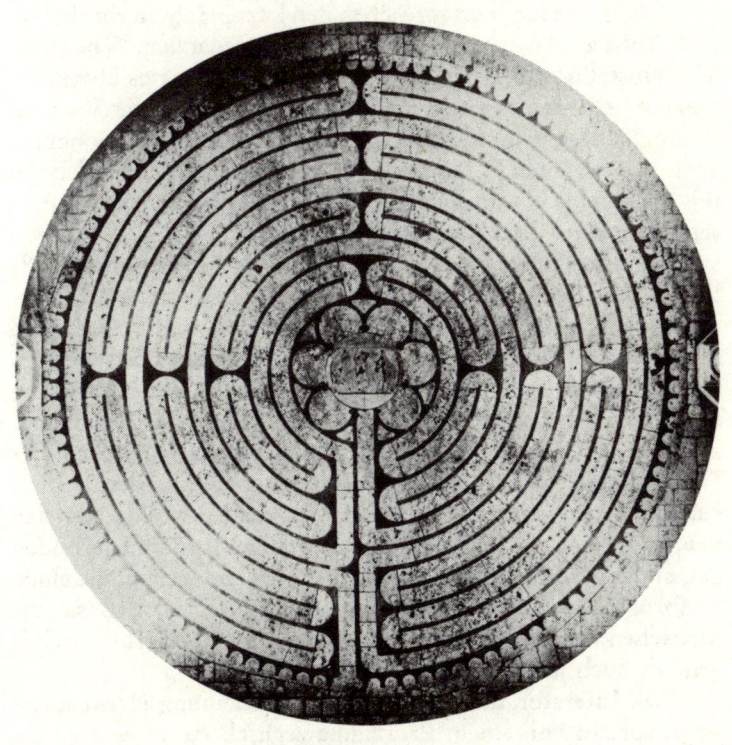

*Labyrinth
in der Kathedrale von Chartres*

Der Fluß der Zeit
ist offensichtlich ein unangepaßtes Konzept
für die Beschreibung der physischen Welt,
die keine Vergangenheit, Gegenwart und Zukunft hat,
sondern einfach ist.
THOMAS GOLD

Mehr und mehr erfahre ich in den letzten Jahren eine innere und äußere Auseinandersetzung mit Gedanken, Theorien, Werteinstellungen, die auf eine Veränderung der uns überkommenen Lebensauffassung hindeuten. Ich erfahre die Welt im Wandel, begegne immer häufiger Menschen, die sich mit neuen, auch unvertrauten Ideen auseinandersetzen; und ich erlebe in mir selbst eine erwartungsvolle Hinwendung zu einem umfassenderen Welt- und Menschenverständnis.

Ebensosehr erfahre ich aber auch die scheinbar unumstößliche Macht der gewordenen Strukturen und Werte: Lebensformen, die sich nicht nur halten, sondern sich weiter ausbreiten möchten, und deren Befürworter andersgerichtete Bestrebungen teils belächeln, teils vehement bekämpfen. Doch dies ist, wenn man einen Blick in die Geschichte wirft, keine neue Erfahrung.

Keiner Zeit ist es leichtgefallen, sich einer neuen Sicht der Wirklichkeit zu öffnen. Jede Zeitenwende hat den Kampf gekannt zwischen *alten Werten*, die sich halten wollen, und den *neuen*, die langsam zwar, aber nicht weniger fordernd an Boden gewinnen wollen. Ein Merkmal solcher Wendezeiten, die einen Aufbruch aus dem Gewohnten bringen, ist es, daß sie die Menschen herausfordern: sowohl jene, die alte Werte verteidigen, als auch jene, die Neues vorantreiben.

Die Literatur, die sich mit dieser Erscheinung auseinandersetzt, spricht von einem Paradigmawechsel. *Paradigma* ist ein griechisches Wort und bedeutet: Beispiel, Muster, Modell. So wurden früher beispielsweise in der kirchlichen Literatur die Gleichnisse Jesu als Paradigmata bezeichnet, als Beispiele also, die für viele andere stehen könnten. Heute sagt man dafür eher »exemplarisch«. In der Wissenschaft jedoch hat der Begriff seinen Platz behauptet. Er wird gebraucht, wenn von *Mustern des Denkens und Wahrnehmens* gesprochen wird, von Sichtweisen, Perspektiven oder von Weltanschauung. *Paradigmawechsel* ist also eine Änderung von gewordenen Sichtweisen und Denkmodellen. Es werden neue Ansätze gesucht, die die alten ersetzen oder ergänzen sollen. Um aber einen Paradigmawechsel im Bereich der allgemein gültigen Lebensformen wirklich in Gang zu bringen, müssen enorme Lernprozesse einsetzen – Lernprozesse, die auf allen Gebieten ein weitreichendes »Umdenken« voraussetzen *und* bewirken. Die in solchem Umdenken gewonnenen neuen Denkansätze müssen dann in das Bewußtsein des Menschen beziehungsweise ganzer Gruppen von Menschen übernommen werden, bevor ihre verändernde Wirkung auch im *Handeln* zum Tragen kommen kann. Ein Paradigmawechsel ist ein langer Weg, und es erfordert Zeiträume von Jahrzehnten, bis Früchte geerntet werden können.

Eine bekannte Vertreterin für neues Denken ist Marilyn Ferguson, die Autorin des Buches »Die sanfte Verschwörung«[1]. Auf ihren Vortragsreisen sammelt sie Informationen aus allen Bereichen der Wissenschaft und allen Schichten der Bevölkerung. Dennoch ist das Ergebnis dieser Arbeit – so dick ihr Buch auch ist – nur ein kleines Rinnsal in der Landschaft der Welt. Doch ist uns die Natur selbst das beste Beispiel dafür, daß ein solches Rinnsal nicht verlorengeht, wenn es sich mit anderen Rinnsalen vereinigt, zum springenden Bach wird und schließlich zum unaufhaltsam strömenden Fluß.

Dieses Bild aus der Natur macht sichtbar, was auch die Geschichte uns lehren kann: Wenn man lange Zeiträume überblickt, wird erkennbar, daß das menschliche Bewußtsein sich langsam, aber stetig verändert und dadurch auch die Welt.

Vor diesem Hintergrund möchte ich eine Übersicht über die Entwicklung des menschlichen Bewußtseins und der Zivilisation geben auf dem Gebiet, das mir von meinem eigenen Erfahrungsbereich am nächsten steht, nämlich dem der Krankenpflege, die wie jedes Spezialgebiet die besonderen Merkmale einzelner Epochen widerspiegelt.

Die folgende chronologische Einteilung bezieht sich der Einfachheit halber auf das in den jeweiligen Perioden vorherrschende Bewußtsein und die daraus erwachsenen Beziehungs- und Handlungsmuster. Wo immer dies möglich ist, lege ich den Schwerpunkt auf den Bereich der Pflege und des Pflegeverständnisses und seines Wandels im allgemeinen, wobei wir uns bewußt bleiben müssen, daß es in diesem Allgemeinen immer individuelle Ausnahmen gegeben hat und geben wird.

Zeitepochen und ihre Lebens- und Beziehungsformen

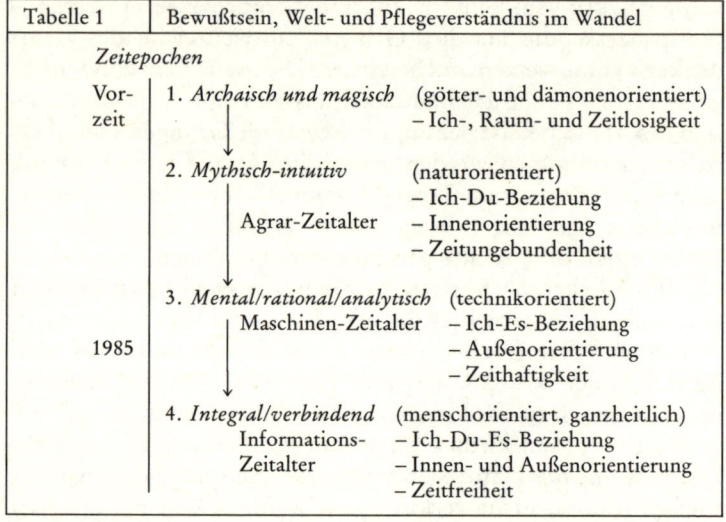

Tabelle 1	Bewußtsein, Welt- und Pflegeverständnis im Wandel
Zeitepochen	
Vor-zeit	1. *Archaisch und magisch* (götter- und dämonenorientiert) – Ich-, Raum- und Zeitlosigkeit
	2. *Mythisch-intuitiv* (naturorientiert) – Ich-Du-Beziehung Agrar-Zeitalter – Innenorientierung – Zeitungebundenheit
1985	3. *Mental/rational/analytisch* (technikorientiert) Maschinen-Zeitalter – Ich-Es-Beziehung – Außenorientierung – Zeithaftigkeit
	4. *Integral/verbindend* (menschorientiert, ganzheitlich) Informations- – Ich-Du-Es-Beziehung Zeitalter – Innen- und Außenorientierung – Zeitfreiheit

☐ Das *archaische* und das *magische* Zeitalter[2] (siehe oben, Tabelle 1) möchte ich, da sie für unsere heutige Zeit nicht mehr vordergründig prägend sind, ausgeklammert lassen. Ich setze mit meinen Überlegungen dort ein, wo sie abgelöst werden von der
☐ *mythisch-intuitiven Epoche.* Diese Periode wird auch »partizipativ« genannt. Partizipation heißt Teilhabe und meint, daß die Menschen jener Zeit innerlich an allen Vorgängen der Natur teilhaben: Die Natur – und mit ihr alles, was außen erlebt wird – gehört wesenhaft und gleichzeitig auch zum Inneren des Menschen, so daß Innen und Außen nicht zu trennen sind.

Diese Existenzform ist die Ursache dafür, daß der damalige Mensch Arbeit als Berufung erfährt. Er braucht für das, woran er teilnimmt, keine Erklärungen, keine Organisationsstrukturen, ja er braucht das, was er tut, nicht in unserem heutigen Sinne als Beruf zu erlernen. Er antwortet mit seinem Tun auf das, was ihn bestimmt und das für ihn stimmt. Auch Streben nach besseren Lebensverhältnissen, wo es sich als solches ausdrückt, bleibt eingebettet in den Fluß des Geschehens, ist ein Teil dieses Geschehens selbst.

Nichtpartizipierendes Bewußtsein und damit Selbstwahrnehmung hat sich nur sehr langsam entwickelt. Erst im Laufe des Mittelalters tritt an die Stelle der Partizipation allmählich eine intuitive Weltwahrnehmung, das heißt das im unmittelbaren Anschauen sich ereignende ahnende Erfassen von Zusammenhängen. In dieser Phase werden auch die Beziehungsformen differenzierter. Das partizipative Wir-Gefühl gibt der Ich-Du-Beziehung mehr Raum. Natur und Umwelt können als vom Ich getrennte Objekte gesehen und erfahren werden, werden aber nach wie vor in unmittelbarem Bezug symbolhaft-lebendig betrachtet. Die symbolische Dimension der Umwelt und die tatsächlich erlebte Wirklichkeit des Menschen bleiben einheitlich verbunden und werden ungetrennt erfahren.

Diesem Denken bleibt besonders die Krankenpflege noch lange verhaftet. So schrieb zum Beispiel Florence Nightingale 1877: »Krankenpflege besteht darin, dem Patienten die bestmöglichen Bedingungen zu schaffen, damit die Natur auf ihn einwirken kann.« Natur, Gesundheit/Krankheit, Heilen und Pflegen sind noch untrennbar verbunden und können nicht unabhängig voneinander betrachtet werden.

Mit der industriellen Revolution des 18. und 19. Jahrhunderts endet schließlich die mythisch-intuitive Periode. Der moderne Mensch hat seine Welterfahrung aufgeteilt in die getrennte Erfahrung von Tatsächlichem und Symbolischem.

Vorbereitet wird diese Wende durch den Fortschritt der Wissenschaft, der sich darstellt etwa in Newtons Gravitationslehre, mit der die Trennung von Körper und Geist und die exakte Messung aller Lebensvorgänge beginnt. Auch die Zeit wird meßbar, nicht mehr nur nach dem Gang der Sonne, nach Tag und Nacht und den Jahreszeiten, sondern durch das von Galilei erfundene Pendel – den Zeitmesser, die Uhr – kann ihr Ablauf in Stunden, Minuten und Sekunden genau bestimmt werden. Damit wird das innere Wissen um die Vorgänge in der Natur und im Menschen erst zurückgedrängt, verschwindet dann und sinkt gleichsam ab ins Unbewußte. Es bleibt nur das, was Sigmund Freud später als »die Spitze des Eisbergs des menschlichen Bewußtseins« bezeichnet. Der Mensch des

☐ *rationalen analytischen Zeitalters* ist geboren. Die wissenschaftliche Revolution hat somit das Denken wie auch die praktischen Lebensbezüge einschneidend verändert. War in einem intuitiven Weltverständnis das Gegenüber des Menschen in erster Linie die *Natur* mit ihrem Rhythmus von Tag und Nacht, von Werden und Vergehen, so sind an deren Stelle die *Technik* und die durch sie bedingten künstlichen Zeitrhythmen getreten.

Das Maschinen- und Industrie-Zeitalter hat uns eingeholt mit allen Begleiterscheinungen naturferner technischer Arbeitsabläufe, mit der Entfremdung von einem ganzheitlichen Weltverständnis durch zersplitternde Spezialisierung und mit der Überflutung durch den Überfluß der Konsumgesellschaft.

Der Mensch hat sich auch diesmal angepaßt, hat neue Lebensformen und Bezugssysteme geschaffen. Symbole erlebt er jetzt als Hinweise auf richtiges Verhalten in der Massengesellschaft (Verkehrszeichen, Warenkennzeichnung). Die Ich-Du-Beziehungen mußten zugunsten der Ich-Es-Beziehungen mit der dinglichen Sachen- und Maschinenwelt zurückgestellt werden. Die Innenorientierung, auf die mit der Berufung geantwortet werden konnte, ist hinter die Außenorientierung – die Zweckentsprechung – zurückgetreten. Dem *inneren Wollen* steht immer das *äußere Müssen* gegenüber, und der heutige Mensch muß beidem gerecht werden. *Berufung wird zum Beruf*, der erlernt und entlohnt werden muß. Das ist auch für die Pflegeberufe, die länger als viele andere Berufszweige dem intuitiven Lebens- und Arbeitsverständnis verhaftet geblieben sind, eine Realität, mit der wir zu leben haben und die als absolute Notwendigkeit bewältigt werden muß.

Der Wandel vom intuitiven zum rational-analytischen Zeitalter hat sich sehr langsam in etwa zweihundert Jahren vollzogen bis zur Etablierung des wissenschaftlichen Denkens und der Bestimmung der Lebensvollzüge durch die technisch-mechanistische Arbeitsauffassung (vom Agrar- zum Maschinenzeitalter). Aber diese Zivilisationsform, in der wir heute leben, wird zunehmend in Frage gestellt durch die Antwort der ausgebeuteten und überforderten Natur. Nicht mehr nur vereinzelte, sondern viele stellen sich dieser Krise mit alternativen Denk- und Bewußtseinsansätzen und suchen neue Berührungspunkte mit der Welt von heute. Man kann sagen, daß der Übergang zu einer neuen Epoche, dem

☐ *integralen Zeitalter oder dem Leben in der Informationsgesellschaft*, begonnen hat.

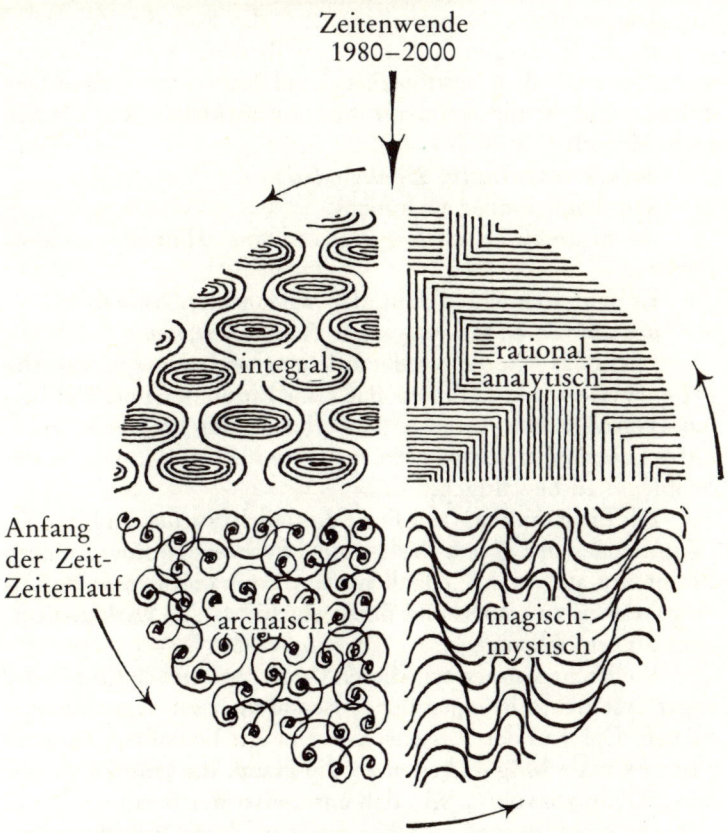

Zeitenwende
1980–2000

integral

rational
analytisch

Anfang
der Zeit-
Zeitenlauf

archaisch

magisch-
mystisch

Mit dem Wandel der Zeit und der Zeitorientierung ändern sich erneut die Einstellungen und Lebensaufgaben. Eines ist offensichtlich: Mit dem Einzug und dem Überhandnehmen der Möglichkeiten der Informationstechnik ist auch eine Höherentwicklung der menschlichen Bedürfnisse festzustellen. Der Mensch sucht wieder die Beziehung, die persönliche Begegnung, mehr menschliche Kontakte. Typische Auswirkungen davon können wir zum Beispiel im Trend zu ganzheitlichen (holistischen) Heilmethoden feststellen – und parallel dazu im Angebot von Kursen und Ausbildungsprogrammen dieser Richtung.

23

Der moderne Mensch kann aber das Rad der Zeit nicht einfach zurückdrehen, indem er zum Beispiel zum Aussteiger wird, der unter dem Motto »zurück zur Natur« das Gewordene ablehnt und in die Vergangenheit zurückkehrt. Wir können nicht einfach

- *zurück ins intuitive Denkmodell*

Wir können aber auch nicht

- *im rational-technischen Denken und Handeln stecken-bleiben.*

Es geht vielmehr darum, daß wir uns den Aufgaben

- *des anbrechenden integralen Zeitalters stellen.*

Nicht das Alte soll wiederaufleben, sondern es gilt, das Alte in der Weise wiederzufinden, daß seine Einsichten und Weisheiten – von alten Strukturen gelöst – erkannt, durchdrungen und in unser Leben integriert werden, wo sie uns helfen können, unsere Probleme zu bewältigen.

Für die Krankenpflege heißt dies: nicht zurück zu Florence Nightingales intuitivem Welt- und Pflegeverständnis, sondern Besinnung auf ihren Gedanken, der Natur und den Selbstheilungskräften zu trauen und ihnen ein Klima des Wirken-Könnens zu ermöglichen.

Vielleicht können wir diesen Gedanken gerade heute oder sogar erst heute in eigentlicher Bewußtheit zu verwirklichen suchen. Das von der Wissenschaft geprägte bewußtere Denken gibt uns neue Möglichkeiten an die Hand, die jene Zeit nicht hatte. Dennoch spüren wir, daß unser erlernter Beruf uns heute nur sehr einseitig fordert. Über dieses moderne Wissenschaftsverständnis hinaus müssen wir auch zurückfinden zu einem tieferen Verständnis der Zusammenhänge menschlichen Lebens, wie Florence Nightingale es hatte. In diesem Sinne vermag integrales Verständnis auch heranzuführen an eine Ganzheit, die sich nicht im »Entweder-Oder« erschöpft, sondern die sich mutig dem »*Sowohl-Als-auch*« zu stellen wagt.

So gesehen, fordert der Paradigmawechsel, vor dem wir heute stehen, vom einzelnen wie von Menschen- und Berufsgruppen, daß sie sowohl gewordene alte Werte als auch neue, sich anmeldende Ideen wie holistisches Heilen, ganzheitliche Pflege, ganzheitliches Lehren und Lernen daraufhin prüfen, ob und wie ein innerer Zusammenhang herzustellen wäre.

Die folgende Darstellung ist als Impuls-Sammlung gedacht: ungewohnt vielleicht, vielleicht aber auch geeignet, in
unser Schauen, Denken, Reden und Handeln neue Bewegung zu
bringen. Wie fruchtbar das werden kann, hängt vom jeweiligen
Menschen ab und davon, ob und wie weit er sich selbst der
Veränderung stellt. Dem Menschen allein ist es gegeben, nicht
nur geprägt zu sein von einem strukturierten Weltverständnis,
sondern die Zeichen der Zeit zu erkennen, neue Signale aufzunehmen und ihre Inhalte und Richtungen in gelebtes Leben
umzusetzen.

Welt und Geschichte wandeln den Menschen, aber durch
diesen Menschen wiederum werden Welt und Geschichte verändert. Diesem Menschen, der wir ja selbst sind, möchten wir in
den folgenden Kapiteln etwas nachspüren und ihn begleiten auf
dem Weg zu sich selbst:

Ich sagte zum Pförtner am Tor dieses Wagnisses:
»Gib mir ein Licht,
damit ich das Unbekannte sicher betreten kann.«
Er antwortete:
»Tritt hinaus ins Dunkle
und lege deine Hand in die Hand deines Gottes.
Das wird besser für dich sein als ein Licht
und sicherer als ein vertrauter Weg.«
M. L. Haskuis

2. Bilder vom Menschen im Wandel

Das Radbild
aus einer Vision von Nikolaus von Flüe, gestaltet von Josua Bösch

Des Chormeisters, nach der Kelterweise,
ein Harfenlied Dawids.

Du, unser Herr,
wie herrlich ist dein Name
in allem Erdreich!

Du, dessen Hehre der Wettgesang gilt
über den Himmel hin,
aus der Kinder, der Säuglinge Mund
hast du eine Macht gegründet,
um deiner Bedränger willen,
zu verabschieden Feind und Rachgierigen.

Wenn ich ansehe deinen Himmel,
das Werk deiner Finger,
Mond und Sterne, die du hast gefestet,
was ist das Menschlein,
daß du sein gedenkst,
der Adamssohn,
daß du zuordnest ihm!

Ließest ihm ein Geringes nur mangeln,
göttlich zu sein,
kröntest ihn mit Ehre und Glanz,
hießest ihn walten
der Werke deiner Hände.
Alles setztest du ihm zu Füßen,
Schafe und Rinder allsamt
und auch das Getier des Feldes,
den Vogel des Himmels
und die Fische des Meers,
was die Pfade der Meere durchwandert.

DU, unser Herr,
wie herrlich ist dein Name
in allem Erdland!

PSALM 8, ÜBERSETZT VON MARTIN BUBER

Einsichten und Ansichten

Der Mensch ist...

. . . einer, der jeden Gedanken der andern errät, ohne seine eigenen zu kennen.

ELIAS CANETTI

. . . einer, der um etwas weiß, das absolut feststeht. Das wird (ihm) zu einem sicheren, sammelnden, ordnenden Mittelpunkt für die ganze innere Welt... Die Seele wird gelassen, froh, fähig, ihre Grenzen zu bejahen und doch ins Unendliche zu streben, sich abhängig zu sehen, aber ihre Unabhängigkeit zu überwinden. Das alles heißt: Mensch werden.

ROMANO GUARDINI

. . . das beste Bild der menschlichen Seele... Aber es kann ein Schlüssel für ewig da liegen, wohin ihn der Meister gelegt hat, und nie verwendet werden, das Schloß aufzusperren, dafür der Meister ihn geschmiedet hat.

LUDWIG WITTGENSTEIN

. . . beschränkt genug, den andern zu seinem Ebenbild erziehen zu wollen. Glücklich sind diejenigen daher, deren sich das Schicksal annimmt, das jeden nach seiner Weise erzieht.

JOHANN WOLFGANG V. GOETHE

Mensch werden ist eine Kunst.

NOVALIS

Jede Zeit findet Aussagen und Bilder, die ihrem Bewußtsein und damit ihrem Geist entsprechen. Wer anfängt, solche Aussagen über den Menschen zu sammeln, erfährt, von welcher Vielfalt die Weltanschauung ist, die Sicht also vom Menschen, von den Dingen, und damit alle Wertvorstellung.

29

Menschsein ist wie das Leben selbst dynamisch, wechselhaft, komplex. Menschsein und Leben haben teil am stets sich wiederholenden Gesetz des »Stirb und Werde«. Goethe sagt es so:

Und solang du das nicht hast,
Dieses: Stirb und werde!
Bist du nur ein trüber Gast
Auf der dunklen Erde.

Alle Aussagen des Menschen über den Menschen haben eines gemeinsam: Es ist der Mensch selbst, der sich ein Bild macht und darüber spricht. Er hat gleichsam einen Ort inne oder, gemessen an der Welt als Ganzes, seinen kleinen Standpunkt, von dem aus er die Welt, das Leben und die Menschheit betrachtet. Dieser Punkt, die kleinstmögliche noch sichtbare Einheit, ist immer auch Mittelpunkt dessen, was ihn umgibt. Als zeitlicher Begriff – als Augenblick – ist er rasch wechselnd, kurzlebig, vorübergehend.

Der Stand-Punkt wird im Räumlichen statisch und als Fixierung erlebt, im Zeitlichen selektiv (auswählend) und veränderbar. Diese beiden Gegenpole sind zu beachten, wenn wir Ansichten und Aussagen – Stand-Punkte – begreifen wollen. Unser raum-zeitlicher Standpunkt prägt durch die Art unseres Schauens auch unser Leben und damit auch unsere Aussagen über das, was wir als Leben erfahren und wahrnehmen oder nicht wahrnehmen.

Diesem Gesetz ist der einzelne Mensch wissentlich oder unwissentlich ebenso unterworfen wie ganze Gesellschaftsgruppen. Unter seinem Einfluß entstehen, halten und verändern sich Auffassungen, Grundsätze, Verhaltensweisen; wo eine Gruppe gleiche oder ähnliche Strömungen integriert, erwachsen allgemeingültige Normen und Werte, aus deren Beachtung und Pflege schließlich Kultur erwächst, laut Duden als Ausdruck »der Gesamtheit der geistigen und künstlerischen Lebensäußerungen einer Gesellschaft oder eines Volkes«.

Auch die Entwicklung von Theorien erfolgt nach diesem Muster. Der Begriff Theorie ist nicht nur ein Gegenwort zur Praxis (Beispiel: Theorie und Praxis der Krankenpflege), sondern bedeutet seiner griechischen Wortwurzel entsprechend: theōría = das *Zuschauen*, das *Anschauen*, die *Betrachtung*. Das heißt: Wer die Welt, die Menschen und die Dinge anschaut, hat schon eine Theorie. Wer das, was er schaut, in Worte faßt, die ihrem Wesen nach abstrakt sind, stößt an die Grenzen des Beschreiben-Könnens der lebendigen Wirklichkeit.

Trotzdem kann der Mensch es nicht lassen, nach sich selbst zu fragen, Antworten zu formulieren und Lebensbezüge zu beschreiben. Er bedient sich dazu des *Wortes* – abstrakt, theoretisch (das in der Beschreibung dynamischer Systeme wie des Menschen und des Lebens oft als trocken und wirklichkeitsfern empfunden wird) – und/oder des Bildes – intuitiv, schauend.

Wer für sich selbst nicht fragt, übernimmt, bewußt oder unbewußt, die Worte und Bilder anderer, lehnt sie ab und bekämpft sie oder integriert sie unkritisch und unbesehen. Beides, Ablehnung wie Nachahmung, ist auch wieder Ausdruck eines Standpunktes, also einer spezifischen Anschauungsweise, die ihrerseits wieder eine Theorie darstellt.

Daraus ergibt sich, daß der Frage nach dem Menschen und der Betrachtung von Welt- und Menschenbildern die Ortung und das Selbstverständnis des eigenen Standpunktes vorangehen muß. »Man muß bei sich selbst gewesen sein, um zum andern ausgehen zu können«, sagt Martin Buber[1].

Die folgenden Kapitel möchten ohne Anspruch auf Wissenschaftlichkeit oder Vollständigkeit in erster Linie anregen zum eigenen Nachdenken, möchten *der Reflexion, der Meditation* und auch *der Übung* Raum geben. Dabei ist es unausweichlich, daß mein eigener Stand-Punkt, also der Ort, wo ich jetzt stehe, die Erfahrung und das Wissen, die mir jetzt zugänglich und bewußt sind, miteinfließen. Nicht ein neutrales Menschenbild soll hier entworfen werden, sondern meine persönliche Auseinandersetzung mit der Frage nach dem Menschen soll dazu anregen, *unser theoretisches Wissen über den Kopf hinaus auf unsere menschliche Ganzheit hin zu erweitern,* es gleichsam uns einzuverleiben. Denn Menschsein vollzieht sich nicht als Theorie des »Ich bin«, sondern jeder von uns *ist* dieser Mensch, nach dem wir fragen. Wer aber sollte mehr über den Menschen wissen als dieser Mensch selbst – *der* Mensch, der anfängt zu fragen und der fragend auch die Antwort schon in sich entdeckt, so, wie eine Zen-Geschichte es uns zeigen will:

Ein Lehrer fragte seinen Schüler, der ihn besuchte:

»Was suchst du?«
»Erleuchtung«, antwortete der Schüler.
»Du hast deine eigene Schatzkammer,
warum suchst du außerhalb?«
fragte der Meister.
Der Schüler erkundigte sich:
»Wo ist meine Schatzkammer?«
Der Meister antwortete:
»Das, was du fragst, ist deine Schatzkammer.«

Ganzheit

Wenn wir versuchen wollen, nicht nur über den Kopf, sondern über unsere menschliche Ganzheit das Leben, die Welt und den Menschen zu begreifen, so müssen wir den heute so sehr strapazierten Begriff der Ganzheit etwas näher betrachten. Auch dieser Begriff ist dem Wandel der Welt und der Wissenschaften unterworfen und ist abhängig vom Standpunkt desjenigen, der Ganzheit definiert.

Der Begriff *Ganzheit des Menschen* – und nur in diesem Zusammenhang möchte ich darauf eingehen – orientiert sich unter anderem an den Ansätzen der *Ganzheitspsychologie* von Felix Krüger[2] sowie an Sicht- und Erklärungsweisen der *Anthropologischen Medizin*, wie sie Viktor von Weizsäcker in seiner Gestaltkreislehre darlegte, die von der Leib-Seele-Einheit ausgeht und jede Krankheit als Ausdruck der lebensgeschichtlichen Situation des Individuums betrachtet[3].

Die heutigen Betrachtungsweisen der Ganzheit stützen sich zunehmend auch auf die Erkenntnisse moderner Forscher der verschiedensten Fachbereiche. Ich möchte vier davon herausgreifen, die unsere Denkweise und unser Handeln im Pflegealltag auf Zukunft hin beeinflussen werden.

Es sind dies Teil-Erkenntnisse aus den Bereichen
– der Physik,
– der Physiologie, insbesondere der Hirnphysiologie,
– der Psychologie,
– der Religion und der Mystik.

Ganzheitliche Aspekte aus der Physik

Die Physik ist ganz besonders seit Einstein eine äußerst bewegliche, umfassende Wissenschaft. Immer neue, tiefgreifende Entdeckungen in der atomaren Welt verändern das Denken und die Sichtweisen ihrer Wissenschaftler. Fritjof Capra (Physiker an der University of California/Berkeley) ist nur einer von ihnen[4]. Seine Bücher – ich stütze mich im Folgenden auf »Wendezeit – Bausteine für ein neues Weltbild«[5] – sind Ausdruck fundierter empirischer Forschung und die Frucht jahrelangen Experimentierens und Nachdenkens. Er hat erkannt, daß es nicht genügt, neue Zusammenhänge aufzuzeigen und gleichzeitig im alten, analytisch orientierten Anwenden stehenzubleiben. Er versucht eine neue Integration, die das *Gesamte des Menschen und seiner Lebensbedingungen* umfaßt. Sein Ganzheitsansatz übersteigt hier die Grenzen seiner eigentlichen Wissenschaft, der Physik, und wird zu einem ökologischen Orientierungsansatz (Ökologie = die Lehre von den Lebewesen und ihren Beziehungen zur Umwelt).

Diese Sichtweise steht in enger Beziehung zu den Bestrebungen alternativer Lebensformen, wie sie überall auftauchen. Es sind dies Lebensformen und Denkweisen, die mehr als bisher die Natur und die Umwelt als eigenständigen Lebensraum mitberücksichtigen wollen, die Schluß machen wollen mit der Ausbeutung und Zerstörung, zu der der Fortschrittsglaube der rational-analytischen Industriegesellschaft geführt hat.

Diese ökologische Perspektive eines Lebens *mit* der Natur und *nicht gegen* sie, wie sie Capra propagiert, kann auch für unser Pflegeverständnis eine neue Weitsicht und tiefere Beziehungs- und Bezugsebene eröffnen. Capra selbst sagt das so: »Was wir brauchen, ist ein neues Paradigma – eine neue Sicht der Wirklichkeit, denn weiterleben kann die Menschheit nur, wenn sie von Grund auf anders denkt.« Er führt aus, daß wir in der Vergangenheit zu sehr die Zerstückelung und zuwenig die Integration vorangetrieben haben und somit die Analyse über die Synthese, das rationale Wissen über die intuitive Weisheit, die Expansion über die Erhaltung gestellt haben.

Tabelle 2		Altes Paradigma	Neues Paradigma
Macht und Politik	1.	Betonung liegt auf starker, zentraler Regierungsmacht.	Begünstigt den umgekehrten Trend: Dezentralisierung der Regierung wo immer möglich; horizontale Machtverteilung.
	2.	Entweder pragmatisch oder visionär.	Pragmatisch *und* visionär.
	3.	Regierungen halten die Menschen in Gleichschritt (Disziplinarrolle) oder sind die großzügigen Eltern.	Regierungen fördern Wachstum, Kreativität, Kooperation, Transformation, Synergie.
	4.	Menschheit als Eroberer der Natur. Ressourcen dienen der Ausbeute.	Menschheit als Partner der Natur. Betonung auf Erhaltung und ökologischer Gesundheit.
Wirtschaft	1.	Fördert Konsum, was immer es koste, durch geplanten Mangel, Werbungsdruck oder künstliche »Bedürfnisse«.	Sinnvoller Konsum. Bewahren, Behalten, Wiederverwenden, Qualität, Handarbeit.
	2.	Aggression, Wettbewerb, Geschäft um des Geschäftes willen.	Kooperation. Menschliche Werte transzendieren das »Gewinnen«. »Spiele hart, spiele fair, verletze niemanden.«
	3.	Kurzsichtige Ausbeute begrenzter Ressourcen.	Ökologisch sensibel gegenüber Folgekosten. Verwaltung, Haushalten.
	4.	»Rational«, nur zu Daten Vertrauen.	Rational und intuitiv. Datenlogik wird erweitert durch Ahnung, Gefühl, Scharfblick, nichtlineraren (holistischen) Sinn für Strukturen.
	5.	Zentralisierte Unternehmungen.	Dezentralisierte Operationen wo immer möglich. Mensch als Maßstab.

Tabelle 2		Altes Paradigma	Neues Paradigma
Medizin		1. Behandlung von Symptomen.	Suche nach Strukturen und Ursachen, zusätzliche Behandlung von Symptomen.
		2. Professionell sein heißt: emotional neutral.	Professionelle Fürsorge ist ein Teil der Heilung.
		3. Körper und Geist sind getrennt. Psychosomatische Erkrankungen sind mentaler Natur und werden an den Psychiater verwiesen.	Körper-Geist-Perspektive: Psychosomatische Erkrankungen fallen in den Zuständigkeitsbereich aller Heilberufe.
		4. Placebo-Effekte beweisen die Macht der Suggestion.	Placebo-Effekte beweisen die Rolle des Geistes bei Krankheit und Heilung.
Erziehung		1. Betonung der Inhalte in der Absicht, sich ein für allemal einen Satz »richtiger« Informationen anzueignen.	Betont wird, das Lernen zu lernen: wie man gute Fragen stellt, die Aufmerksamkeit auf die richtigen Dinge lenkt, offen ist für neue Konzepte und wie man sie untersucht; zur Information Zugang haben. Was man jetzt »weiß«, kann sich ändern. Wichtig ist der *Sinnzusammenhang*.
		2. Lernen ist *Ergebnis*, ein Ziel.	Lernen ist ein *Prozeß*, eine Reise.
		3. Vorrang hat, etwas zu »machen«, etwas zu leisten.	Vorrang hat das Selbstverständnis: der Motor von Handlung und Leistung.
		4. Betonung analytischen, linearen, links-hemisphärischen Denkens.	Zielt auf eine Erziehung des ganzen Gehirns ab. Steigert die linkshemisphärische Rationalität durch holistische, nicht lineare und intuitive Strategie.
		5. Befaßt sich mit Normen.	Befaßt sich mit den individuellen Leistungen; sieht sie als Ausdruck eines Potentials (das entwickelt werden kann – Anmerkung der Red.)[8].

Capra schildert in »Wendezeit« auch die Zusammenhänge von Medizin und Gesundheitswesen, und ich sehe die Auswirkungen auf unseren Beruf in Ausbildung und Praxis sowohl im Hinblick auf unsere Denkweise wie auf die Art unseres Schauens, Redens und Handelns: Wir beginnen zu spüren, daß neue ganzheitlichere Wege der Lebens- und Berufsbewältigung gesucht werden müssen. Diese Bestrebungen werden sowohl auf der Ebene der *Forschung und Wissenschaft* als auch auf der Ebene des *Umdenkens und der Bewußtheit des einzelnen* und von Pflege- oder Berufsgruppen (siehe Tabelle 2) im konkreten Übungsfeld des Alltags ihre Verwirklichung finden müssen.

Die für uns vielleicht wichtigste Annahme von Capra geht davon aus, daß wesentliche Einzelteile eines Wissensgebietes von ihrer Gesamtheit und der Gesamtheit der Welt nicht getrennt werden dürfen. Unter *Welt* versteht Capra ein »System als Ganzes«, in dem *Geist und Materie* einen gleichwertigen Platz einnehmen und in dem qualitatives Messen dem quantitativen ebenbürtig ist (= Systembild des Lebens). Dazu Capra selbst: »Ich spreche in ›Wendezeit‹ davon, daß dieser Wandel des Weltbildes ein Wandel von einem mechanistischen zu einem ökologischen Weltbild ist ... und daß ein ökologisches Weltbild letztlich ein spirituelles Weltbild ist. Denn Ökologie – und ökologisches Bewußtsein – betont die innere Verknüpftheit und Vernetzung aller Phänomene ... und dieses Bewußtsein kommt jetzt in unserer Gesellschaft an mehreren Stellen heraus ... sowohl in den Wissenschaften wie in den verschiedensten Bewegungen, u. a. auch in der ganzheitlichen Gesundheitsbewegung.«[6]

In diesem Zusammenhang verweist Capra – wie auch Marilyn Ferguson in ihrem Buch »Die sanfte Verschwörung«[7] – auf die Auswirkungen des Paradigmawechsels in den verschiedensten Lebensbereichen, in denen der neue Ansatz – das neue Paradigma – als die Denkweise eines *ganzheitlichen Menschen- und Weltbildes,* wenn auch noch sehr abstrakt, theoretisch vorgestellt wird.

Das Systembild des Lebens

Capra gebraucht in seinen Beschreibungen den schon länger bekannten Begriff des »System-Denkens«. »Systeme sind integrierte Ganzheiten, deren Eigenschaften sich nicht auf die kleineren Einheiten reduzieren lassen.« Gemeint ist damit eine Sicht der Dinge in ihrer Beziehung zum Ganzen: So betrachtet die Systemschau »die Welt im Hinblick auf Zusammenhänge und Integration«. Dies ist ein Ansatz, der uns in der Form, wie wir heute Pflege verwirklichen müssen, eine große Hilfe sein kann, um gewordene Strukturen ebenso wie neue Denk- und Handlungsansätze von im Gesundheitswesen mitarbeitenden Berufsgruppen klarer einbeziehen zu können in unsere eigenen Überlegungen und Bestrebungen zu einem neuen, ganzheitlicheren Lebens- und Pflegeverständnis.

Gesellschaftliche Systeme – auch das Gesundheitssystem – weisen diesen Ganzheitsaspekt auf. Die Vielfalt der Wechselwirkungen ist unübersehbar geworden, die Beziehungen komplex, die Bezüge voneinander abhängig. Es gilt wahrzunehmen, daß wir nur ein kleiner Teil eines großen Beziehungsnetzes um den Patienten sind und daß das Konsequenzen für unser Pflegeverständnis hat. Das ist die eine Seite der Medaille. Es scheint, als wäre damit auch ausgesagt, daß der einzelne unfähig sei, in diesem gigantischen Räderwerk etwas zu verändern oder auch nur etwas Neues einzubringen. Jedoch die andere Seite der Medaille ist die »Ganzheit in der Ganzheit«. So ist *jeder Organismus, auch jeder Mensch,* ein integriertes Ganzes und somit ein lebendes System, denn:

– Alle natürlichen Systeme sind Ganzheiten, deren spezifische Strukturen sich aus den wechselseitigen Beziehungen und Abhängigkeiten ihrer Teile ergeben.

– Die Ganzheitsauffassung legt mehr Wert auf *Zusammenhänge* als auf isolierte Einzelelemente, und wie die Systemlehre hält sie diese für von Natur aus dynamisch. Systemdenken heißt Denken in Vorgängen; Form wird mit Geschehen assoziiert, Zusammenhang mit Wechselwirkung, und Gegensätze werden durch Schwingung vereint

– *Selbststeuerung* ist ein wesentlicher Aspekt solcher sich selbst organisierender (ganzheitlicher) Systeme.

Hier geht nun die Anrede an *den einzelnen*. Nach seinen Beziehungen wird gefragt. Seine Dynamik ist angesprochen, seinem Denken und Handeln werden Flexibilität und Veränderbarkeit zugemutet; sein Anteil an der Mitsteuerung größerer Systeme kommt zum Tragen. Gleichzeitig ist damit eine *selbstverständliche Steuerkraft* beschrieben, vergleichbar mit den in der modernen Krankenpflegeliteratur beschriebenen Ressourcen[9].

Das Systembild des Lebens und die Ganzheit in der Pflege

Aussagen über die menschliche Ganzheit, die sich auf Capra und andere stützen, tauchen zunehmend auch in der Krankenpflegeliteratur auf. Sie können uns eine neue Denkrichtung aufzeigen, müssen aber unbedingt an der Realität gemessen und realistisch eingeschätzt werden:

– *Ganzheit ist mehr als die Summe ihrer Teile.* Gemeint ist der Mensch in seiner Ganzheit, wo immer wir ihm Unterstützung und Hilfe zukommen lassen. In der Realität aber – die Sprache verrät uns – meinen wir nur allzuoft eben doch nicht den ganzen Menschen, sondern einen Teil, den Magen zum Beispiel, die Gallenblase, den Meniskus. Häufig wird er sogar auf seine Diagnose verkleinert: der Herzinfarkt, das Magen-Ulkus usw.

– *Ganzheit ist nicht addierend, sondern integrativ.* Das leuchtet uns ein, und trotzdem sind wir so leicht geneigt, körperliche von psychischen Krankheiten zu unterscheiden, funktionale von organischen Störungen, oder »psychische Betreuung« neben der Pflege anzubieten.

– *Ganzheit ist nicht trennend, sondern verbindend.* Wir aber stellen Entweder-oder-Fragen und suchen nach Entweder-oder-Lösungen unserer Probleme. Aber weder das eine Extrem noch das andere wird uns weiterhelfen. Hier liegt eine große Chance des anbrechenden Integrationszeitalters, auf das hin wir unterwegs sind, wo nicht mehr »patientorientierte Pflege« versus »Funktionspflege« die Frage ist, sondern die Integration aller Bezugssysteme, in denen wir Pflege anbieten.

Dies sind einige Gedanken zur Umsetzbarkeit eines theoretischen Ganzheitsmodells in unser Pflegeverständnis. In Kapitel 3 werden wir nochmals darauf zurückkommen.

Ganzheit

Wer seinem Körper nur lebt,
  stirbt mit dem Leib.
Wer seinem Geiste nur lebt,
  verweht mit dem Geist.

Doch wer als Ganzes sich weiß,
  gewinnt die Ganzheit des Lebens,
Denn nur wer die Ganzheit erlebt,
  gewinnt als Körper das All.

LAMA ANAGARIKA GOVINDA

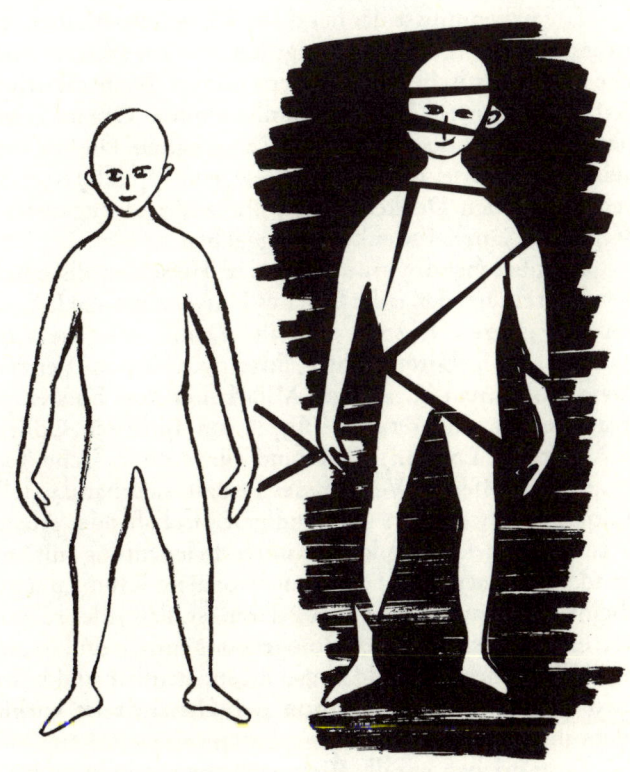

Ganzheit ist mehr als die Summe ihrer Teile

Erkenntnisse aus der Physiologie

Unter dem Einfluß des mechanistischen Weltbildes seiner Zeit hat Descartes den Menschen verglichen mit einer Uhr, die aus Rädchen und Sprungfedern zusammengesetzt sei. Der Mensch als Uhr oder Maschine kann infolgedessen bei Defekten in seine Teile zerlegt und wieder repariert werden. Diese »reparative Medizin« sah den Menschen als Maschine, die gut (gesund) oder schlecht (krank) funktioniert – eine Anschauung, die sich bis weit in unser Jahrhundert hinein gehalten und zu einer rein mechanistischen Auffassung in der Medizin geführt hat. Krankenhäuser wurden zu Gesundheitswerkstätten, in deren Mauern die Therapie wie die Pflege funktional, gegenständlich, technisch ausgeübt wurde.

Die Erkenntnisse der heutigen Wissenschaft haben, wie der vorangehende Abschnitt gezeigt hat, das sogenannte Newtonsche (mechanistische) Weltbild erschüttert. Nichtsdestoweniger bleiben Strukturen, Denkgewohnheiten und Organisationsmuster unverändert noch über lange Zeit erhalten. Die Spaltung von Geist und Materie, Körper und Seele, eine typische Konsequenz mechanistischen Denkens, wird nur zögernd zugunsten eines integralen Ganzheitsdenkens aufgegeben.

Bahnbrechend wurde dabei eine These der wissenschaftlichen Forschung, daß jeder Teil des Universums alle Informationen des ganzen Kosmos enthält. Damit war die *Idee des Hologramms* geboren. Einer ihrer wichtigsten Vertreter ist David Bohm, ein ehemaliger Mitarbeiter von Einstein (heute Professor für Theoretische Physik am Birkbeck College der University of London). Er erfand eine fotografische Technik, die auf verblüffende Weise dieses Prinzip sichtbar darstellt: das Hologramm (wörtlich: vollständige Botschaft oder Aussage)[10]. Es ist dies ein Laser-Bild, das unter Beleuchtung mit entsprechend wirksamem Licht dreidimensional im Raum zu schweben scheint. Das grundlegend Neue daran ist, daß jedes seiner Teile auch ein Bild des *gesamten* Hologramms enthält und so die oben angeführte These, im Bild eingefangen, sichtbar und beweisbar geworden ist: Die Information der Ganzheit ist wirklich in jedem ihrer Teile gegeben.

Zwar erleben wir die Welt nach wie vor in ihren isolierten Einzelteilen. Die Dinge erscheinen uns getrennt und nicht miteinander verbunden. Die Einheit und Ganzheit ist ebenso verhüllt, wie die Dreidimensionalität und Beweglichkeit im Hologramm *ohne* Beleuchtung verhüllt – einfach nicht vorhanden – ist. Aber, in den Worten von Bohm: »Hologramme (sind) überall, für das menschliche Auge unsichtbar, in der Natur vorhanden.« Und so prägte er den Begriff des *Holoversums.*

Was bedeutet das für den Menschen, der ja Teil des Universums und daher auch Teil des Holoversums ist? Diese Frage wurde von der physiologischen Forschung aufgegriffen und weiter verfolgt. Karl Pribram (Stanford University/Kalifornien), der für die moderne Hirnphysiologie von großer Bedeutung ist, gelangte über jahrzehntelange Forschung zu der Erkenntnis, daß das menschliche Gehirn nach den gleichen Prinzipien arbeitet wie das Hologramm. Damit postuliert er ein neues Bild vom Menschen, das holographische[11]: »Unser Gehirn verschlüsselt auf holographische Weise Informationen; und es ist selbst ein Hologramm, das seinerseits Teil eines noch umfassenderen Hologramms ist – nämlich des gesamten Universums.«[12]

Damit stellt Pribram ein neues Modell für die Informationsverarbeitung im Gehirn vor. Nach dieser Vorstellung werden Informationen – analog zur holographischen Fotografie – im Gehirn in Form von »neuronalen Mustern« (= Erinnerungen) gespeichert und können durch bestimmte Reize – analog zum Lichteinfall auf die holographische Fotografie – schnell und vollständig aktiviert, das heißt wiederhergestellt und abgerufen, werden.

Wissenschaft und Forschung stehen auf diesem Gebiet erst am Anfang. Weitere, vielleicht auch weniger schwer zu verstehende und nachzuvollziehende Ergebnisse sind zu erwarten. Aber schon heute können wir aus der Entdeckung der Holographie Schlußfolgerungen ziehen, die sich zum einen auf unsere pflegerische Arbeit beziehen, zum andern eine Differenzierung unseres Berufsverständnisses bewirken.

– Die erste Aussage ist positiv zu verstehen. Ihr wesentlicher Inhalt ist in erster Linie der, daß die Hirnforschung uns neue Möglichkeiten der Wahrnehmung und Informationsverarbeitung eröffnet. Die Erforschung dieser Prozesse und dynamischen Vorgänge im Gehirn wird mit der Zeit immer gezielter therapeutisch nutzbar gemacht werden können, so daß spezifisch nach diesen Erkenntnissen ausgearbeitete Pflegekonzepte zum Beispiel bei hirngeschädigten Patienten eine kreative Veränderung erfahren können.

– Die zweite Aussage ist eher skeptischer Natur. Sie betrifft den BBegriff Holismus, der, unkritisch eingesetzt, nichts als ein Schlagwort ist und als solches nicht mehr bewirkt, als was es bisher auch schon bewirkt hat: nämlich nichts Neues.

Die Modelle holistischen Heilens – wie holistischer Pflege – beschreiben einen Weg zur Heilung und/oder Linderung von Krankheiten, der auf einer ganzheitlichen Betrachtungsweise des Menschen beruht. Es darf dabei aber nicht übersehen werden, daß bei einem solchen Ansatz auch eine Vielzahl von Faktoren eine Rolle spielen, die mehr aus der Persönlichkeit und Reife des Heilers – des Pflegenden – erwachsen, als daß sie als Technik erlernt werden könnten. Vielleicht sollte man, um der Realität eher gerecht zu werden, auf den Begriff »holistisch« in unserem Sprachraum verzichten und schlicht von »nach Ganzheitlichkeit strebenden Bemühungen« oder Tendenzen sprechen. Diese Formulierung wäre weniger naiv und unkritisch, überfordert nicht, aber fordert gerade in ihrer Ehrlichkeit heraus zu bewußterem Umgehen mit den vorhandenen Möglichkeiten und Grenzen.

Holistisches Denken und Ganzheitlichkeit in der Pflege

Ganzheitlichkeit ist mehr als ein theoretisch-abstraktes Denkmodell. Sie bedarf, um in die Praxis umgesetzt zu werden, eines Menschen (oder einer Gruppe von Menschen), der sich um Ganzheitlichkeit bemüht. Sie kann nur in einer Atmosphäre entstehen, in der nicht nur gedacht und gehandelt, sondern auch gespürt und gefühlt wird: »Ich pflege als der, der ich bin«[13] bedeutet: Mein eigenes Menschsein fließt mit in mein Handeln und beeinflußt seine Wirkung. Viel mehr als die äußere Aktivität ist die innere Bereitschaft ausschlaggebend. Deshalb ist:

– *Ganzheitlichkeit mehr Weg als Ziel*, ist nicht etwas, das man hat, sondern etwas, woraufhin man lernend unterwegs ist.

– *Ganzheitlichkeit ist nicht ein bloß theoretisches Konzept, sondern ein lebenslanges Sich-Bemühen.* Die Grundlagen dazu können und müssen gelernt werden. Doch das Wissen allein bewirkt so lange keine Ganzheitlichkeit, als es nicht von der

Weisheit des Herzens unterstützt und von steter Übung getragen wird.

– *Ganzheitlichkeit ist weniger handlungs- als seinsorientiert.* Sie kann deshalb nicht fremdbestimmt oder rezepthaft verordnet werden. Sie kann nur von einem nach Ganzheitlichkeit strebenden Menschen verwirklicht werden.

Ganzheitlichkeit

Wer Impulse der Ganzheitlichkeit setzt,
lebt und verwirklicht schon Ganzheitlichkeit.
Wer sich bemüht, den Menschen zu verstehen,
ihn in seinen Möglichkeiten und Grenzen sieht,
ist schon ein Träger der Ganzheitlichkeit.

Ganzheitliche Tendenzen der Psychologie

Nicht nur die Naturwissenschaften waren und sind zu neuen Erkenntnissen unterwegs. Auch die Psychologie hat seit Sigmund Freud nie aufgehört, in die unbewußten seelischen Prozesse menschlichen Seins und Werdens tiefer einzudringen und sie für die menschliche Entwicklung zu erschließen.

Wir wissen heute, daß nicht nur das Bewußtsein – das Immer-besser-erkennen-Können –, sondern auch das Unbewußte in ständiger Bewegung ist. Auch sind Bewußtes und Unbewußtes in einem fortwährenden Austausch. C. G. Jung[14] verdanken wir die Unterteilung des Unbewußten (Unterbewußten) in ein *persönliches* und in ein *kollektives* Unbewußtes. Mit dieser Unterteilung sprengte er den Rahmen des individuellen Bereichs menschlichen Lebens und fügte ihm kosmische und spirituelle Aspekte hinzu. Er entdeckte in den Inhalten, die in Träumen und Bildern auftauchen, die gleichen Urbilder, die in Mythen und Märchen der Menschheit schon immer aufgetreten sind. Damals wie heute wurde und wird in solchen Bildern der Weg zur Persönlichkeitsentwicklung aufgezeigt: Jung spricht hier von *Individuation* (Selbstwerdung). Das Ziel dieses Weges ist die Verwirklichung des inneren Wesens, das »Zu-sich-selber-Kommen«, das Finden der inneren Reife und damit der *Ganz-*

heit des Menschen. Jung nennt diese Ganzheit *das Selbst,* das die Einheit der Gesamtpsyche ausdrückt und das somit Ursprung, Mittelpunkt und Vollendung der ganzheitlichen Persönlichkeit ist.

Dieser Weg zur Ganzheit gibt sich nach Jung – in Entsprechung zu den alten Mythen und Märchen – in symbolischer Weise zu erkennen. Auch in den Träumen und Bildern des modernen Menschen treten Symbole auf, die zu den kollektiven Motiven, den Urbildern gehören. Es sind dies beispielsweise das Kind, die Urmutter, der alte Weise, der positive Führer, aber auch Hexen und Dämonen. Jung nannte diese Urbilder *Archetypen*: Das sind im Menschen angelegte, zur Verwirklichung drängende Ideen oder noch nicht verwirklichte Strukturen menschlicher Möglichkeiten. Sie sind gewaltige innere Kräfte, die sowohl befruchtend und schöpferisch-heilend als auch destruktiv, krankmachend wirken können.

Jung war seiner Zeit weit voraus, als er einen Zusammenhang erkannte zwischen seinen Beobachtungen und den Erkenntnissen der modernen Physik. So stellte er in seiner Theorie der *Synchronizität*[15] (= sinnvoller Zufall, Entsprechung) die These auf, daß es eine innere Verbindung von physischen und psychischen Ereignissen gebe. Wer darauf achtet, kann in seinem täglichen Leben immer wieder solch *sinnvolle Zufälle* wahrnehmen, etwa wenn sich ein Traum anderntags bewahrheitet oder wenn man an einen Menschen denkt, den man lange nicht gesehen hat und der einem dann unversehens begegnet.

Die moderne Quantenphysik hat in neuester Zeit festgestellt, daß es diese akausalen Zusammenhänge zwischen zwei Ereignissen nicht nur gibt, sondern daß sie vielleicht die Regel sind. Damit »wäre ein verbindendes Prinzip entdeckt, das man ›höhere Idee‹, ›Ganzheit‹ oder auch ›Gott‹ nennen kann«[16].

Das bedeutet nicht nur die Bestätigung von Jungs Synchronizitätslehre, sondern schon ihre Weiterentwicklung zu neuen Dimensionen ganzheitlicher Zusammenschau. Es wird auch immer deutlicher, wie Denkmodelle der modernen Naturwissenschaften sich denjenigen der Human- und Geisteswissenschaften annähern und zu übereinstimmenden Ergebnissen kommen: Natur- und Geisteswissenschaft sind nicht länger als getrennte oder einander entgegengesetzte Wissenschaften zu sehen, sondern sie ergänzen sich gegenseitig in ihrem Bemühen um ein besseres Verständnis menschlicher Ganzheit. Dabei sind für uns *zwei* Komponenten besonders hervorzuheben:

– Die fortschreitende Verwirklichung der in der menschlichen Psyche als Anlage vorhandenen Ganzheit. Von Jung ausgehend, wird dieses Ziel von der Mehrzahl der modernen psychologischen Richtungen, der personalen wie der transpersonalen, angestrebt. Für eine Vertiefung dieses Bereichs möchte ich auf die einschlägige Fachliteratur verweisen.

– Die Entwicklung von immer neuen, ganzheitlich orientierten Modellen und Denkansätzen, die unser anscheinend festgefügtes Weltbild ins Wanken bringen und unser Wissen immer aufs neue in Frage stellen.

Von Albert Einstein stammt der Satz: »Der gesunde Menschenverstand sagt uns, daß die Erde platt ist.« Was ist dieser gesunde Menschenverstand? Er ist Mischung und Summe von Erfahrungen, Tatsachen, Gewohnheiten, Vorurteilen und Wunschbildern, er spricht über das, was »so ist, wie es ist, weil es nicht anders sein kann«. Er ist Ausdruck der menschlichen Person, wie sie in ihrer Entwicklung geworden ist. Das heißt aber, daß er keine feststehende Größe bleiben darf, sondern kritisch betrachtet und befragt werden muß, ob er einseitig fixiert und begrenzt ist oder dynamisch, veränderbar, bereit, auch Gewordenes aufzugeben und Grenzen zu überschreiten – seien es die Grenzen nach innen, in die Kernbereiche der Psyche und der Atome, oder die nach oben, außen, in die unermeßlichen Räume des Kosmos und des Geistes.

»Es gibt mehr Ding' im Himmel und auf Erden, als Eure Schulweisheit sich träumen läßt«, kann man schon in Shakespeares Hamlet lesen. Gemeint ist die Entgrenzung, die in der Überschreitung des begrenzenden gesunden Menschenverstandes liegt.

Im negativen Sinne hat diese Entgrenzung eine destruktive Seite, die in Gestalt etwa von Drogensucht, einseitigem Mystizismus, religiösem Fanatismus die kreativen Bestrebungen einengend und schattenhaft begleitet.

Im positiven Sinne kann das Aufnehmen der »Dinge zwischen Himmel und Erde« unsere Sinne schärfen, unsere Wahrnehmung vertiefen und unser Bewußtsein erweitern und verändern. Wir können auf Impulse stoßen, die uns bei der Arbeit an unserer eigenen Ganzheitlichkeit, dem Individuationsprozeß, weiterhelfen und die uns in Verbindung bringen mit der in uns wohnenden Lebenskraft, den Energien, die letztlich Teil der größeren Energiefelder des Kosmos sind. Wir können Hinweise empfangen zur Entwicklung neuer Denkweisen und Modelle, die unsere Art, zu leben und zu arbeiten, befruchten und verändern können.

Das gilt auch da, wo wir uns mit neuen Modellen der Krankenpflege und des Heilens befassen und wo wir uns fragen, wie wir Pflege verstehen und wie wir unser Pflegeverständnis künftig nach innen und nach außen vertreten wollen. Doch auch ein neues Modell ist kein feststehendes Ergebnis, es muß immer offenbleiben auf neues Werden hin, wandelbar und anpassungsfähig an neue Erkenntnisse, die ihrerseits wieder veränderlich und wandelbar sind und sein müssen. Mit anderen Worten:

> »Jedes Modell,
> ganz gleich wie gut es uns heute erscheinen mag,
> ist letztlich doch nur ein Modell,
> ein menschlicher Formalismus; in 15 Jahren –
> bei dem Tempo, wie sich die Wissenschaft heute entwikkelt,
> wahrscheinlich schon in 15 Monaten –
> werden wir ein besseres haben.«

ROBERT ANTON WILSON[17]

Religion und Mystik

Capras Aussage, daß die Physik Parallelen zur Mystik entdeckt und daß viele Wissenschaftler, durch die neuen Erkenntnisse eines ganzheitlichen Universums betroffen, sich religiösen und mystischen Richtungen zumindest wieder zuwenden, hat Beunruhigung hervorgerufen. Integration der Mystik in die wissenschaftliche Forschung ist für all jene unannehmbar, für die es nur die logisch-abstrakte Wissenschaft gibt. Ihre Auffassung ist mechanistisch, quantitativ-messend; ihre Welt ist eine *dualistische*, in Gegensätzen denkende, streng zwei Pole unterscheidende Welt, das Entweder-Oder: Materie – Geist, Körper – Psyche, Innen – Außen, Tag – Nacht, Wissenschaft –

Nichtwissenschaft. Vermittelnde Übergänge gibt es nicht. Diese logisch-rationale Denkrichtung grenzt sich scharf ab gegen eine in ihren Augen suspekt erscheinende intuitiv-mystische Weltanschauung, gegen eine Wissenschaft, die das Nicht-Meßbare zu integrieren sucht.

Dieses dualistische Weltbild, das ein Kennzeichen besonders der westlich-europäischen Kultur ist, scheint heute wie nie zuvor ins Wanken zu geraten. Capra, im deutschsprachigen Raum C. F. v. Weizsäcker, im französischen Teilhard de Chardin[18], sind nur einige von vielen, die mit Hilfe der exakten Wissenschaft und ihrer Forschung zu ganz neuen Fragestellungen vorgestoßen sind, die völlig unerwartete Beantwortungsversuche nach sich ziehen. Mit dem Entstehen von neuen Modellen bekennen sich Wissenschaftler »in einer neuen Sicht der Wirklichkeit zu einer ganzheitlicheren Betrachtungsweise, die sowohl *ökologisch* wie *spirituell* ist ... Es ist dies eine Richtung, die durch die mystische Tradition immer schon ausgedrückt worden ist.«[19]

Mit dieser Entwicklung nähert sich das westliche Denken der mystischen Tradition des Ostens, die dort nie ganz verlorengegangen ist, und stößt damit an eine Grenze, die der Bio-Wissenschaftler vehement verdrängt. Der westliche Mensch, geprägt von seiner dualistisch denkenden Kultur, sieht sich in diesen die Polarität überschreitenden Gedankengängen in eine neue Spannung gestellt: hier die nur der Ratio verpflichteten, »objektiven Bio-Wissenschaftler«, dort die neu sich formierenden, alternativ arbeitenden »Geist-Körper-Bio-Wissenschaftler«. Menschen in einer Wendezeit zwischen alten und neuen Paradigmen sind einer Zerreißprobe ausgesetzt, in der das »Entweder-Oder« nicht weiterhilft, sondern nur das Durchgehen durch die Gegensätze, bei dem sich ein Weg zu einem neuen, vereinigenden Standpunkt öffnen kann. Dazu zitiere ich aus »Die Medizin von Raum und Zeit« von Larry Dossey: »Meiner Meinung nach lassen sich diese beiden Standpunkte miteinander verbinden. Ich bin der Überzeugung, es ist möglich, zu beweisen, daß es nicht nur Anzeichen gibt, die auf die Einheit von Geist und Materie hinweisen und die entscheidende Rolle, die das menschliche Bewußtsein dabei spielt, sondern auch auf ein alles durchdringendes Einheitsprinzip, das *allem* menschlichen Denken und Wahrnehmen zugrunde liegt. Diese Hinweise ergeben sich ganz ungezwungen aus der uns bekannten Wissenschaft.«[20] Zum scheinbaren Widerspruch der transzendenten, religiösen und mystischen Philosophien zu den wissenschaftlichen Theorien sagt er mit Bezug auf die östliche Zen-Lehre: »Vielleicht sind wir nun in der Lage, das spirituelle Ziel, die physische Welt zu transzendieren, im neuen Licht zu sehen. Die höchst spirituelle Verwirklichung liegt möglicherweise in der völligen Integration des Geistigen und des Physischen – in der Erkenntnis, daß der Bereich des Geistigen und des Physischen nicht zwei getrennte Aspekte unseres menschlichen Seins darstellen, sondern eine Einheit bilden. Vielleicht besteht das höchste geistige Ziel darin, *überhaupt nichts* zu transzendieren, sondern die Einheit unseres Seins zu erkennen.«[21]

Vergleicht man dieses Zitat aus dem Jahr 1984 mit Texten alter religiöser Traditionen des Ostens wie des Westens, dann ist die geistige Nähe zu ihnen nicht zu übersehen. Erleuchtung (Hinduismus/Buddhismus) ebenso wie die unio mystica (Einswerden mit Gott) des Christentums werden erlangt in der Überschreitung dualistischen Denkens: hier wie dort »ledig aller Bedingnisse«, wie Meister Eckhart (12. Jahrhundert) sagt. Das

Chinesisches Tai Gi mit den sich wandelnden Hexagrammen des I Ging

Neue Testament sagt es so: »Metanoeite – kehret um« und »Seid vollkommen, wie euer himmlischer Vater vollkommen ist.« In der christlichen Mystik (Mystik vom griechischen myein – die Augen schließen) wird dieser Weg als ein Sich-Sammeln und Sich-Versenken beschrieben. Die Sammlung ist auf das eigene Innere gerichtet, und die Versenkung sieht die *Unendlichkeit Gottes*. Der christliche Mensch meditiert, um sich in verwandelter, höherer Weise in Gott zu finden, und weil er weiß, daß er Ebenbild Gottes, Tempel des Heiligen Geistes ist (siehe auch die vierfache Ausrichtung Seite 118 ff). In diesem Ausgerichtetsein sucht und findet er die *Einheit und Ganzheit* – das Einswerden mit Gott.

Diese integrierende Denk- und Anschauungsweise spiegelt sich beispielhaft auch im taoistischen Weltbild des alten China wider. Bildhaft dargestellt ist es im *Tai Gi*, das bei uns als Yin-Yang-Symbol bezeichnet wird. Es zeigt die Teilung des Kosmos in sein negatives und sein positives Element, die *nur zusammen ein Ganzes bilden*. Als der Kosmos sichtbare Gestalt annehmen wollte, so wird im chinesischen Weisheitsbuch I Ging [22] berichtet, teilte er sich in zwei gegensätzliche Kräfte: Yin und Yang. Aus der Wechselbeziehung des negativen Yin mit dem positiven Yang entstand alles Existierende. Die gegensätzlichen Punkte – Yang in Yin und Yin in Yang – sind die Keime der Veränderung, die unablässig stattfindet. Durch dieses Kräftespiel der steten Wechselwirkung von Yin und Yang entsteht das Leben und wandelt sich der Kosmos. Der Weg durch dieses sich wandelnde Leben wird Tao (Pfad, Weg, Sinn) genannt. Leben im Tao ist infolgedessen der einzige Weg für den Menschen, der seiner Natur *und* der Natur der kosmischen Kräfte entspricht. So kann er seinen Platz in der Welt finden und vermag in Harmonie zu leben.

Harmonie im taoistischen Verständnis unterscheidet sich jedoch von der westlichen Auffassung von ihr als einer gleichbleibend-ruhigen »heilen Welt«. Für den östlichen Menschen gehören Störung, Leid und Schmerz untrennbar zum Leben, sie sind wesentlicher Teil des Universums. Harmonie meint hier Bewegung, Dynamik im sinnvollen Wechsel und Ausgleich der Lebenskräfte.

Nicht nur mit der Umwelt außen, auch mit sich selbst innen steht der Mensch in ständiger Wechselbeziehung. In dauernder Bewegung muß das Gleichgewicht der Pole gefunden, die Statik der Dualität von links und rechts, auf und ab, schwarz und weiß, gut und böse überwunden werden. Im Zeichen der Waage versucht der Mensch, diesem Anspruch der Balance ein Bild zu geben. Der »esoterische Saatgedanke« des Tierkreiszeichens Waage nennt diesen Weg der Integration einen »messerscharfen Pfad, der zwischen den beiden großen Kraftlinien hindurchführt«[23], auf dem der Mensch sich von den extremen Gegensätzen befreien und sein wahres Selbst – jenseits der Dualität von Geist und Materie – finden kann und damit *Einheit und Ganzheit* erlangt. Während der christliche Mensch meditiert, um sich verwandelt in Gott wiederzufinden, meditiert der östliche Mensch, um sich im göttlichen Urgrund zu verlieren.

Zusammenfassend ließe sich sagen: *Beide streben nach Ganzheit und Einheit in Gott.* Dieser Gott aber ist für den christlichen Menschen eine Person, für den östlichen ein namenloses Göttliches.

Sowohl das Bild des Tai Gi wie das Symbol der Waage zeigen eine Bewegung an, die Ganzes und Vollkommenes schafft. In dieser Bewegung, so prophezeit das Buch der Wandlungen (I Ging), kann es sein, daß eine neue Art und Weise des Schauens, Denkens und Handelns möglich wird – eine ganzheitliche, eine die Wirklichkeit hinter der Wirklichkeit mit umgreifende:

> Mit unendlichem Gespür vernimmt die Seele Töne,
> die das Ohr nicht hört,
> und sieht, was den Augen verborgen bleibt,
> durch alle Zeiten, Räume hin und über sie hinaus.
> Grenzenlos, ursprünglich ist ihr Wissen – ihre
> Erinnerung –
> Buch der Wirklichkeit zum I Ging Hexagramm 58

Menschenbilder – Bilder vom Menschen

Diogenes zündete am hellichten Tag eine Lampe an
und wanderte durch die Straßen der Stadt.
»Ich suche«, sagte er, »einen Menschen.«

Der Mensch hat den Menschen immer noch nicht gefunden. Immer noch wandert er durch Universitäten, Bibliotheken
und Forschungslaboratorien. Er stellt Fragen, findet Antworten, verwirft sie wieder und sucht weiter. Davon hat der letzte
Abschnitt einen kleinen Eindruck gegeben. Der Mensch kennt
seine Formel nicht – mit Ausnahme vielleicht der Heiligen und
der Weisen. Der Mensch ist, heute wahrscheinlich mehr denn je,
auf der Suche nach dem Grund aller Dinge, nach Sinn, Ziel und
Bestimmung seines Lebens und seines Daseins in der Welt. Die
in Psalm 8 so eindringlich gestellte Frage nach dem Menschen
heischt Antwort, sucht und findet sie in vielen Bildern.

Auch dieses Kapitel orientiert sich an der Welt der Bilder,
möchte Anstoß sein, sich dieser Welt – die wir in uns selbst
tragen – wieder mehr zuzuwenden, sie wieder neu zu entdecken.
Der Leser wird nur einer Auswahl aus der Vielzahl von Bildern
begegnen; aber so, wie ein aus einem Hologramm entferntes
Einzelteil alle Informationen des Ganzen in sich enthält, so
enthält in diesem Falle jedes Bild alle Informationen des Ganzen:
Jedes Bild steht auch für alle nicht erwähnten und nicht beschriebenen Bilder.

Schon Christus sprach in solchen Bildern, etwa wenn er
vom Reich Gottes sagte: Mit dem Himmelreich ist es wie mit
– einem Senfkorn,
– einem Stück Sauerteig,
– einem Schatz im Acker und so weiter.
Auch von sich selbst sprach er in Bildern:
– Ich bin der Weg,
– Ich bin der Weinstock,
– Ich bin die Türe.
Und die Zuhörer redete er an:
– Ihr seid das Salz der Erde,
– Ihr seid wie Schafe ohne Hirte,
– Ihr seid die Reben (am Weinstock).

Mit solchen Bildern ist immer mehr gemeint als der jeweilige konkrete Gehalt des Bildes. Christus gebrauchte sie gleichsam wie ein Hologramm, dessen Charakteristikum es ist, im Lichte der richtigen Beleuchtung den Betrachter *im Teil das Ganze* sehen zu lassen, *das Gesamt der lebendigen Wirklichkeit.*

Ebenso kann der Mensch in seinen eigenen Bildern Aussagen machen, die, holographisch betrachtet, das Gesamt des Menschen und des Universums erkennen lassen, zum Beispiel:

– Mit dem Menschen ist es wie mit einer Blüte...
– Mit dem Universum ist es wie mit einem Garten...

Das rechte Licht, das in diesen Bildern holographisch das Ganze lebendig hervortreten läßt, ist *das Schauen* im Sinne des Wortes Jesu: »Wer Augen hat zu sehen, der sehe; wer Ohren hat zu hören, der höre.« Dieses wache Schauen ist durch Üben erlernbar und kann uns helfen, den Zugang nicht nur zu biblischen Gleichnissen, sondern auch zu unseren eigenen spontan aufsteigenden gemalten oder geträumten Bildern zu erschließen. Wie die Bilder der Märchen und Mythen sind sie Teile des »Holoversums« und deshalb ernstzunehmende Aussagen über das »unaussprechliche und unauslotbare Ganze«. Mit dem Menschen ist es zum Beispiel wie mit einem Bambusbaum, den der Herr anschaut und beschneidet und einer neuen Fruchtbarkeit zuführt, so erzählt das Märchen zu Beginn dieses Buches.

Das Symbol

Ich halte die Symbolsprache für die einzige Fremdsprache, die jeder von uns lernen sollte. Wenn wir sie verstehen, kommen wir mit dem Mythos in Berührung, der eine der bedeutsamsten Quellen der Weisheit ist. Tatsächlich verhilft sie uns zum Verständnis einer Erfahrungsebene, die deshalb spezifisch menschlich ist, weil sie nach Inhalt und Stil der ganzen Menschheit gemeinsam ist.

ERICH FROMM[24]

Erich Fromm spricht hier das im zweiten Kapitel schon berührte »kollektive Unbewußte« an, das Energien und Kräfte so lange zurückhält, wie sie nicht vom Menschen ins Bewußtsein integriert sind. Gelingt es uns, an diese energetischen Kraftfelder heranzukommen, so wird ein Geschehen ausgelöst, das den Menschen, der diese Erfahrung annimmt – sie anschaut –, verändern kann und ganzheitlicher werden läßt. Der Weg zu dieser Integration führt über die Symbole.

Das Wort Symbol, abgeleitet vom griechischen *symballein*, bedeutet: zusammenwerfen, zusammenfügen von Bruchstükken, die zusammengefügt ein Ganzes ergeben[25].

In Anlehnung an C. G. Jung wird das Symbol vom Zeichen unterschieden. Das Zeichen weist auf etwas hin (Verkehrs- und Markenzeichen), damit ist seine Funktion erfüllt. Das Symbol hingegen ist ein Zeichen, das auf etwas hinter ihm Liegendes hinweist, besser noch, das dieses hinter ihm Liegende als Wirklichkeit geheimnisvoll (oder holographisch) in sich enthält. Damit ist das Symbol gleichsam etwas Lebendiges, Energetisches: Es tritt, wenn man sich damit auseinandersetzt, wenn man also Licht darauf fallen läßt, in den Raum, wird dreidimensional, also lebendig und wirklich.

Nach Herder[26] sind dem Symbol – dem Sinn-Bild – drei Wirkungsweisen eigen:
– Es bindet Bezeichnendes und Bezeichnetes so eng wie nur möglich aneinander, zum Beispiel ist die Sonne Symbol des göttlichen Lichtes, aber auch selbst dieses Licht.
– Als Bedeutungsträger hat es eine stark ausgeprägte Mehrdeutigkeit, die so weit gehen kann, daß gegensätzliche Bedeutungen in einem Symbol zusammenfallen, zum Beispiel die Schlange als Versucherin und als Erkenntnisbringerin.
– Als Bild-Deutung der Welt hat das Symbol mythologischen Charakter, weshalb der Mythos dem Symbol gleichgestellt werden kann.

Ein Symbol ist folglich niemals statisch, und nie darf es eindimensional betrachtet werden. Nach Jungs Verständnis ist das Wesentliche am Symbol seine Mehrschichtigkeit und Lebendigkeit. Es ist gleichsam geladen mit Kraft aus dem schöpferischen Urgrund, ist Teil des in uns liegenden Lebendig-Schöpferischen. Eigentlich kann nur das Symbol über diese Tiefe des Menschen etwas aussagen. Nur über das Symbol, das Bild, vermochte auch Christus vom Göttlichen zu sprechen. Das Symbol, soll es zur Wirkung kommen, fordert, daß wir hinhören und hinschauen, daß wir uns hineinversenken und einzudringen versuchen, um es wie ein Hologramm ins rechte Licht zu stellen, damit das im Teil enthaltene Ganze hervortreten und seine Geschichte erzählen kann.

In der Antike galten auch Zahlen und Buchstaben als Bilder, so daß im Gegensatz zur heutigen abstrakt beschreibenden Sprache damals Wort und Bild nicht voneinander abwichen. Zum Unterschied von Sprache und Symbol schreibt Bachofen:

»Zu arm ist die menschliche Sprache, um die Fülle der Ahnungen, welche der Wechsel zwischen Tod und Leben wachruft, zu kleiden. Nur das Symbol und der sich ihm anschließende Mythos können diesen Bedürfnissen genügen. Das Symbol erweckt Ahnungen, die Sprache kann nur erklären. Das Symbol schlägt alle Saiten des menschlichen Geistes zugleich an, die Sprache ist genötigt, sich immer nur einem einzigen Gedanken hinzugeben. Bis in die geheimsten Tiefen der Seele treibt das Symbol seine Wurzel, die Sprache hingegen berührt wie ein leichter Windhauch die Oberfläche des Verständnisses. Davon ausgenommen ist freilich die Sprache des Dichters, der hinter die Alltags-Abgegriffenheit des Wortes dringt...«[27] Das Zitat hebt hervor, daß das Symbol die Wurzel des Ausdrucksvermögens ist, das von der Sprache nur unvollkommen erreicht wird.

Bilder aus dem Unbewußten – Bilder der Seele

Symbole werden auch als »Urphänomene« des menschlichen Lebens bezeichnet. Schon das Kind versteht und gebraucht sie spielend – wenn etwa ein Stück Holz zum Pferd oder zur Lokomotive *wird*. In Symbolen spricht das Leben selbst, unmittelbar und unverstellt. »Bild ist Seele«, sagt Jung.

Bilder der Seele sind Bilder, die *spontan* auftauchen: Gefühle, Erinnerungen, Phantasien, Tag- oder Nachtträume. Werden sie gelenkt, spricht man von *aktiver Imagination*. Als Bilder der Seele können aber auch Bildgestaltungen im weitesten Sinne bezeichnet werden: Zeichnungen, Malereien, Tonfiguren, Collagen, wenn sie als spontane Ausdrucksformen innerer Vorstellungen entstehen, aber auch gedankenlose Kritzeleien am Telefon. Das so Entstandene ist nichts Erdachtes oder Geplantes, sondern etwas, das aus der Tiefe aufsteigt, eine »Botschaft der Seele«. Werden solche Bilder (Zeichnungen, Träume) mit einem Gegenüber ernsthaft reflektiert, um gemeinsam ihrer Bedeutung nachzuspüren, also der Geschichte, die sie erzählen, auf die Spur zu kommen (das ist etwas anderes als Deuten-Wollen), dann können Energien freigesetzt, schöpferische Kräfte und Ressourcen mobilisiert und unbewußte Inhalte bewußt gemacht werden. Es ist ein Urgesetz menschlichen Lebens, daß nur das, was angeschaut, also vergegenständlicht wird, auch verändert werden kann.

Mandala
Darstellung aus Nepal

Das Mandala

Besondere Bedeutung im Sinne eines vereinigenden und heilenden Symbols hat bei Jung das Mandala. Mandala, ein Sanskrit-Wort, heißt Kreis. Es bezeichnete ursprünglich den rituellen und magischen Kreis, war also in vielen alten Traditionen das Ursymbol für Anfang und Ende und folglich auch für Ganzheit. Mandala-Bilder wurden sowohl in östlichen wie in westlichen Religionen als Kontemplationshilfe gebraucht. Ein

Beispiel ist das radförmige Meditationsbild des Bruder Klaus von Flüe. Die *Mandala-Symbolik* zeigt in der Frühzeit wie in den Träumen moderner Menschen eine immer gleichbleibende Gesetzmäßigkeit. Das Mandala ist auf eine Mitte bezogen, und seine Strukturen sind in einen Kreis oder ein Viereck eingeordnet, wodurch die Ganzheit versinnbildlicht wird. Die Struktur bleibt grundsätzlich immer die gleiche, in Darstellung und Ausschmückung ist es zeit- und kulturabhängig.

Ein typisch christliches Mandala zeigt beispielsweise »das Auge Gottes mit seinem die Welt umfassenden Strahlenkranz, der die vier Grundrichtungen betont und hervorhebt. Andere Mandalas haben die Geburt zum Thema... andere sind formal abstrakt.«[28] In Träumen können sie auftreten als kreisende Sonnenscheibe oder als sich leerender und füllender Mond. Nach Jung sind spontan auftauchende Mandalas »Abbilder der vollzogenen oder der sich anbahnenden Individuation, d. h. der gelungenen Vereinigung der Gegensätze«[29] in der menschlichen Seele.

Mandalas können als »heilende Bilder« auch durch aktive Imagination oder im entspannenden Ausmalen von Kreismotiven bewußt therapeutisch eingesetzt werden. Ob dabei eine leere Kreisform oder ein vorgegebenes strukturierendes Motiv gebraucht wird, hängt vom jeweiligen Einzelfall ab (siehe dazu Seite 95 ff.).

Urformen des Seins –
Kollektivsymbole der Seele

Es gibt Ursymbole, die bei allen Menschen aller Zeiten immer wieder in Erscheinung treten. Auch das Mandala ist als Bild für die innere Seinsmitte – das Selbst – ein solches allgemeingültiges, also kollektives Symbol.

Es folgt jetzt die Darstellung einer Reihe von kollektiven Symbolen, die in gemalten Bildern besonders häufig erscheinen. Die Kenntnis ihrer Bedeutung kann den Blick auf größere Zusammenhänge eröffnen, denn sie geben Hinweise auf unsere inneren Bilder und damit auf die Gesetzmäßigkeiten menschlichen Lebens. Dies gilt auch dann, wenn wir in Berufsgruppen (Ausbildung, Weiterbildung) mit Bildern arbeiten, um deren

Bezüge zu denjenigen Gesetzen und Prinzipien herzustellen, die unseren Beruf (Praxis) und unser Berufsverständnis (Theorie) beeinflussen und prägen (praktische Hinweise dazu siehe Seite 70 und 73).

Der Wind, die Luft

Weißt nicht, woher er kommt
und wohin er geht,
ob er bei dir verweilt
oder verweht.

Ist, allem Geiste gleich,
grad wie er will,
Bald wie Sturm und bald
unsagbar still…

B. STEHMANN

Zur Bedeutung von Wind und Luft lesen wir im Herder-Lexikon: »*Wind,* wegen seiner Ungreifbarkeit und seines raschen Richtungswechsels, ist Symbol der Flüchtigkeit, Unbeständigkeit und Nichtigkeit – Bewegung –. Als Sturm ist er auch Symbol göttlicher Mächte und menschlicher Leidenschaften.

Luft als eines der vier Elemente wird, wie das Feuer, beweglich gesehen, aktiv und männlich, im Gegensatz zu den weiblich passiven Elementen Wasser und Erde. Luft steht in engem Zusammenhang mit Atem und Wind; oft steht sie für das feinstoffliche Zwischenreich zwischen dem irdischen und dem geistigen Bereich… Symbol des unsichtbaren, aber in seinen Wirkungen spürbaren Geistes.«[30]

Beide sind un-be-greifbar, also auch unberechenbare Elemente. Sie sind gegenwärtig, aber das Auge kann sie nicht wahrnehmen. So sind sie das Bild für eine allgemein-menschliche Erfahrung: Unser Leben ist eingebunden in diese unsichtbaren, aber um so wirksameren Schwingungen, und über den Atem damit verbunden, nehmen wir teil und sind selbst Teil dieses größeren Atems des Kosmos (Universum, Holoversum).

Der *Wind,* einschließlich der Dinge, die sich wie er bewegen, zum Beispiel Vögel und Flugkörper, ist auch Symbol für Ursprung und Ziel aller Bewegung. Er ist in sich Dynamik. In gleicher Weise erstreckt sich der Bedeutungsrahmen der *Luft* auch auf den *Luft-Raum,* die Atmosphäre, den luftleeren wie den energiegeladenen Raum. So gibt es die »dicke« oder die »zu dünne« Luft. In der Atmosphäre fühlt sich der Mensch wohl, getragen und aufgenommen, oder bedrückt, eingeengt, nicht dazugehörig.

Das Luftprinzip im Menschen entspricht der *Qualität des Geistes,* der sich als spiritueller Aspekt oder, bezogen auf das abstrakte Denken, auch als Intelligenz darstellt. Die entsprechende höhere, transzendente Qualität ist das »Allwissen«, die »göttliche Allgegenwart«, »der Heilige Geist«.

Die Farbe, die mit Wind und Luft verbunden wird, ist *Blau* (in Lüschers Farbtest dagegen und in der Tierkreissymbolik der Astrologie ist es *Gelb;* ich beschränke mich hier auf das gebräuchlichere Blau). Blau ist zugleich die Farbe der Weisheit[31], in der Heilkunst symbolisiert es die Wirkung der Schwingung der menschlichen Stimme, in deren Klang unsere innere Schwingung – Angst, Überdruß, Streß oder Freude, Wohlwollen oder Zuwendung – Ausdruck findet und bei unserem Gegenüber ankommt. Bin ich verstimmt, so verrät mich der Klang, auch wenn ich es verbergen will.

Die Wirkung des Klanges kommt in modernen Therapien auch durch den Einsatz des Mediums Musik zur Anwendung: Töne, Rhythmus, Harmonie beeinflussen als Schwingung auch die innere Schwingung des Patienten.

Pflege als Beziehungsprozeß bedarf der Bewegung, des Austausches und der Schwingung unserer Energien. In dieser Form ist sie Ausdruck dieser Gesetzmäßigkeit menschlichen Lebens, die sich symbolisch ausdrückt in Luft und Wind und allem, was Bewegung anzeigt (Flugzeuge, Fahrzeuge).

Feuer

Sagt es niemand, nur den Weisen,
Weil die Menge gleich verhöhnet.
Das Lebend'ge will ich preisen,
Das nach Flammentod sich sehnet...

Und solang du das nicht hast,
Dieses: Stirb und Werde!
Bist du nur ein trüber Gast
Auf der dunklen Erde.

J. W. v. GOETHE

Nach dem Herder-Lexikon »gilt *Feuer* bei vielen Völkern als heilig, reinigend, erneuernd; seine Zerstörungskraft ist bedrohlich, wird aber ebensooft auch als Mittel zur Neugeburt auf einer höheren Stufe gedeutet«[32].

Der Begriff Feuer wird leicht mit Gefahr in Verbindung gebracht: Es zerstört, und Brandkatastrophen lösen Entsetzen aus. Umgekehrt wird aber auch Göttliches, insbesondere der Heilige Geist, mit dem Feuer in Verbindung gebracht. Die Pfingsterzählung schildert, wie der Geist Gottes in Feuerzungen auf die Apostel herabkam. Darin zeigt sich die verwandelnde Kraft des Feuers. Beides, sowohl Verderben wie Neuwerden, ist möglich durch die *Energie und Kraft*, die sich in der Symbolik des Feuers ausdrückt.

In Zeichnungen und Träumen tauchen beide Aspekte auf: Sonne, Herd- und Lagerfeuer oder Kerzenflamme als positives Bild; hingegen Vulkane, Feuersbrünste, rauchende Fabrikschlote, Atompilze als bedrohende und gefährliche Seite des einen energetischen Prinzips. Ob ein Bild vom Feuer Ausdruck mehr der verwandelnden oder der zerstörenden Kraft ist, hängt vom Erfahrungshintergrund des jeweiligen Menschen ab.

Hinter diesen individuellen menschlichen Erfahrungen stehen größere Zusammenhänge. Die Menschen früherer Zeiten hüteten das Feuer – das zu entzünden, durch Reibung oder Schlagen des Feuersteins, ein schwieriges Unterfangen war – als eine Gabe des Himmels. Mythen und Märchen erzählen vom Feuer als einem aus der Höhe herabkommenden Zeichen. Nach der griechischen Sage holte Prometheus das Feuer als Unterpfand des Lebens und der Kultur vom Himmel auf die Erde herab. Alte Schöpfungsmythen sprechen von einem göttlichen Ur- oder Zentralfeuer als dem Ursprung nicht nur unseres Feuers, sondern des Lebens überhaupt. Feuer ist in den Naturphilosophien alter Völker Ausdruck des göttlichen Urprinzips der Welt und damit der allbelebenden, allbeseelenden Kraft. Bei Heraklit ist es als Urgrund des Kosmos ein »ewig lebendiges Feuer«, das nach bestimmten Maßen erglimmt und erlischt. Ewiges Feuer brannte auch in dem Tempel von Delphi vor dem Bilde des Gottes Apoll; es galt den alten Griechen als »Nabel der Welt« und wurde von besonderen Priesterinnen, den Vestalinnen, gehütet. Ewiges Licht brennt auch heute noch vor dem Tabernakel der katholischen Kirche als dem Ort der Anwesenheit Gottes.

Des Feuers Lebendigkeit, sein geheimnisvoller Ursprung und seine große Kraft sind auch in Bildern und Träumen des Menschen von heute Bedeutungsträger für das energetische Prinzip menschlichen Lebens und folglich Symbol für das Energiepotential des Menschen, das aller Dynamik und Aktivität zugrunde liegt. Als frei fließende Kraft ist es Ausdruck von Vitalität, gesundem Wohlbefinden, Dynamik des Geistes, ja der Lebenskraft als solcher. Ist der Fluß blockiert, so kommen die zerstörenden Kräfte des Feuers zum Tragen und machen den Menschen krank.

Die *Farbe des Feuers* ist *Rot*. Rot hat, je nach Intensität, eine Reizwirkung, die von jeher mit Energie, aktiver Schwingung und Bewegung in Verbindung gebracht wurde. Fehlendes Rot in gemalten Bildern kann ein Zeichen für nicht genutzte Energien sein; zu viel Rot kann als Hinweis auf Stauungen und Blockierungen der Lebenskraft verstanden werden. Am falschen Platz ist Rot beispielsweise dann, wenn jemand »nur noch Rot sieht«; Rot gehört nicht in die Augen des Menschen, denn diese Farbe versinnbildlicht einen innen zirkulierenden Energiestrom.

In der Gesundheits- und Krankenpflege als einem dynamischen Prozeß sind immer auch diese Lebensenergien angesprochen und gemeint. Wir können sie nutzen, brachliegen lassen oder einsetzen – am richtigen oder am falschen Ort.

Der Sinn des energetischen Prinzips menschlichen Lebens ist letztlich die Evolution des Menschen. Im Alltag geht es darum, daß wir bewußt mit unseren Energien umgehen und sie im Gleichgewicht halten, was, wie wir alle wissen, gar nicht immer so einfach ist.

Wasser

Alles ist aus dem Wasser entsprungen!
Alles wird durch Wasser erhalten!
Ozean, gönn uns dein ewiges Walten!
Wenn du nicht Wolken sendest,
Nicht reiche Bäche spendest,
Hin und her Flüsse wendest,
Die Ströme nicht vollendest,
Was wären Gebirge, was Ebenen und Welt?
Du bist's, der das frischeste Leben erhält.

J. W. v. Goethe

»*Wasser* ist ein Symbol mit sehr komplexem Bedeutungs-
horizont. Als ungeformte, undifferenzierte Masse symbolisiert
es die Fülle aller Möglichkeiten, oder den Uranfang alles Seien-
den. Das Wasser ist auch Symbol der körperlichen und geistigen
Reinigungs- und Erneuerungskraft.«[33] Dieser Aspekt zeigt sich
zum Beispiel im Jungbrunnen oder in der sprudelnden Quelle,
während das Meer Sinnbild für unerschöpfliche Lebenskraft ist.
Das Wasser, wie auch der Fisch, der symbolisch dem Wasser,
seinem Lebenselement, nahesteht, ist als Symbol immer auch
sein Gegenteil: Es bedeutet einerseits *Fruchtbarkeit und Leben*,
zum Beispiel als Regen und Quelle; der Fisch gilt in der
christlichen Symbolik als geistige Nahrung. Als Gegenteil verkörpert es *Tod und Zerstörung* (Sintflut, Ertrinken). Im Menschen entspricht das Prinzip des Wassers allem, was mit *Emp-
fänglichkeit, Formbarkeit und Sensitivität* zusammenhängt: also
das Weibliche im Menschen, das Unbewußte (Grundwasser),
die intuitive schöpferische Kraft, die Phantasie, das Gefühl.
Wasser ist *farblos*. Aber unsere Erfahrung assoziiert (zum
Beispiel im Blick über den See) die Farbe Blau, deren Qualität
jedoch abhängt vom Licht der Sonne und der Helligkeit des
Himmels. In Bildern und Zeichnungen sind es blau-grüne
Farbtöne, die am ehesten der Symbolik des Wassers entsprechen
und Ausdruck sind für das Geheimnisvolle der Tiefe.
*In allen helfenden Berufen nimmt das Wasserprinzip als
Symbol für die bildnerischen Kräfte der Seele*, die jedem Impuls
und jeder Idee – also auch der kreativen Pflege – zugrunde liegen,
einen wichtigen Platz ein. Werden diese Kräfte beansprucht, so

61

durchdringen sie als Qualität des Seins alle Ebenen des Tuns. Dadurch kommen nicht nur Fähigkeiten wie Vorstellungskraft und Phantasie zum Tragen, sondern auch echtes Mitgefühl, das über die eigenen Gefühle hinausgeht. Auch die Fähigkeit zur Imagination und Visualisierung und damit zum Rückgriff auf innere Heilkräfte und Ressourcen ist im Zusammenhang mit diesem Prinzip des Zulassens und Einlassens zu sehen.

Erde

Wenn schon die Erde
nie zum Paradies werden kann,
so liegt es an uns,
wenigstens dafür zu arbeiten,
daß sie nicht zur Hölle wird.

NICO

Bei Herder wird die *Erde* im Gegensatz zum Himmel als weiblich passiv gedeutet. »Die Erde ist aber nicht nur der Schoß, aus dem alles Leben hervorgeht, sondern auch das Grab, in das es zurückkehrt, ihr symbolischer Bedeutungsgehalt entspricht daher häufig der ambivalenten Gestalt der ›Großen Mutter‹, die zugleich als *lebensspendend und als bedrohlich* erlebt wird.«[34]
Schicksalhaft ist der Mensch mit der Erde verbunden. Wir sind Teil dieser Erde, irdisch, erdverwandt, bis in die Wurzel unseres Seins. Wer Erde sagt – malt, träumt –, sagt auch Mensch; die Entwicklung der Erde ist auch die Entwicklung des Menschen. In alten Mythen wächst der Mensch gleichsam aus der Erde, und im Schöpfungsbericht wird Adam – der Mensch – aus Lehm (auch mit Ackererde übersetzt) geformt, aus grobstofflicher Materie zu einem stofflichen Körper, zu materieller Wirklichkeit. Der Mensch ist aber nicht nur aus Erde gebildet, er steht auch auf oder über ihr. In dem Wort des 1. Buches Mose (2,15) »Macht euch die Erde untertan« liegt der Auftrag Gottes an den Menschen, die Erde zu bebauen, zu gestalten und zu erhalten.
Die Farbe der Erde ist *Braun*, das die Farbe des Herbstes – der Vergänglichkeit –, aber auch die Farbe des Pelzes vieler Tiere ist. Die Erdfarbe symbolisiert also sowohl Kargheit und Sterben und damit Kälte als auch die Wärme als lebensspendende

Muttersymbolik. Im Farbpyramidentest bedeutet Braun psychische *Widerstandskraft, Selbstbehauptung* und *Durchsetzungsvermögen* – Ich-Kraft.

Damit kann eine Brücke auch dieser Symbolik zum Berufsverständnis der Pflege-Berufe geschlagen werden. Allzu lange hat man gerade in diesen Berufen die »Erde« vergessen und ein ichloses Berufsideal aufzubauen versucht. Heute wissen wir, daß für unser Berufsverständnis – wollen wir uns dauerhaft durchsetzen – nicht nur gut fundierte berufliche Qualifikationen, sondern auch ein hohes Maß an Durchsetzungsvermögen, Selbstbewußtsein und Eigenständigkeit gehören, wenn wir verantwortlich handeln wollen. Wenn wir unserem Pflegeverständnis als Kulturauftrag (Kultur von lateinisch collere = pflegen) auf Zukunft gerecht werden wollen, haben wir uns stets von neuem auf uns selbst und unsere Rolle zu besinnen, um jene Forderungen durchzusetzen, die für ein sinnvolleres Leben und eine ganzheitliche Pflege unabdingbar sind.

Pflanzen

Pflanzen symbolisieren die grundlegende Stufe der materiell-stofflichen Welt. Sie sind daher Symbole für die *Einheit alles Lebendigen.* Die Pflanze ist mit ihrem Kreislauf des ständigen Wachstums – Keimling, Blüte, Reife, Vergehen – das Sinnbild aller zyklischen Erneuerung und damit des Wachstums überhaupt. Die Pflanze begegnet uns in der Bilderwelt meist als *Baum* (siehe Seite 100), als *Strauch* oder als *Blume.* Ein besonders schönes Beispiel für die Pflanzensymbolik ist die Rose.

Die Rose

»Du bist zeitlebens für das verantwortlich,
was du dir vertraut gemacht hast«,
sagte der Fuchs.
»Ich bin für meine Rose verantwortlich«,
wiederholte der kleine Prinz,
um es sich zu merken.

ANTOINE DE ST-EXUPÉRY

Das Geheimnis der Rose ist der zentrale Gehalt des Märchens vom »Kleinen Prinzen«[35]. Sie ist Symbol der Zuneigung, der Liebe und der Vollkommenheit. Analog zur Lotosblume (Seerose) im östlichen Kulturkreis spielt sie eine wichtige Rolle in vielen Mythen und Märchen. Sie verkörpert die Harmonie, die Gesamtheit und *Ganzheit*. Bei Rosenberg lesen wir: »Die Rose ist ein Bild der Vollendung: Duft, Farbe, Gestalt des Blütenkelches bilden den Einklang der Schönheit. Alle Welten einen sich in der Rose – sowohl das hiesige Leben wie das jenseitige. Diese Ewigkeitsrose ist aber auch ein Symbol der Urrose; die tausendblättrige war rot – und dies ist die Lebensfarbe. Aber selbst diese Farbe ist ein Zeichen der Vollkommenheit, denn Rot weist auf rota, das Runde, auf die Kreisform, die stets ein Signum des Göttlichen ist, und dies betrifft ganz besonders die Gestalt der Rose.«[36] Auch Dantes Paradiesesrose nimmt dieses Thema auf und zeigt, daß diese Ganzheit und Vollkommenheit das innerste und zugleich transzendente Geheimnis der Rosenblüte ist. Ein Beispiel aus der taoistischen Mystik ist »Das Geheimnis der Goldenen Blüte«[37], wo der innerseelische Läuterungsprozeß des Menschen und damit sein Ganzwerden beschrieben wird. Diese *Wandlung* aus Dunkel und Eingeschlossensein zu Licht und Aufgeschlossenheit ist die symbolhafte Aussage jeder Blume und Blüte. Deshalb ist sie zum Sinnbild des menschlichen Individuationsweges geworden.

Aus der Pflanzensymbolik können wir in unser Berufsverständnis übernehmen:

– *Das Gesetz des ständigen Kreislaufs von Werden und Vergehen, von Geburt und Tod.* Der Mensch steht zeit seines Lebens im Anpassungsprozeß an dieses Lebenskontinuum. Auch Gesundheit und Krankheit sind vor diesem Hintergrund zu betrachten. Der Mensch, der sich in diesem Kontinuum bewegt, wird an Wachstums- oder Anpassungsprobleme stoßen, die sich als Störung oder Krankheit äußern. Hier bedarf es der beratenden, unterstützenden Hilfe und Pflege, die sich orientiert am Bewußtsein der Gesetze von Werden und Vergehen.

– In der Rose und jeder Blüte kann sowohl *das Gesetz der Ganzheit,* der Zentrierung (siehe auch Mandala S. 55) gesehen werden als auch der *Weg zu dieser Ganzheit* im Ringen um Ganzheitlichkeit und in der Integration dieses Lebensprinzips –

als Sehnsucht, als Wunsch oder als bewußte Arbeit.

In Anlehnung an die Worte des Kleinen Prinzen liegt im Zeichen einer Rose die Be-deutung: Ich fühle mich verantwortlich für das, was ich mir vertraut gemacht habe, das heißt, für das, wofür ich mich tagtäglich einsetze.

Tiere

Nur das feurige Roß,
das mutige,
stürzt auf der Rennbahn.
Mit bedächtigem Paß
schreitet
der Esel daher.

FRIEDRICH V. SCHILLER

Tiere repräsentieren häufig mächtige göttliche und kosmische Kräfte sowie die Mächte des Unterbewußtseins und des Instinkts[38]. Dabei ist die Art der Tiere, die in Bildern oder Träumen hervortreten, von jeweils unterschiedlicher Bedeutung. Häufig auftretende Tiersymbole sind

Löwe, Adler, Hirsch und Stier

Der *Löwe* ist Symbol der Lebenskraft, des Männlichen (Yang), wie Feuer und Sonne. Als dem König der Tiere sind ihm die Attribute der Kraft und Herrschaft zugeordnet.

Der *Adler*, König der Lüfte, wird auch als König der Weisheit gesehen. Er ist nicht erd- und naturhaft wie der Löwe, sondern geisthaft. Als Sonnen- und Geistvogel gehört er zur Luft.

Der *Hirsch*, der »lechzt nach frischem Wasser« (Psalm 42,2), wird dem lebendigen Wasser zugeordnet. In der Sprunghaftigkeit seiner Natur wurde er schon in frühen Jägerkulturen als Symbol für »den Lebens- und Todesgott« angesehen. In der periodischen Erneuerung seines Geweihs zeigt er sich als Symbol der stetig sich erneuernden Zeit, der ewigen Wiederkehr und damit der Wiedergeburt (Parallele zur Wiedergeburt aus dem Wasser).

Der *Stier* wird wegen seiner Fruchtbarkeit mit Mond und Erde in Zusammenhang gebracht, also yinhaft-weiblich gesehen. In vielen Mythen ist er das Opfertier und damit Sinnbild für die Hingabe, ohne die kein Leben auf die Dauer sinnvoll ist.

Insgesamt gesehen symbolisieren diese Tiere die gleichen Kräfte und Lebensprinzipien, die wir auch in den vier Elementen gefunden haben.

Hund und Katze

Auch vertraute Tiere aus unserer alltäglichen Erfahrungswelt tauchen in Bildern und Träumen häufig auf. Hier sollen nur die beiden Haustiere besprochen werden, die uns allen wohl am nächsten sind: Hund und Katze, deren sprichwörtliche Gegensätzlichkeit und Unverträglichkeit immer wieder vom friedlichen Zusammenleben dieser beiden widerlegt wird. In die Symbolsprache umgesetzt: Männliches und Weibliches sind so lange sich bekämpfende Gegensätze, als nicht die Versöhnung zwischen ihnen eine Einheit und Ganzheit bewirkt hat.

Der Hund ist wahrscheinlich das älteste Haustier überhaupt. Er ist Wächter (Hofhund) wie Begleiter und Helfer des Menschen (Jagdhund, Blindenhund, Lawinenhund). Diese dem Hund zuerkannten Fähigkeiten und Charakterzüge, insbesondere seine sprichwörtliche Treue, können im Bilde symbolhaft zum Ausdruck kommen. Auf der anderen Seite kann die am Hund beobachtete starke Sexual- und Vitalkraft ihn auftreten lassen als Symbol der männlichen Kraft. *Der* Hund ist dann auch Gegensatz zur weiblichen Katze.

Die Katze ist nicht nur ein anschmiegsames, sondern auch ein sehr eigenwilliges Haustier. Ihre weibliche Qualität wird darum zugleich Symbol der Ambivalenz. Sie kann sich als liebevoll-spielerisches Tierwesen, aber auch – als schwarze Katze – als Unglücksbotin zeigen.

Sowohl der Hund wie die Katze müssen deshalb in ihrem Kontext, also im Gesamt des ganzen Bildes, betrachtet werden. Es gibt nicht einfach *den* Hund und *die* Katze, ebensowenig wie es *den* Mann oder *die* Frau gibt. Der Mensch trägt beides in sich. Der Anteil, den er verdrängt – hinuntergedrängt in die Instinktsphäre –, taucht von dort als Tiergestalt wieder auf und will integriert werden.

Sonne, Mond und Sterne

Gelobet seist Du, mein Herr,
mit allen Deinen Geschöpfen,
besonders mein großer Bruder »Sonn«,
welcher der Tag ist und
uns erhellt durch sich selbst.
Und schön ist er und strahlend
mit großem Glanz.
Von Dir, Höchster, trägt er das Sinnbild.
Gelobet seist Du, mein Herr,
durch unsere Schwester »Möndin«
und die Sterne,
am Himmel hast Du sie gemacht:
klar und kostbar und schön.

FRANZISKUS VON ASSISI
Aus dem Sonnengesang

Rilke hat gesagt, daß wir, wenn wir von Sonne und Mond sprechen, eigentlich »*der Sonn* und *die Möndin*« denken müßten, wenn wir der antiken Sprache und der Bilderwelt der uns überkommenen Mythen folgen wollen. Begegnen uns doch in einer großen Zahl dieser Mythen *der* Sonnengott und *die* Mondgöttin.

Damit sind die *Polaritäten* von Tag und Nacht, männlich – weiblich, aktiv strahlend – passiv empfangend, Yang und Yin hervorgehoben.

Treten *alle drei Planetenkräfte* zusammen in einem Bilde auf, so sind sie in ihrer Dreiheit der Inbegriff des Himmels, ja des ganzen Universums, in dem wir leben. Sie sind Symbol sowohl des großen *Spannungsfeldes* der gegensätzlichen Kräfte als auch der *Einheit* des Kosmos und der sich ergänzenden Kräfte, denen wir verbunden sind.

Als innerseelische Kräfte werden Sonne (Sonn) und Mond (Möndin) gegengeschlechtlich betrachtet, als die Urgegensätze von Yang und Yin. Jung spricht von Animus und Anima[39], die vom Menschen integriert werden müssen, bevor er als ganzer Mensch sein Leben zu leben vermag.

67

Reflexionen und Meditationen
Sich-Einlassen – Loslassen – Zulassen

Um über das innere Wissen sich der Frage nach dem Menschen zu nähern, müssen wir das kritisch-logische und analytisch-schlußfolgernde Denken zugunsten der kreativen Vernunft etwas zurückstellen. Wir können uns die Welt der Bilder, der Träume, der Erinnerungen und der unbewußt gespeicherten Erfahrungen nicht über den rationalen Verstand aneignen; aber im Sich-*Einlassen* darauf und im *Loslassen* von festen Vorstellungen sowie im *Zulassen* dessen, was von der Natur in uns hineingelegt ist, können wir an die tieferen Schichten unseres menschlichen Seins herankommen und damit auch an die Erfahrung der uns eingegebenen kreativen Vernunft. Nur sie ermöglicht uns den Zugang zu unseren innerseelischen Kräften und geistigen Reserven (Ressourcen), die in diesem kreativ-schöpferischen Potential eingebunden sind. Sie können freigesetzt werden über *den Weg des Sich-Lassens, der Entspannung* und *des kreativen Tuns.*

Die Einübung und die Übung

Im folgenden und im Anschluß an jedes weitere Kapitel – findet der Leser kleine, einfache Übungssequenzen. Es sind Anleitungen, die sowohl zur Hinführung zum eigenen Heil- und Ganzwerden dienen, wie sie auch zur Arbeit mit Gruppen eingesetzt werden können. Damit komme ich dem Wunsche all jener entgegen, die nach einem einfachen Führer suchen, um die Wege
- der Entspannung und der Meditation
- des musisch-kreativen Tuns
- der Arbeit am Leibe besser kennenzulernen.

Die Übungen erheben – ebensowenig wie das Buch selbst – keinen wissenschaftlichen Anspruch. Sie sind aus meinem eigenen inneren Wahrnehmen und Erfahren wie auch aus der Arbeit mit Gruppen hervorgegangen. Sie sind keiner bestimmten Technik verpflichtet. Wohl aber sind sie mitgeprägt durch meine Arbeit als Schülerin von K. Graf Dürckheim und Dr. Maria Hippius, unter deren Leitung ich ein längeres Erfahrungsstudium durchlaufen habe[40].

Vorbemerkungen zu den Übungen

Bei allen Übungen geht es um das Heiler-Werden des Menschen. Denn die Fähigkeit, mit sich selbst und damit auch mit seinem Leibe in Harmonie (Gleichklang) zu leben, kann unterstützt, gefördert und auch wiedergefunden werden.

Der moderne Mensch, der sich, mehr als früher, in der Außenwelt bewegt, benutzt auch seinen Körper wie eine Maschine, die zu funktionieren hat. Die Folge davon sind zum einen psychosomatische Störungen und Haltungsschäden, Rückenleiden, Gelenkbeschwerden; zum anderen reagiert der Mensch auf solche Störungen auch wieder außenorientiert: er »schluckt Medikamente« und erwartet vom Arzt raschmögliche Symptombehebung. Der Mensch versucht zu reparieren, was aus dem Gleichgewicht gekommen ist – vielleicht verschwinden die Symptome, heiler wird er häufig nicht. Was er braucht, ist eine neue Beziehung zu sich selbst. Die folgenden Übungen wollen eine Hilfe geben für das Bemühen,

– sich seiner selbst wieder bewußter zu werden,

– die eigene Erlebnisfähigkeit zu erkunden,

– den eigenen Kräften (Fähigkeiten = Ressourcen) nachzuspüren und ihre belebenden Energien zu erfahren,

– wieder mehr für Regeneration zu sorgen und den Selbstheilungswillen zu stärken,

– den Leib wahr-zu-nehmen und dadurch sich selbst mehr gewahr-sein zu können, um mehr im Gleichklang mit diesem Leib zu leben. Dadurch gelingt es auch,

– mit der Welt (Umwelt, Mitwelt) wieder mehr im Einklang zu leben.

Die Übungen wollen über den meditativ-kreativen Weg Impulse zu einem ganzheitlicheren Leben geben.

Grundsatz aller Übungen: Sie gehen den *ganzen* Menschen an: *Ich bin Leib!* In Anlehnung an Karlfried Graf Dürckheim unterscheide ich zwischen dem Körper, den ich habe, und dem Leib, der ich bin. Auf dem Wege der Übung dieses Leibes, der ich bin, kann *Leib-Sein* – in der Einheit von Leib, Seele und Geist – *erfahren* werden.

Die Übungen sind so geschrieben, daß sie auf Tonband gesprochen werden und im Abhören besser geübt werden können.

Um eine einzelne Übung zu einer Einübung werden zu lassen, müssen Sie sich bewußt sein, daß Sie viel Geduld, Einsatz und Ausdauer aufbringen müssen. Wir heutigen sehr nach außen orientierten Menschen brauchen viel Zeit, um Konzentration und das Spüren nach innen wieder zu lernen.

Die technischen Voraussetzungen, die hier folgen, gelten für alle Übungen, die jeweils am Ende der verschiedenen Kapitel vorgeschlagen werden.

— Lassen Sie sich für die Übung Zeit.

— Schalten Sie intensive Licht- und Lärmquellen möglichst ab.

— Stimmen Sie sich ein auf innere Bereitschaft.

— Sorgen Sie dafür, daß das nötige Material (Stifte, Papier, Unterlage), angepaßt an Einzel- oder Gruppenarbeit, vorbereitet ist.

— Wenn Sie allein für sich arbeiten, können Sie sich führen lassen von einer Tonkassette, auf die Sie vorher den Text der Übung aufgenommen haben.

Entspannen und malen

Entspannung in jeder Form, insbesondere die Tiefenentspannung (auch als Alpha-Zustand bezeichnet), ist eine wirksame Methode, um
- die Streß-Anfälligkeit herabzusetzen,
- Spannungen und Blockierungen zu lösen,
- beengende Gefühle abzubauen,
- die Konzentration zu fördern und
- kreative Kräfte bewußter und leichter zugänglich
zu machen.

Alle Entspannungsübungen haben gesundheitsfördernden Wert, doch nur wer sie regelmäßig übt, erfährt spürbar ihre positive Wirkung. Sie sind eine gute Voraussetzung, um auf dem kreativen Weg – malen, zeichnen, modellieren – an innere Bilder und die damit ausfließenden Kraftreserven heranzukommen. Wichtig ist, daß *sofort* im Anschluß an die Entspannungsübung zum kreativen Tun übergegangen wird, das heißt, daß die aufsteigenden Gedanken, inneren Bilder und Phantasien ohne Kontrolle (ohne Steuerung durch den Kopf) zugelassen – gemalt oder kreativ »aufgeschrieben« – werden.

Anleitungen für Entspannungsübungen sind heute in großer Zahl zu finden[41]. Eine gebräuchliche und ohne Vorkenntnisse anwendbare Methode ist Edmund Jacobsens *Progressive Entspannung*. Hier wird der Körper gleichsam durchwandert, um Spannungen abzubauen. Die Übung ist hier in vereinfachter Form beschrieben.

Entspannungsübung nach Jacobsen
(Dauer 10–15 Minuten)

– Nehmen Sie eine bequeme Körperhaltung ein, ziehen Sie Ihre Wahrnehmungen von der äußeren Umgebung ab und wenden Sie sich Ihrem Inneren zu.

– Schließen Sie die Augen und achten Sie auf Ihren Atem.

– Atmen Sie bewußt ein und aus, bleiben Sie einige Minuten bei der Atmung... lassen Sie sie von selbst geschehen... schauen Sie gleichsam dabei zu.

– Fühlen Sie sich nun in Ihren Körper hinein, fangen Sie mit dem Kopf an. Nehmen Sie die Kopfhaut wahr, die Stirn, die Augenpartie. Sind Spannungen da? Wenn ja, atmen Sie ruhig und entspannt in diese Gegend, lassen Sie los. Stellen Sie sich beim Ausatmen vor, daß alle Spannungen mit hinausgleiten.

– Lassen Sie Ihre Wahrnehmungen nun weiter in Ihr Gesicht hinabsteigen. Wie fühlen Sie Ihr Gesicht? Gibt es Spannungen? Wenn ja, dann lassen Sie auch diesen Bereich sich entspannen.

– Tun Sie nun der Reihe nach das gleiche mit jedem Teil Ihres Körpers,

zunächst mit dem Nacken, dann

mit den Schultern

den Armen, den Händen

der Brust, dem Bauch

dem Beckenbereich

den Hüften und Oberschenkeln

den Knien, den Unterschenkeln

den Füßen, den Zehen.

– Nehmen Sie das angenehme Gefühl der Entspannung nun bewußt wahr, achten Sie darauf, ob jeder Teil Ihres Körpers gut entspannt ist, lockern Sie dort, wo es notwendig scheint, nach.

– Spüren Sie wieder den Atem, er fließt ruhig und entspannt... ruhig und entspannt...

– Auch Sie sind ganz ruhig und entspannt... ruhig und entspannt.

– Und nun stellen Sie sich vor, Sie liegen auf einer grünen Wiese (oder am blauen, wogenden Meer) und schauen hinauf in den Himmel...
– Es weht kaum Wind, die Luft ist angenehm warm... Sie fühlen sich wohl... Legen Sie Ihrer Phantasie keine Zügel an, genießen Sie Ihre Vorstellungen.
– Trennen Sie sich dann bewußt wieder davon und kommen Sie langsam und vorsichtig in Ihre Umgebung zurück.

Diese »Ruheszenen«, wie Jacobsen sie nennt, können beliebig verändert, erweitert und der jeweiligen Situation angepaßt werden. Carl Simonton beispielsweise und seine Mitarbeiter[42] wenden die Durchführung derartiger Übungen (Simonton bezeichnet sie als Visualisierung) an als eine der wesentlichsten Hilfen, um Selbstheilungskräfte des Patienten zu mobilisieren und für die Therapie zu nutzen. Für gesunde Menschen haben sie eine ungemein entspannende, streßabbauende und kreativitätsfördernde Wirkung.

Die kreative Malübung

Anleitung zum kreativen Umgehen mit der Frage »Wer ist der Mensch?«, die an die Entspannungsübung angeschlossen werden kann.
Material: Plakatpapierbögen und Malstifte
Dauer: ca. 1 Stunde
»Mit dem Menschen ist es wie mit...«
– Malen Sie (einzeln oder als Gruppe) ein Bild oder eine Bildfolge zum Thema. Lassen Sie Ihren Assoziationen dabei freien Lauf und versuchen Sie nicht, darüber nachzudenken. Vermeiden Sie es auch, Ihre Gedankenabläufe zu steuern. Es gibt keine richtigen oder falschen Bilder.
– Lassen Sie alle Ideen und Phantasien zu. Sie können von einem Grundbild ausgehen (z. B. der Baum, das Haus usw.), fixieren Sie sich aber nicht, wenn sich das Bild (was fast immer der Fall ist) entfalten will.
– Malen Sie einfach, genießen Sie das Malen.

Auswertung der Übung

Das Zulassen der kreativen, seit der Kindheit meist vernachlässigten Seite, die in der Ausfaltung und Entwicklung innerer Bilder hervortritt, hängt sehr stark mit der gefühlsmäßigen Welt eines Menschen und seinen eingewurzelten Mustern (Hemmung, Abwehr, Widerstand) zusammen. Je besser es gelingt, *vor* der Übung solche Widerstände abzubauen, um so größer wird der Wert der Übung sein.

Nach der Übungssequenz (entspannen, malen) soll es dem Ermessen des einzelnen und/oder der Gruppe überlassen sein, was und wieviel sie zur Entstehung der Bilder erzählen wollen.

Die Bilder, die Ausdruck innerer Erfahrungen des Malenden oder der Gruppe sind, dürfen nicht fremdgedeutet werden. Beim Betrachten der Bilder werden immer auch eigene Erfahrungen, Erinnerungen, »Geschichten« wach, die jeder als »seine Geschichte« dazu erzählen kann. Wo eine Vertiefung gewünscht wird oder wo anhand der Bilder auf allgemeingültige (kollektive) Symbole hinzuweisen ist, können als *Besprechungskriterien* die oben angeführten Grundsymbole hilfreich sein.

Wenn die *Gesetzmäßigkeiten menschlichen Lebens* im Vordergrund der Betrachtung stehen, können die folgenden Stichworte ein »Führer durch die Bilderwelt« sein, um die entsprechenden, immer wieder spontan auftretenden Symbole zu finden und zu ordnen. *Als wichtigste Lebensgesetze* nenne ich:

1. *Die Dynamik*, die Bewegung, das Prozeßhafte, den Fluß des Lebens und damit das Kontinuum – im Wind, in der Welle, im Wachstum der Natur, im Weg, im Fahrzeug, Farbe Grün.

2. *Die Polarität* (= Zweipoligkeit) und die Dualität (= Gegensätzlichkeit): Spannung und Lösung, auf und ab, links und rechts, Sonne – Mond, hell – dunkel, rund – eckig, Mann – Frau.

3. *Die Steuerung*, Regelkreise als Selbstregulierung und Selbststeuerung – kybernetisches Prinzip: Steuermann eines Fahrzeuges oder Schiffes, Wegweiser, Pfeile, Spiralen, Kreislauf des Wassers und anderes, Farbe Blau.

4. *Die Energetik* – Fluß der Energien, energetisches, vitales Prinzip, das Innen und Außen verbinden kann: Sonne, Feuer, Blitz, Elektrizität, Atomkraft, Farbe Rot.

5. *Die Zentrierung* – einen Mittelpunkt haben, die Mitte finden – das Mandala in jeglicher Form und Ausgestaltung, Farbe Gelb.

3. Modelle menschlichen Seins

Pierre-Yves Trémois, Pur la Naissance du Surhomme
Meiner Deutung des Bildes entspricht die Übertragung »Das Werden des neuen Menschen«. Dieser neue Mensch lernt wieder, bei sich zu sein, er kann horchen und die Energien oder Strahlen, die auf ihn zukommen, wirken lassen. Er ist auch ein Mensch, der mit beiden Füßen im Leben steht, seinen Alltag bewältigt und die Kraft dafür findet – wissend, daß er zu einer Wirklichkeit gehört, die über das Greif- und Zählbare hinausgeht.

75

Verglichen mit dem,
was wir sein sollten und sein könnten,
sind wir alle nur halbwach.
Nur von einem kleinen Teil
der in uns liegenden Möglichkeiten machen wir Gebrauch.
Es geht darum, Wachheit zu erreichen
und unsere schlummernden Kräfte und Fähigkeiten
für unser tägliches Leben zu erschließen.

WILLIAM JAMES

Das Bild des neuen Menschen

Das Bild eines neuen Menschen wird nie den Anspruch erheben können, völlig neu zu sein oder gar ein Destillat aller alten Menschenbilder darzustellen. Man kann es eher als einen Versuch sehen, das Wort des Denkers William James mit Inhalt zu füllen. James spricht für ein Menschsein, das dem im Inneren angelegten Potential verpflichtet ist und das sich um Wachheit und Bewußtheit bemüht. Ihm geht es um ein Menschsein, das diese Kräfte für das Hier und Jetzt einsetzt – nicht gegen die Natur, sondern mit ihrer Hilfe sich selbst und die Umwelt gestaltend. Dieser Ansatz von James ist, unter vielen anderen nur *eine* von vielen möglichen Antworten auf die Frage nach dem Menschen. Hier findet sich ein Menschenbild, das sich offenhält für Gedanken und Vorstellungen, die im Laufe der Jahrhunderte entstanden sind, und es ist ein Menschenbild, das davon ausgeht, daß der Mensch sein *Inbild* schon immer in sich trägt, daß sich sein Selbstbild erfüllen wird, wie immer er sich im Laufe seines Lebens auch orientieren mag.

In den folgenden Kapiteln möchte ich drei meiner Orientierungsansätze vorstellen. Diese Modelle sind einfach und erheben keinen Anspruch auf Wissenschaftlichkeit oder gar Vollständigkeit[1].

Im Umgang mit diesen Sichtweisen habe ich gelernt zu verstehen, daß jedes von wem immer entworfene Menschenbild und auch das komplizierte wissenschaftliche Modell nur ein Ausschnitt des komplexen Wesens »Mensch« ist. Es kann

Anregungen geben für die eigene Auseinandersetzung mit diesem Thema, aber eine absolute gültige Antwort gibt es nicht. Jede Antwort hat vorläufigen Charakter, ist geprägt und gefärbt von dem Standpunkt, den ich *jetzt* innehabe, und von der Perspektive, die mir *jetzt* zugänglich ist. Auch ein christlicher Standpunkt wie der meine kann flexibel, kann hellhöriger werden gegenüber den unnachgiebigen Aussagen »So ist es« und »So ist es nicht«. Ich habe erfahren, wie sehr die Entweder-oder-Haltung den Blick verdunkelt und wie die eigene Aussage ständig von der Gegenaussage unterwandert wird. Das führt zu Kampf und Gegenangriff oder zum resignierten Schweigen. Beides dient der Entwicklung von Bewußtheit und dem Streben nach einer ganzheitlichen Sicht vom Menschen wenig. Nicht in Extremen kann die Antwort liegen, denn Extreme sind unbeweglich und fixieren auf eine begrenzte Sicht. Das macht den Menschen unfähig, auf den anderen zu horchen, eine andere Sichtweise zu verstehen; er ist blind für die Beziehungsmöglichkeiten des Sowohl-Als-auch. Darauf macht folgende Parabel aufmerksam:

»Sechs weise Männer aus Indien trafen auf einen Elefanten. Sie tasteten sorgfältig seine Gestalt ab, denn sie waren alle blind. Der erste befühlte den Stoßzahn: ›Mir scheint, daß dieses Prachtstück von einem Elefanten sehr stark einem Speer ähnelt.‹ Der zweite tastete die Flanke der Kreatur ab, die sich hoch und flach anfühlte. ›Aha!‹ rief er und kam zu dem Schluß: ›Dieses Tier ist wie eine Wand.‹ Der dritte hatte ein Bein gegriffen und meinte: ›Ich weiß schon, was wir da alle vor uns haben; dieses Geschöpf ist wie ein Baum.‹ Der vierte bekam den Rüssel zu fassen und sprach: ›Dieser sogenannte Elefant ist in Wirklichkeit nur eine Schlange.‹ Der fünfte hatte das Ohr des Tieres in Händen und ließ seine Finger darüber gleiten. ›Ich hab' die Antwort: Dieses Wesen ist wie ein Fächer!‹ Der sechste stieß auf den Schwanz und tastete ihn ab: ›Hört meine Entscheidung, dieses Geschöpf ist wie ein Seil.‹

Und so stritten die Männer, die nicht sehen konnten, lange und heftig über die Gestalt des Elefanten, und obwohl jeder teilweise recht hatte, irrten sich alle.«

Kahlil Gibran erzählt es so:

»Das Auge sagte eines Tages: ›Ich sehe hinter diesen Tälern im blauen Dunst einen Berg. Ist er nicht wunderschön?‹

Das Ohr lauschte und sagte nach einer Weile: ›Wo ist ein Berg, ich höre keinen.‹

Darauf sagte die Hand: ›Ich versuche vergeblich, ihn zu greifen. Ich finde keinen Berg.‹

Die Nase sagte: ›Ich rieche nichts. Da ist kein Berg.‹

Da wandte sich das Auge in eine andere Richtung. Die anderen diskutierten weiter über diese merkwürdige Täuschung und kamen zu dem Schluß: ›Mit dem Auge stimmt etwas nicht.‹«

Liegt in diesen Geschichten, ebenso wie in den Sichtweisen, die in dieses Buch Eingang gefunden haben, auch eine gewisse Vereinfachung des Problems, so wird doch eines deutlich: Wer das Ganze verstehen und begreifen will, muß seinen Standpunkt auch einmal korrigieren oder wechseln können und darf sich nicht davor scheuen, seinen Händen unter Umständen ein ungewohntes Stück Lebensmaterial zuzumuten.

Menschen, die von Berufs wegen mit Menschen zu tun haben, wie das für alle sozialen und therapeutischen Berufe, also auch für die Pflegeberufe, der Fall ist, müssen sich in zweifacher Hinsicht qualifizieren:

1.   Für die berufliche Arbeit als solche bedarf es der *Fachkompetenz*, also des Wissens und des Könnens. Sie erwächst einerseits aus der *Erfahrung*, aufgrund deren wir eine Technik bis zur völligen Beherrschung integrieren, so daß sie uns bei Bedarf automatisch zur Verfügung steht und uns hilft, eine Situation rasch zu überblicken und zweckmäßig, sicher und wirksam zu handeln.

Die theoretische Grundlage wie die *Forschung* gibt dem Beruf die heute so notwendige (auch wissenschaftliche) Untermauerung, die erforderlich ist, damit wir uns in unserem Berufsverständnis verstehen und zurechtfinden und dies auch nach außen darstellen können.

2.   Es ist der *Mensch* selbst, der der Maßstab jedes Berufsverständnisses ist und bleiben wird. Nicht eine der Wissenschaft entgegengesetzte Richtung soll hier vertreten werden, indem wir eine unreflektierte Ich-Du-Beziehung propagieren oder eine einseitige Auffassung vom »Dienst am Nächsten« wieder aufleben lassen. Gefordert ist vielmehr, dem Menschen in der Definition von Pflege den ihm gebührenden Platz einzuräumen. Dazu gehört beispielsweise das Annehmen der Tatsache, daß nicht alle menschlichen Werte wissenschaftlich abgedeckt wer-

den können; daß zwar die Methoden und Techniken bis zur beruflichen Qualifikation gelernt werden können und müssen, aber daß nichtsdestoweniger ein Rest bleibt, der nur vom bewußt und selbst-bewußt lebenden Menschen geleistet werden kann. Zuwendung etwa kann gelernt und eingeübt werden, aber sie ist nicht von der Person – von der Reife und Persönlichkeit des einzelnen Menschen – zu lösen. Deshalb bleibt sie – wie immer die wissenschaftliche Pflege sich entwickelt – ein durch nichts zu ersetzender menschlicher Wert.

Krankenpflege ist in meinen Augen ein Beruf, der ganz stark geprägt ist vom Polaritätsprinzip. Er ist *sowohl*
– wissenschaftlich, rational-analytisch, zeitorientiert, selbst-bestimmend und eigenständig
als auch
– intuitiv, ganzheitlich, nach Synthese suchend, zeitunabhängig, umgebungsbestimmt und daher immer auch abhängig.

Auch hier ist die Antwort nicht zu finden im kriegerischen »Entweder-Oder«, sondern vielmehr in der Vereinigung des »Sowohl-Als-auch« in den Beziehungs- und Lernfeldern.

Aus diesem Grunde stelle ich das Modell der Zweipoligkeit und der Dualität an den Anfang meiner drei Modelle zum Menschenbild.

Modell 1
Die Zweipoligkeit und das Dualitätsprinzip

Licht und Dunkel stehen einander gegenüber.
Doch das eine hängt ab vom andern
wie der Schritt des rechten Beines von dem des linken.

SANDOKAI, ZEN-TEXTE

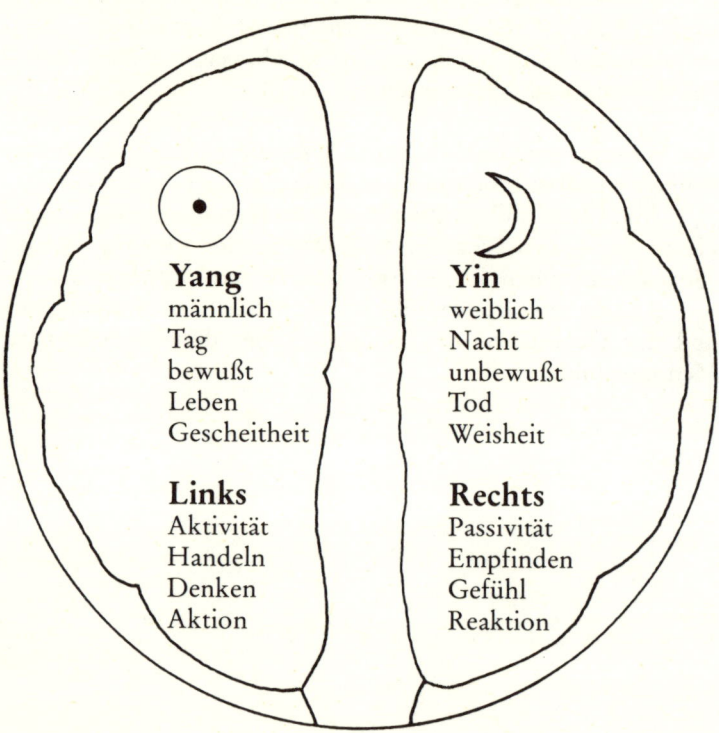

Yang
männlich
Tag
bewußt
Leben
Gescheitheit

Links
Aktivität
Handeln
Denken
Aktion

Yin
weiblich
Nacht
unbewußt
Tod
Weisheit

Rechts
Passivität
Empfinden
Gefühl
Reaktion

Die Polarität in der Welt

Es bedarf weder besonderer Schulung noch des Wissens, um das Gesetz der Polarität, des Wechsels in allen Lebensbezügen, zu bemerken. Überall begegnet uns dieser Wechsel, der sich rhythmisch wiederholt:

Geburt und Tod   Tag und Nacht
Hitze und Kälte   Steigen und Fallen
Ruhe und Spannung   Plus und Minus
vorn und hinten   oben und unten
aktiv und passiv   links und rechts

Der Mensch ist unentrinnbar eingebunden in diese Gesetzmäßigkeit, von hier geht er aus, die Welt und die Dinge zu teilen und zu unterscheiden in

gut und böse   schön und häßlich
nützlich und schädlich   schwierig und leicht

Auch Beziehungen zu den Mitmenschen unterstehen diesem Gesetz, haben zwei Seiten, die sich oft vehement ausschließen und bekämpfen, aber sich oft auch plötzlich in ihr Gegenteil verkehren:

Zuneigung – Abneigung   Bejahung – Verneinung
Weite – Enge   Nähe – Ferne
Liebe – Haß   Bindung – Lösung
Veränderung – Beharrung   Geben – Nehmen

Immer und überall treffen wir auf diese beiden Seiten ein und derselben Kraft.

Yin und Yang – Die Philosophie des Tai Gi

Wir sind schon im Kapitel »Ganzheit« auf diese gegensätzlichen Kräfte eingegangen, die vor über 4000 Jahren von chinesischen Philosophen mit Yin und Yang bezeichnet worden sind. Wörtlich heißt das: »die dunkle und die sonnige Seite des Berges«. Bildlich dargestellt im Symbol des Tai Gi (s. Abb. S. 48) bedeutet

Yin – die dunkle Seite   *Yang – die helle Seite*
als solche repräsentieren sie:

das Weibliche	das Männliche
den Mond	die Sonne
die Erde	den Himmel
das Tal	den Berg
die Nacht	den Tag
das Aufnehmende	das Durchdringende
die Ruhe	die Bewegung
das Dunkel-Unbewußte	das Helle-Bewußte
Herbst-Winter	Frühling-Sommer

Mit der Harmonie im Gleichgewicht der polaren Kräfte erschöpft sich die Bedeutung des Tai Gi noch nicht. In der Spannung, die durch den Gegenpol im Pol ausgedrückt wird, zeigt sich noch ein zweifaches anderes, nämlich einmal die *Kraft der Wandlung:* Yin wird zu Yang, Nacht zu Tag, weiß zu schwarz und umgekehrt; sodann die *Fähigkeit zur Vereinigung der Gegensätze:* Yin hat seinen angestammten Platz im Yang wie auch das Yang im Yin.

In dieser Eigentümlichkeit schlägt sich ein Grundthema menschlichen Lebens nieder, das wir die *Integrität* nennen. Nicht von ungefähr wird gerade heute, im Anbrechen des Integralen Zeitalters, dieses Symbol auch im westlichen Abendland entdeckt und aufgenommen.

Eins- und Ganzwerden im Tao (= Ganzheit im Gleichgewicht) sind keine meßbaren Größen und waren es auch im alten China nicht. Aber eine Wandlung im Verständnis solcher nicht meßbarer Größen scheint sich anzubahnen. Bei Capra beispielsweise kann man lesen: »Ganz kann nur sein, was sich gegenseitig ergänzt, was in Bewegung und in Einklang ist.«[2] Diese Aussage ist so weise wie eine »alte Weisheit«. Sie könnte dem »Buch der Wandlungen«[3] entnommen sein.

Weisheit und Bewußtheit sind Geschwister. Die wachsende Bewußtheit, mit der wir heute beginnen, das Gesetz der *Polarität der Lebenskraft* auch in unseren beruflichen Alltag umzusetzen, verdient deshalb ganz besondere Beachtung. Wir erfahren Auswirkungen dieser Bewußtheit etwa in der Bewältigung der Aktivitäten des täglichen Lebens[4], indem wir darauf achten, das eine nicht ohne das andere zu sehen. Wir folgern daraus, daß wir bei der Unterstützung des einen Pols immer den Gegenpol mit berücksichtigen müssen, ja daß vielleicht gerade im Gegenpol die Lösung des Problems liegen kann. Beide Seiten bedürfen der Aufmerksamkeit:

- Wachsein und Schlaf
- Bewegung und Ruhe
- Hunger und Sättigung
- Einatmen und Ausatmen.

Daraus ergibt sich die vielleicht wichtigste Erkenntnis, daß auch das *Problem* selbst eine heilende Gegenkraft hat: *die Ressource.* Der Mensch selbst trägt immer schon die Lösung seiner Probleme in sich selbst, wenn auch noch unausgefaltet, potentiell, eben als Möglichkeit und Fähigkeit, die es zu aktivieren gilt:

Wie im Yin das Yang liegt im Problem keimhaft
auch die heilende Ressource verborgen.

Die linke und die rechte Hirnseite

Die menschliche Erfahrung der Polarität findet ihren körperlichen Ausdruck in der Zweiteilung des Gehirns. Das Großhirn gliedert sich in zwei Hälften, Hemisphären genannt, die durch den sogenannten Balken (corpus callosum) miteinander verbunden sind. Da sich die Nervenbahnen lateral kreuzen, wird die rechte Körperhälfte des Menschen von der linken Hemisphäre und umgekehrt die linke Körperseite von der rechten Hemisphäre innerviert. Experimente in der Hirnforschung haben den Beweis erbracht, daß das Gehirn ein eigentliches Doppelorgan ist und die beiden Hirnhälften sich komplementär, das heißt ergänzend verhalten. Wir wissen heute, daß nur die linke Hemisphäre fähig ist, unsere Gedanken in Worte zu fassen. Die rechte Seite hat ihren eigenen Ablauf von Gedanken, der nicht verbal, sondern eher bildhaft ist. Jede Seite hat ihr eigenes, spezifisches Gedächtnis und ihre eigene Denk- und Handlungsweise, das heißt, die beiden Hemisphären verarbeiten Informationen auf unterschiedliche Weise. Daraus ergibt sich, daß (bei 95 % der Bevölkerung, die rechtshändig und bilateral angelegt sind) die beiden Hemisphären so arbeiten:

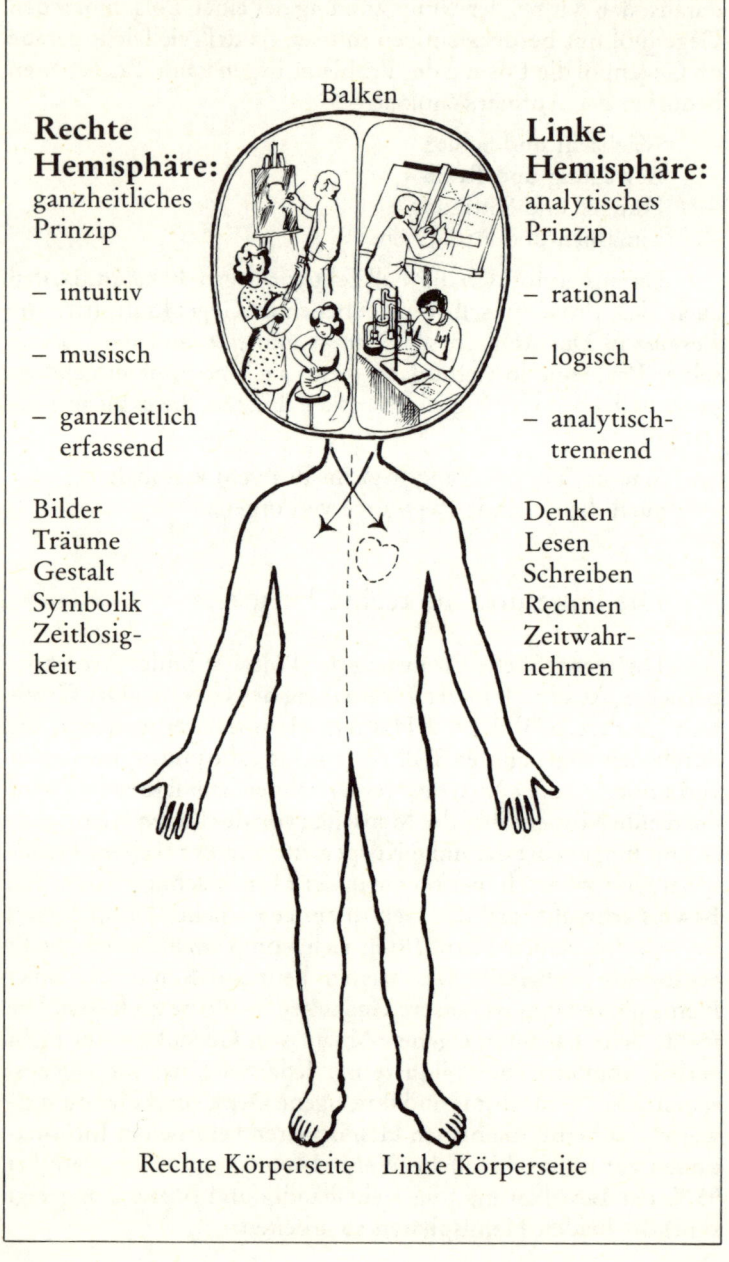

Balken

Rechte Hemisphäre:
ganzheitliches Prinzip

– intuitiv

– musisch

– ganzheitlich erfassend

Bilder
Träume
Gestalt
Symbolik
Zeitlosigkeit

Linke Hemisphäre:
analytisches Prinzip

– rational

– logisch

– analytisch-trennend

Denken
Lesen
Schreiben
Rechnen
Zeitwahrnehmen

Rechte Körperseite   Linke Körperseite

Die rechte Seite	*Die linke Seite*
denkt unbewußt	denkt bewußt
– synthetisch	– analytisch
– ganzheitlich (holistisch)	– trennend
– intuitiv	– logisch, rational
– visuell-räumlich	– im Detail, linear
– zeitlos	– zeitorientiert
– nicht verbal (Bilder, Träume, Kreativität)	– verbal (Sprache, Mathematik, Ratio)

Die revolutionärsten Entdeckungen der modernen Hirn-forschung[5] sind wohl jene, die uns die vernachlässigte *rechte Hemisphäre* wieder bewußt machen. Ihre schöpferische und ganzheitliche Qualität, die beim heutigen erwachsenen Menschen fast ganz verlorengegangen ist, könnte nun neu integriert und zur Wirkung gebracht werden. Das Kind hat noch leichten Zugang zu beiden Hemisphären; man nimmt an, daß unser extrem verbal-rational ausgerichtetes Schulwesen einer der ursächlichen Faktoren dafür ist, daß der Erwachsene die rechte Seite mehr und mehr verkümmern läßt. Diese Verkümmerung kann erklären, warum der Erwachsene oft nur so schwer den Zugang zu seinen inneren Bildern und zu seinen Träumen findet. Erwiesen ist, daß in Entsprechung zur jeweiligen Tätigkeit des Menschen jeweils die eine oder die andere Seite dominant ist: So erzwingt logisches Denken, Lesen, Schreiben, Rechnen eine Dominanz der *linken,* während bei meditativ-musischer Betätigung wie der betrachtenden Gestalt- und Raumwahrnehmung die *rechte* Seite dominiert. Beide Gehirnhälften bleiben dabei aber immer aktiv und ergänzen sich gegenseitig. Erst wenn der Mensch anfängt, einseitige Schwerpunkte zu setzen, wird eine Hemisphäre vernachlässigt und infolgedessen mehr und mehr gehemmt, schließlich blockiert. Auf diese Erscheinung stoßen wir in unserem rational-technischen Zeitalter immer wieder. Der menschliche Geist hat intuitiv schon immer das gewußt, was die Wissenschaft erst heute beweisen kann: Die klassischen Polaritäten von Yin und Yang lassen sich nun mit Leichtigkeit auf das Links-rechts-Modell der modernen Hirnforschung übertragen. Die *linke* Gehirnhälfte entspricht dem Yang, ist also aktiv, männlich, bewußt und der Sonne zugeordnet. Sie trägt den Intellekt, die »Gescheitheit« und innerviert die aktivintelligent handelnde rechte Hand – die rechte Körperseite. Die *rechte* Gehirnseite entspricht dem Yin, ist passiv, weiblich, unbewußt und dem Mond zugeordnet. Sie trägt die Weisheit und die Kreativität und innerviert in Entsprechung die linke Körperseite, deren passiv-ergänzende Funktion insbesondere in der linken – zudienenden – Hand zu erkennen ist.

Um das Leben zu bewältigen, brauchen wir beide Seiten, denn:

Gescheitheit wohnt in der ersten Wirklichkeit.
Weisheit verliert sich im Rätsel unserer zweiten.
Wir benötigen beide, Gescheitheit und Weisheit,
um im Hier und Jetzt zu leben.

BALTHASAR STAEHELIN

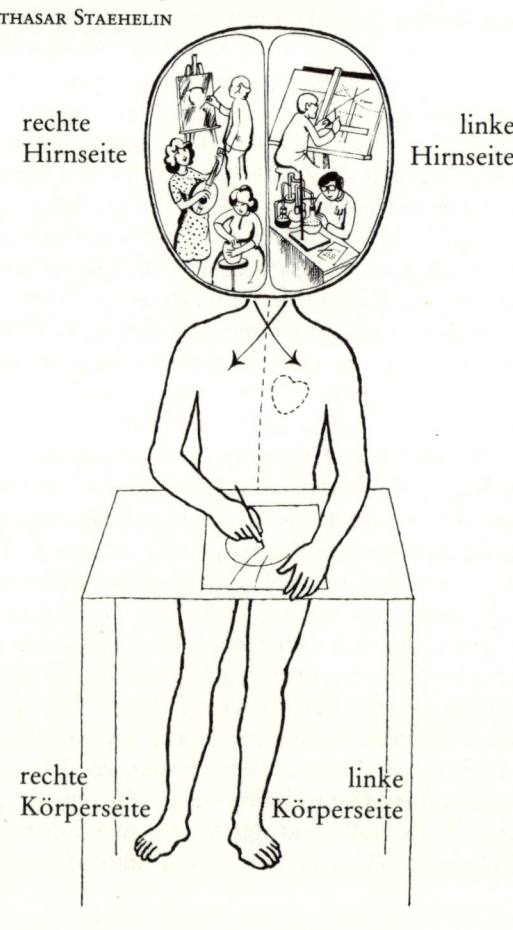

rechte
Hirnseite

linke
Hirnseite

rechte
Körperseite

linke
Körperseite

Integration oder Desintegration

Der Verstand allein kann die Welt nicht begreifen, die Intuition allein sie nicht gestalten. Nur in der Integration beider kann ganzheitliches und damit gesundes Leben möglich sein. Ratio und Intuition, Verstand und Vernunft sind komplementäre Funktionen. Sie brauchen und ergänzen sich gegenseitig. Das entspricht einem Lebensgesetz, das als Spannungsausgleich oder als Integration der Gegensätze bezeichnet wird.

Unsere mechanistische und materialistische Welt hat dem Rational-Verbalen eindeutig den Vorzug gegeben, die Werte der anderen Seite – Intuition, Phantasie, Kreativität – bekamen immer weniger Raum. So hat sich der Mensch gleichsam von der Bipolarität wegbewegt. Er hat das enorme Potential der rechten Seite ungenutzt liegenlassen und die linke Seite überproportional beansprucht. Der gesunde Ausgleich von rechts nach links ging verloren, die Weisheit der Naturvölker wurde vergessen. »Die rechte Hand ist zum Schreiben, die linke zum Musikmachen da«, heißt es beispielsweise bei den amerikanischen Hopi-Indianern. Wir in unserer Welt haben Maschinen und Computer gebaut, damit nicht nur die rechte, sondern auch die linke Hand in den Dienst der Ratio genommen werden kann. Diese zunächst begrüßenswerte Erweiterung des menschlichen Aktionsradius – und damit des Weltbildes – erweist sich zunehmend als gefährdende Einengung. Nicht nur bleiben intuitive menschliche Werte brachliegen. Auf die Anforderungen, die den Menschen allzu einseitig belasten, antwortet er mit Selbstentfremdung, schließlich mit Krankheit. Der nicht mehr im Ausgleich und Gleichgewicht lebende Mensch steht in einer andauernden Überanspannung – man könnte sagen: im Über-Yang –, was schließlich zu Verspannung und Verkrampfung und, dadurch bedingt, zu Blockierung der Vitalkraft und der Dynamik führt.

Bedeutung und Bezug zu Gesundheit und Krankheit

Es ließen sich eine ganze Reihe namhafter Wissenschaftler anführen, die der Meinung sind, daß die Probleme des Menschen sich durch die mangelnde Ausgeglichenheit und Integration

zwischen seinen »zwei Gehirnen« erklären läßt. Ich zitiere
Dennis T. Jaffé: »Hier und da wird die Ansicht vertreten, daß die
psychophysischen Leiden und Beschwerden des Menschen, ja
sogar die politischen Probleme der modernen Gesellschaft, auf
das ungleiche Verhältnis zwischen dem rationalen Geist einerseits und den Gefühlen und Erfahrungen des Körpers andererseits zurückzuführen sind.«[6] Gesund – körperlich wie seelisch –
kann der Mensch also letztlich nur sein, wenn er das *Gleichgewicht der Kräfte* zu bilden, zu erhalten und bei Störungen
möglichst bald wiederherzustellen vermag.

Gesundheit

Auf dieser Grundlage kann Gesundheit definiert werden
als Gleichgewicht der Kräfte, das sich einerseits als ungehinder-
tes Fließen der Energien und der Vitalkraft ausdrückt, andererseits als Spannungsausgleich[7], als Ausgleich also von Spannungen und Lösungen dieser Energien und der dynamischen Anpassung bei Störungen dieses Gleichgewichts.

Krankheit

Geht der Spannungsausgleich verloren oder gerät er für
längere Zeit ins Stocken, so treten Blockierungen der Vitalkräfte
auf. Damit werden sowohl der Körper als auch seine Funktionen
einseitig belastet und gestreßt. So führt zum Beispiel übermäßige
Belastung von Herz und Kreislauf zu Bluthochdruck und zu
Funktionsstörungen am Herzen; Verspannungen innerhalb des
Verdauungsapparates verursachen Geschwüre am Magen und/
oder Darm. Die Ursache der Krankheit liegt dann nicht im
betreffenden Organ oder Organsystem selbst, sondern in der
Art und Weise, wie wir mit dem dualen Kräftehaushalt umgehen
und wie wir Spannungen bewältigen und ausgleichen. Wir
sprechen von Streß-Reaktionen, die mehr oder weniger ange-
messen oder unangemessen sind. Selyes, der bekannte Streßfor-
scher, hat als erster das Anpassungssyndrom beschrieben, mit
dessen Hilfe der Körper auf Spannungen und Stressoren reagiert[8]. Bei zu intensiver oder zu lang andauernder Streßeinwir-
kung geschieht eine Über-Reaktion: Energiereserven werden
übermäßig verbraucht, die Anfälligkeit für Krankheiten wird
erhöht, das Immunsystem empfindlich gestört.

Streß

Für die Definition von Streß, das Anpassungssyndrom und seine Auswirkungen verweise ich auf die einschlägige Fachliteratur. Um Streß-Symptome zu beheben, möglichst auch ihrem Auftreten vorzubeugen, müssen wir wissen, welche Auslöser in unserem Leben Streß hervorrufen.

Stressoren kommen häufig von außen auf uns zu, gehören zum Beruf ebenso wie zum Privatleben. Sie liegen in Situationen, die uns plötzlich belasten, oder in Problemen, die langdauernd auf uns einwirken. Wir fühlen uns gestreßt, wenn wir zum Beispiel eine Nacht bei einem Sterbenden wachen und tagsüber ein extrem großes Arbeitspensum zu bewältigen haben oder wenn Ärger und Verdruß uns zu schaffen machen. In all diesen Situationen des Damit-umgehen-Müssens wird der Körper übermäßig beansprucht, so daß er auf seine Energiereserven zurückgreifen muß, um die notwendige Kraft zum Durchstehen und Meistern der belastenden Situation verfügbar zu machen. Halten solche Situationen an oder wiederholen sie sich zu oft – hier sprechen wir von Distreß –, dann erlahmt die Widerstandskraft mehr und mehr, die Kraftreserven nehmen ab, und eines Tages ist das erste Krankheitssymptom da.

Noch heimtückischer ist der innere Streß, wenn in uns selbst etwas nicht stimmt. Wenn Ängste, Mangel an Selbstbewußtsein oder nicht ausgelebte Trauer in uns als dauernde Streßquelle an der Lebenskraft nagen, wird sie zurückgestaut oder erlahmt. Der Körper reagiert schließlich mit Krankheit.

Streß-Bewältigung

Streßanfälligkeit und Streßreaktionen im Leben und in unserem beruflichen Alltag hängen davon ab, wie wir auf Stressoren antworten, wie wir Schwerpunkte setzen und ob wir Wesentliches von Unwesentlichem unterscheiden können. Dazu gehört die Art und Weise, wie wir unseren Beruf und unser Leben verstehen, wofür wir uns einsetzen, was uns wichtig ist. Von Bedeutung ist aber auch, wie wir mit uns selbst umgehen, wie wir die Lebenskraft, die uns grundsätzlich zur Verfügung steht, nutzen oder erschöpfen, ob wir in der Lage sind, im Gleichgewicht der Kräfte zu bleiben.

Alle Kulturen haben ihren eigenen Weg zu diesem Gleichgewicht gesucht, gefunden und geübt. Im alten China war das die Hinwendung zum Tao, in Indien die Praxis des Yoga, in Japan die Übung des Zen, in der christlichen Tradition die Kontemplation. Alle vier Disziplinen sind polare Gegensätze zur Kopflastigkeit und zum Leistungsdruck des modernen Menschen. In richtiger Erkenntnis dieser Tatsache werden die Grundelemente dieser Disziplinen heute in vielen modernen, ganzheitlich orientierten Therapieformen mit eingesetzt. Sinnvoll angewandt und richtig dosiert, sind sie eine wirksame Hilfe, um Streßbereitschaft zu verringern und innere Kraftreserven, Ressourcen, zu aktivieren – Heilung zu finden.

Unter den vielen Methoden, die bei grundsätzlicher Verwandtschaft der wesentlichen Elemente auch mehr oder weniger stark ausgeprägte Unterschiede aufweisen, ist nicht *jede* für *jeden* Menschen hilfreich und nützlich. Vorgegebene Rezepte für die Richtigkeit ihrer Anwendung gibt es nicht. Der einzelne, der einen solchen Weg gehen will, ist gefordert, mit Mut und Wachsamkeit herauszufinden, was für ihn gemäß ist. Insofern gibt es *ein* grundlegendes Rezept, das für alle Methoden gilt:
– Nur wer etwas *tut*, wird in seinem Leben etwas verändern können.
– Nur wer *regelmäßig und ausdauernd* übt, wird zu Ergebnissen kommen.

Reflexionen und Meditationen

Impulse

Im folgenden werden verschiedene Methoden aufgeführt, die der Entspannung und damit der Streßprophylaxe ebenso wie der Streßbewältigung dienen können.
– *Die Eutonie* (Lehre vom harmonischen Spannungszustand) ist eine einfache, auf dem Grundsatz des Spannungsausgleichs basierende Methode, wie er im Yin-Yang-Prinzip beschrieben wurde. Der Weg geht über das bewußte Wahrnehmen und Empfinden des Körpers sowie über Arbeit an der Fühlfähigkeit und der Muskelspannung.

– *Das Autogene Training.* Im Vordergrund steht hier die Selbstkontrolle und Entspannung über die autonomen Körperfunktionen. Geübt werden Konzentration, Schwere- und Wärmegefühl.

– *Die Selbsthypnose oder Autosuggestion.* Bei dieser Methode spricht der Mensch selbst zu seinem Unbewußten und suggeriert ihm Entspannung und zweckmäßige Verhaltensmuster, wodurch Störungen zum Verschwinden gebracht werden können.

– *Die Meditation* arbeitet über die Konzentration und das Loslassen äußerer Reize, um in Berührung zu kommen mit tieferen, heilenden Schichten.

– *Das Biofeedback* (= biologische Rückkoppelung) geschieht über ein optisches oder akustisches Anzeigesystem. Das Biofeedback-Gerät ist ein objektiver Berichterstatter über die bei der Übung veränderten Körperreaktionen (z. B. Puls- und Blutdruckabfall). Es ist ein animierendes Selbstkontroll-System, das die Fortschritte des Übenden anzeigt und die Selbstbeobachtung verbessern kann, aber nicht schon aus sich eine Veränderung der Funktionen bewirkt.

– *Die Behaviorale Kinesiologie*[9] arbeitet über die bewußte Wahrnehmung der Funktionen der Muskeln als Antwort auf streßfördernde oder streßhemmende Faktoren. Mit einfachen Tests kann jeder selbst die Wirkung der schon von Selyes geforderten Maßnahmen wie positive Lebenseinstellung, gesunde Nahrung, gute Körperhaltung überprüfen. Dadurch ist eine bewußtere Arbeit am Prozeß der Gesundung möglich.

Entspannen und malen

Exemplarisch werden hier zwei Übungen angeboten, die der *Entspannung* und der *Befreiung der eigenen Selbstheilungskraft* dienen. Als einmalige Übung kann Wohlbefinden gefördert und Streß abgebaut werden; als Übungsprogramm über längere Zeit können beide Übungen zu positiven Bewußtseinsveränderungen und zur besseren Lebensbewältigung verhelfen.

Die Alpha-Tiefenentspannung

Mit der Alpha-Tiefenentspannung hat sich neben vielen anderen auch das Institut für psychologische Lernsysteme[10] befaßt. Es hat eine Kassette mit Begleittext herausgegeben, deren erster Teil eine Ausfaltung der schon länger bekannten *Stoffwechselgymnastik*[11] ist, die auf dem Prinzip der Spannung und Entspannung beruht: Alle Muskelgruppen werden einzeln angespannt und dann wieder entspannt. Im folgenden die Übung im vereinfachten Ablauf, wie sie auch von Hinkelmann als Vortraining für die eigentliche Tiefenentspannung vorgeschlagen wird. Diese Übung eignet sich sowohl für die Einzelarbeit wie für die Arbeit in Gruppen, wenn ein Klima der Entspannung erreicht werden soll, zum Beispiel als Vorspann für meditatives Malen.

Es ist wichtig, daß für die Übung genügend Zeit eingeräumt wird (ca. 15 – 20 Minuten), die Sitzhaltung entspannt ist und äußere Störfaktoren möglichst ausgeschaltet sind. Auch soll das Licht nicht zu grell, sondern möglichst gedämpft sein. Zum Grundsätzlichen und zur praktischen Durchführung siehe auch S. 70.

Übungsanleitung
– Machen Sie es sich bequem und schließen Sie Ihre Augen.
– Lenken Sie Ihre Aufmerksamkeit jetzt auf Ihre linke Hand und ihren linken Unterarm – ballen Sie die Hand zur Faust und spüren Sie die Spannung in der linken Hand.
– Spannen Sie noch stärker und halten Sie die Spannung.
– Nun lassen Sie die Spannung los – öffnen Sie die Hand und lassen Sie alle Spannungen heraus – Sie lassen die Hand auf die Unterlage fallen und spüren, wie alle Spannungen entweichen.
– Lenken Sie jetzt Ihre Aufmerksamkeit auf Ihre rechte Hand, spannen und entspannen Sie auch die Muskeln dieser Seite.
– Konzentrieren Sie sich nun wieder auf die linke Seite, auf die Hand, den Unterarm und den Oberarm, ballen Sie die Hand wieder zur Faust, spannen Sie den Oberarm mit an – lassen Sie die Muskeln hart werden und halten Sie die Spannung.

– Dann entspannen Sie wieder und lassen den Arm schwer auf die Unterlage zurückfallen.

– Wiederholen Sie diese Spannung und Entspannung auch mit dem rechten Arm.

– Genießen Sie nun das angenehme Gefühl der Entspannung, das sich langsam in beiden Armen ausbreitet, spüren Sie der Wärme und Schwere nach.

– Sie lenken jetzt Ihre Aufmerksamkeit auf Ihr Gesicht. Sie spannen alle Gesichtsmuskeln an: Sie runzeln die Stirn, kneifen Ihre Augen zusammen, ziehen die Mundwinkel zurück und beißen die Zähne aufeinander – Sie halten die Spannung – und lassen dann alle Muskeln in Ihrem Gesicht wieder los.

– Spüren Sie, wie die Entspannung sich in Ihrem Gesicht ausbreitet.

– Wiederholen Sie die Anspannung und Entspannung Ihres Gesichtes und fühlen Sie dann dem Gefühl der Entspannung nach.

– Konzentrieren Sie sich jetzt auf Ihre Nacken- und Rückenmuskeln. Ziehen Sie Ihre Schulterblätter zusammen – beugen Sie Ihren Kopf nach vorn und drücken Sie Ihren Oberkörper gegen die Lehne. Spannen Sie alle Muskeln an, so gut und so lange Sie können – lassen Sie dann wieder los und spüren Sie in den entspannten Nacken- und Rückenbereich hinein.

– Wiederholen Sie auch die Anspannung – halten Sie an – und entspannen Sie wieder – genießen Sie die sich ausbreitende Entspannung.

– Atmen Sie tief ein – halten Sie den Atem an – und lassen Sie alle Luft wieder ausströmen.

– Wiederholen Sie diese An- und Entspannung durch den Atem – lassen Sie nun den Atem wieder ruhig und gleichmäßig werden.

– Konzentrieren Sie sich nun auf Ihren Beckenbereich, den Gesäßmuskel und den After – spannen Sie alle Muskeln an – halten Sie die Spannung – und lassen Sie dann wieder los.

– Wiederholen Sie dieses Spannen und Entspannen im Beckenbereich.

– Nun konzentrieren Sie sich auf Ihr linkes Bein und Ihren linken Fuß – Sie strecken das Bein und lassen alle Beinmuskeln hart werden – Sie halten die Spannung – und entspannen die Muskeln in Bein und Fuß.

– Spüren Sie der Entspannung nach und vergleichen Sie das Gefühl des linken Beines mit dem des rechten.

– Wiederholen Sie die Spannung und Entspannung im linken Bein – spüren Sie der Wärme und Schwere in diesem Bein nach.

– Jetzt wiederholen Sie mit dem rechten Bein das Anspannen – das Halten der Spannung – die Entspannung – wiederholen Sie das.

– Lockern Sie nun alle Muskelgruppen und lassen Sie alle Spannungen endgültig los.

– Sie sind nun ganz entspannt und schwer – Sie spüren dieser Entspannung nach und gehen noch tiefer in die Entspannung hinein.

– Zählen Sie dazu von 10 rückwärts bis auf 0.

– Genießen Sie das immer tiefer werdende wohlige Gefühl der Entspannung.

– Stellen Sie sich nun vor, daß ein warmer Strom durch Ihren Körper fließt – von den Fingern ausgehend durch die Arme hindurch – in die Schultern – durch den Oberkörper in den Beckenbereich – und von dort in Ihre Beine und Füße.

– Spüren Sie dem warmen Strom nach und genießen Sie das angenehme Gefühl der Wärme.

– Aus der Tiefe der Entspannung lassen Sie nun ein Bild oder Bilder auftauchen, die Sie beruhigen:

Stellen Sie sich einen warmen Sonnentag vor, Sie liegen am Rand des Meeres – hören das angenehme Rauschen der Wellen. Sie spüren den warmen Wind auf Ihrer Haut – ruhig und entspannt liegen Sie so in der wärmenden Sonne.

Ergänzen und vertiefen Sie diese Ruhebilder, solange Sie mögen.

– Kehren Sie dann langsam in den Raum zurück: Bewegen Sie Hände und Füße, ballen Sie die Fäuste und winkeln Sie die Arme an.

– Strecken Sie sich, Sie gähnen und fühlen sich wach und erfrischt[2].

Das Mandala-Malen

Die von C. G. Jung entdeckte heilende Wirkung des spontan in Träumen oder Bildern auftauchenden Mandala (s. S. 55) kann auch aktiv zur Wirkung gebracht werden. Es ist günstig, dazu einen vorgegebenen leeren Kreis zu benutzen.

Je nach Situation oder gewünschter Absicht kann ein Thema gestellt werden, oder man läßt der Phantasie freien Lauf – beides ist möglich. Es gibt das *strukturierte* und das *frei sich entfaltende* Mandala:

– »Wenn ein indischer oder tibetanischer Mensch ein Mandala zeichnet oder gestaltet, so folgt er nicht seiner persönlichen Phantasie. Er läßt sich vielmehr von einer ganz bestimmten Tradition leiten, die ihn lehrt, das Drama seiner Seele in einer bestimmten Art darzustellen. In die Form des Mandala projiziert er seine Ängste, die Erlebnisse seines tiefen Selbst. So erkennt er sie und befreit sich von ihnen.«[12]

Dieser Methode können wir uns bedienen, wenn wir einem bestimmten Thema folgen wollen. Wir *unterteilen dann den Kreis in vier Teile* (oder mehr) und malen die Situation oder den Ablauf der aktuellen inneren Geschichte – zum Beispiel ein Beziehungsproblem, ein körperliches Leiden, einen seelischen Kummer – in Farbkompositionen in die Felder hinein.

– Wenn wir die heilende Wirkung des Mandala frei fließen lassen wollen, *überlassen wir den leeren Kreis voll und ganz der Phantasie*. Wir geben nichts vor, malen einfach, was kommen will (oder lassen malen). Die Wirkung kann noch vertieft werden, wenn gleichzeitig eine leise Meditationsmusik abgespielt wird.

Diese Methode eignet sich sowohl zur Entspannung als auch zur Vertiefung von aktuellen Fragen und Problemen. Sie kann außerordentlich hilfreich sein nicht nur in der Arbeit mit Kranken oder als kreative Sequenz im Unterricht, sondern auch für die Vertiefung des eigenen Bemühens, selbstregulierende Heilkräfte anzuzapfen und innere Regungen (Ängste, Schmerz, Trauer, Freude, Hoffnung) zum Ausdruck zu bringen.

– In der Arbeit mit Menschen, die große Mühe haben, sich spontan auszudrücken, können auch *vorstrukturierte Mandalas zum Ausmalen* eingesetzt werden. Die Angstschwelle ist niedriger als vor dem leeren Kreis, das Malen läuft leichter an und wird auch so als äußerst wohltuend, befreiend und entspannend erfahren. Die zentrierende Kraft des Mandala und die Zeit des entspannenden Malens entfalten ihre heilende Wirkung. Als strukturierte Mandalas eignen sich alle Vorlagen und Motive (aus Mandala-Büchern[13] oder Symbol-Lexika, aber auch selbst gezeichnete Rosetten), die dem Gesetz des Mandala entsprechen:

Kreisform oder Viereck
Zentrierungspunkt in der Mitte
regelmäßiges Strukturbild oder geometrische Figuren.

Übungsanleitung zum Mandala-Malen

Die Anleitung soll aus der jeweiligen Situation oder aus dem gewählten Thema herauswachsen und kann stets neu entwickelt und angepaßt werden.

Vorbereitung der Übung

– Gewünschtes Thema einführen und notwendige Erklärungen geben.
– Papier oder Vorlage und Malstifte bereitlegen.
– Für genügend Zeit (30 – 45 Minuten), Raum mit Sitzgelegenheit und Tischen oder anderer Malunterlage sorgen.
– Vor-Einstimmung durch Entspannungsübung oder eine andere Methode, die der Gelöstheit, Ermutigung und dem Vertrauen zu sich selbst dient (sich genügend Zeit nehmen, Barrieren und Widerstände abzubauen!).
– Begleitende Meditationsmusik, wenn gewünscht.
– Vorbereitete Mandala-Vorlagen – Motive oder leere Kreisform – verteilen.

Die folgenden Beispiele haben sich aus der Bearbeitung des Themenkreises »mein eigenes Gewordensein in bezug zu Werten wie Gesundheit, Krankheit und Heilen« herausentwickelt. Sie können beispielhaft für andere Situationen stehen.

Anleitung zum freien Mandala-Malen
- Schließen Sie die Augen und setzen Sie sich entspannt hin.
- Stellen Sie sich vor, daß Sie in sich hineinblicken können.
- Nehmen Sie sich Zeit, um Ihre Aufmerksamkeit nach innen zu richten – schauen Sie gleichsam in Ihren Körper hinein.
- Nehmen Sie die Bewegung Ihres Atems wahr und steigen Sie wie auf einer langen Treppe immer tiefer in Ihr Inneres hinunter – durch die Brust – in den Bauch – in den Beckenbereich – schauen Sie sich innen um – spüren Sie, wie es sich dort anfühlt.
- Spüren Sie Ihrem Gewordensein nach – wandern Sie von einem Körperteil zum anderen und erkunden Sie, was gesund ist und heil – wo Sie sich wohl fühlen – aber auch, wo etwas nicht in Ordnung ist – blockiert, gehemmt, krank, gekränkt.
- Nehmen Sie auch wahr, was Ihnen hilft, das Gesunde zu unterstützen und zu fördern – das Kranke zu heilen.
- Öffnen Sie dann wieder die Augen und malen Sie, was Sie erfahren haben. Nehmen Sie dazu den Kreis als Vorlage.

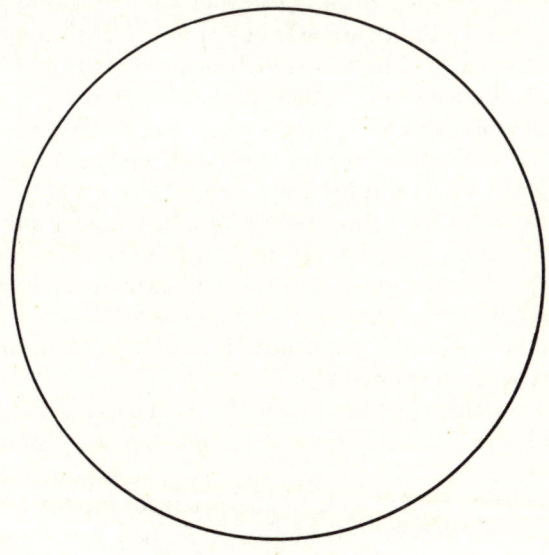

Aktive Imagination und Mandala-Malen

Sie können diese gleiche Übung auch als geführte aktive Imagination durchführen. Dadurch können Sie die Visualisierung von Störungen einerseits und von gesunden Kräften andererseits noch besser aktivieren. Das innere Sehen wird intensiver und farbiger.

Anleitung zum geführten Mandala-Malen
— Schließen Sie Ihre Augen und öffnen Sie sie nur, wenn Sie sie brauchen, um die Farbstifte zu wählen.
— Hören Sie bei jeder Sequenz mit geschlossenen Augen zu und lassen Sie sich in die eigene Tiefe führen.
— Setzen Sie sich bequem hin und spüren Sie den Boden unter Ihren Füßen.
— Entspannen Sie sich und nehmen Sie dabei Ihren Atem wahr – atmen Sie einige Male ruhig ein und aus – steigen Sie nun wie auf einer Treppe in Ihren Körper hinab – Stufe um Stufe – zünden Sie auf jeder Stufe eine Lampe an, damit es heller wird.
— Steigen Sie langsam hinunter, zählen Sie die Stufen: 10 – 9 – 8 – 7 – 6 – 5 – 4 – 3 – 2 – 1 – 0.
— Richten Sie Ihre Aufmerksamkeit nun auf Störungen, die Sie entdecken – nehmen Sie Blockaden wahr – achten Sie auf Gefühle, die weh tun: Trauer, Angst, Schmerz...
— Malen Sie, was Sie spüren – malen Sie die Form und die Farbe der entdeckten Störungen in den Kreis hinein – nehmen Sie bewußt wahr, was Sie dabei spüren – – –
— Richten Sie nun Ihre Aufmerksamkeit wieder auf Ihren Atem – atmen Sie tief ein und aus. Versuchen Sie, die Störungen, die Sie bedrängen, mit dem Atem herauszuatmen.
— Lenken Sie nun Ihre Konzentration auf das, was in Ihnen ist, heil und gesund – versuchen Sie, auch diese Empfindung bewußt wahrzunehmen.
— Dann wählen Sie die Farben, die dazu passen, und malen Sie auch diese Erfahrung in den Kreis hinein – spüren Sie nach – – –
— Nun erinnern Sie sich an Erfahrungen, die Sie gemacht haben, wenn Sie mit Störungen, Krankheit und Kränkung umgehen – was ist es, das Ihnen hilft? – kommt es von außen?

– ist es eine Kraft oder eine Bewegung, die von innen kommt?

– kennen Sie beide Erfahrungen? – spüren Sie all dem nach, was Ihnen hilft, mit Krankheit und Kränkung umzugehen.

– Dann wählen Sie wieder die Farben, die dazu passen, und malen Sie, evtl. auch außerhalb des Kreises, was Ihnen hilft – oder helfen könnte – – –

– Schließen Sie nochmals die Augen und lassen Sie alle drei Phasen noch einmal auf sich wirken – setzen Sie den inneren Dialog fort und spüren Sie, ob noch etwas ausgesprochen oder ausgemalt werden möchte – nehmen Sie sich dafür die Zeit, die Sie brauchen – – –

– Nun atmen Sie tief durch – ein zweites Mal – ein drittes Mal – öffnen Sie die Augen und lassen Sie sie auf dem gemalten Bild ruhen.

– Nehmen Sie nun Kontakt mit Ihrer Umgebung auf – strecken Sie sich aus.

– Rollen Sie Ihr Bild zusammen und kommen Sie ganz ins Hier und Jetzt zurück.

Zur Auswertung

Es ist ein großer Unterschied, ob solche Visualisierungsübungen in der Einzelarbeit (für sich selbst) oder mit einem Partner gemacht werden, oder ob sie Teil eines Kurses sind und in einer Gruppe zur Durchführung gelangen, deren Teilnehmer nur für ein bis zwei Tage zusammenkommen. Im letzteren Fall wird es von Vorteil sein, wenn die Teilnehmer die Bilder eingerollt lassen, das heißt in der Gruppe nicht darüber gesprochen wird. Die Erfahrung ist individuell, und es soll dem Ermessen des einzelnen überlassen sein, ob und mit wem er über sein Bild reden möchte. Meist bewirkt schon die Erfahrung einer solchen Übungssequenz sehr viel und befruchtet den weiteren Unterricht.

Es ist aber wichtig, daß der Kursleiter, der ein solches Medium einsetzt, für sich selbst damit gearbeitet hat und die einschlägige Literatur kennt, damit er Teilnehmern, die über ihre Erfahrung sprechen wollen, ein aktiver Zuhörer sein kann.

Wer vertieft in dieser Richtung arbeiten will – für sich selbst oder mit einem Partner –, kann sich Anleitung und Vertiefungshilfen erarbeiten[14].

Modell 2
Die dreifache Wirklichkeit

Der Baum – ein Ursymbol
für die dreifache Wirklichkeit des Menschen

Dem Baum gleich, dem Fürsten des Waldes,
gewiß, ihm gleich ist der Mensch.
Seine Haare entsprechen den Blättern,
die Außenrinde gleicht der Haut.
Es strömt das Blut aus seiner Haut
wie aus der Rinde des Baumes der Saft...
Dem Holz vergleichbar ist das Fleisch,
so wie dem Bast die starke Sehne.
Die Knochen sind das Innenholz,
das Mark vergleicht dem Marke sich...

AUS DEN ALTINDISCHEN UPANISHADEN

Im Zusammenhang mit der *dreifachen Wirklichkeit* des Menschen denke ich an den Baum: Mit seinen der Erde verhafteten Wurzeln, seinem senkrecht aufsteigenden Stamm und seiner dem Himmel zustrebenden Krone wird er zum Symbol der *Verbindung* der kosmischen Bereiche (oben) und der unterirdisch-erdhaften (unten), die im Hier und Jetzt auf dieser Erde (Mitte – Stamm) gelebt werden müssen.

Der Baum, der aufrecht steht wie der Mensch, wächst und vergeht wie dieser. Er symbolisiert, wie kaum ein anderes Symbol, das Prozeßhafte (Kontinuum) des Lebens von der Geburt bis zum Tode: Er ist in steter Bewegung, der Frühling (Jugend) trägt schon den Sommer (Reife) in sich; der Sommer den Herbst (abgeklärtes Leben) und der Herbst den Winter (Sterben). In der Bibel erscheint der Baum in seiner doppelten Gestalt: als Baum des Lebens – und damit der Paradiesesfülle – und als Baum der Erkenntnis von Gut und Böse, womit er zum Symbol unausweichlicher Entscheidung wird.

Der Baum – das ist die Nacht,
die langsam sich vermählt mit dem Himmel

ANTOINE DE ST-EXUPÉRY[15]

Karl Iten, Strom des Lebens

Als *symbolisches Zentrum* spielt der Baum in vielen Traditionen und Volksbräuchen eine Rolle: etwa als Maibaum, um den herum getanzt wurde; unter der Dorflinde pflegten sich die meisten Belange der Dorfgemeinschaft abzuspielen; es gibt die alten Gerichtsbäume, mitunter noch heute markante Gestalten in der Landschaft, und heilige Bäume, die zu fällen ein Sakrileg bedeutete, weil sie als Wohnstätte der Gottheit galten.

Das Baumsymbol und seine wichtigsten Entsprechungen – der Berg und das Kreuz – hat weltweit eine so zentrale Bedeutung, daß man sagen kann: Der Baum ist ein Symbol für das Zentrum der Welt und in diesem Sinne auch Symbol für den Menschen. Die Formeln für Baum, Kreuz und Mensch waren in frühgeschichtlichen Felszeichnungen austauschbar und häufig kaum zu unterscheiden. Das gleiche Phänomen ist heute noch in Zeichnungen vier- bis fünfjähriger Kinder zu beobachten. Erst wenn das Kind erklärt: Das ist ein Mensch (oder ein Baum), kann man sie unterscheiden.

Der Baum als Verbindung von Himmel und Erde gehört zu den ältesten religiösen Symbolen: Der *Stamm* nimmt die Stelle der Weltachse ein, die Himmel und Erde verbindet. Seine *Verzweigungen* entsprechen den »Sprossen der Himmelsleiter«, über die der Mensch zum Herrn der Welt gelangen kann, der auf der *Krone* thront. Die Wurzeln sind die Verbindung nach unten ins Totenreich. An dieser dreifachen Wirklichkeit, so sagt das Baumsymbol, hat der Mensch teil.

Die Dreiteilung als dreifache Wirklichkeit

1. *Die Unten-Welt* (Wurzeln). Hier ist der Bereich der Natur und des Stofflich-Materiellen des Menschen – das Unbewußte. Freud prägte hierfür den Begriff des »Es« als Ausdruck einer dem Menschen innewohnenden autonomen Kraft. Jung schuf etwas später den Begriff des »Schattens« als Ausdruck unserer »anderen« Seite, des »dunklen Bruders«, der, zwar unsichtbar, doch nicht von uns zu trennen, zu unserer Ganzheit gehört. Unser »anderes Ich« kann sowohl als negative wie als positive Kraft (in Träumen als negative oder positive Figur) auftreten. Jung spricht hier von der »Personifikation« jener Teile der

Persönlichkeit, die von uns – warum immer – nicht gelebt werden durften. Verdrängte Schattenkräfte haben die Tendenz, aus dem Unbewußten heraus eigenständig und unkontrolliert wirksam zu werden, meist unangepaßt und störend. Die Bewußtmachung des Schattens gehört deshalb unabdingbar zum Reifeprozeß menschlichen Lebens. Bleibt er unbewußt, bleiben es mit ihm auch schöpferische Kräfte, belebende Gefühle und wachstumsfördernde Ressourcen, die dann zu Kraftquellen werden können, wenn es gelingt, sie aus der Untenwelt herauf ans Tageslicht der Bewußtheit zu holen – sie zu integrieren.

2. *Die Menschen-Welt* (Stamm). Das ist der Ort des Hier und Jetzt menschlichen Lebens. In der Symbolik werden dem Stamm des Baumes sowohl die »Geburt aus dem Baum« als auch die »Rückkehr durch den Stamm in den Wurzelboden« zugeordnet. Aus dem Holz des Stammes werden Wiege und Sarg – die erste und die letzte Ruhestätte des Menschen – gefertigt. Damit ist der Stamm des Baumes Bild für das *Kontinuum* des Lebens zwischen Geburt und Tod. Der Orientierungsrahmen ist das Zusammenleben mit den Mitmenschen, die zwischenmenschlichen Beziehungen, die im Hier und Jetzt zu leben sind, in *Raum und Zeit*, die zwischen Herkunft und Zukunft liegen. Nicht oben (Himmel) und nicht unten (im Unbewußten) ist Menschsein zu leben, sondern *auf* der Erde und *in Beziehung* zu anderen Menschen. Diesen individuell menschlichen Bezug beschreibt Martin Buber als den Prozeß der Begegnung:

> Alles echte Leben ist Begegnung.
> Begegnung liegt nicht in Raum und Zeit,
> sondern Raum und Zeit liegen in der Begegnung[16].

Indem der Mensch in diese Welt hineingeboren wird, wird er auch hineingestellt in »einen Dialog« zwischen Individuen (Buber), die diese Weltsituation gemeinsam und miteinander zu bestehen haben. Wenngleich eingebunden in ein großes Kollektiv, bleibt der Mensch ein einzelner und führt als einzelner *sein* eigenes Leben. Buber sagt: »Trotz aller Ähnlichkeit zwischen den Situationen des Lebens besitzt jede einzelne, wie ein Neugeborenes, ein eigenes, unverwechselbares Gesicht, das vorher nie da war und das nie wieder auftauchen wird ... Sie fordert von dir nichts Vergangenes, auch nichts Zukünftiges, sie fordert die Gegenwart, Verantwortung ... Dich« – aber nicht um deiner selbst willen, sondern »Dich, um der Arbeit willen, die Du auf dieser Welt ausführen mußt.«[17]

Jedoch sieht Buber im Prozeß der Begegnung von Ich und Du immer das Größere, das die Werte von Hier und Jetzt – Gefühle, Vertrauen, Gemeinschaft – und die nur-zwischenmenschliche Begegnung in Raum und Zeit übersteigt: »Das Universale schaut uns aus einem Gesicht an, und der Gott der Ewigkeit steht in der Gegenwart dieses Augenblicks.«

Dieses Modell der Zugehörigkeit hat von alters her im Bild des *Stammbaums* Ausdruck gefunden. Der Baum als Stammbaum stellt gleichsam eine Nabelschnur dar, die hinunterreicht zu den Ahnen, letztlich zum Urmenschen selbst, und die – nach oben offen – die Hoffnung auf Anwartschaft für eine andere Zukunftswelt versinnbildlicht. Das Bedürfnis, das *Hier und Jetzt zwischen Herkunft und Zukunft* im Stammbaum bildlich darzustellen, hat nicht nur den Sinn, die biologische Abstammung aufzuzeigen, sondern sucht darüber hinaus nach Ursprung und Ziel der geistigen Herkunft.

3. *Die Über-Welt* (Krone) ist das Bild für diese Welt des Geistes und des Geistigen. In ihrer Eigenschaft als zum Himmel aufragender Ort können sich in der Symbolsprache Baum und Berg vertreten; auch auf dem Berg ist man dem Himmel näher, der Geist fühlt sich freier und weniger von Erdenschwere beladen. Tauchen diese Symbole in Träumen und Bildern auf, so sind sie immer auch Sinnbild für das Wissen des Menschen um die »ihm innewohnende Transzendenz« seines geistig-göttlichen Wesens.

Es ist der Geist, an dem der Mensch teilhat, indem er rückgebunden (religio) ist an eben diesen geistigen Ursprung, dem er in seinem tiefsten Wesen verwandt ist – als das biblische »Ebenbild Gottes«.

Wiederentdeckung der Ganzheit

Wir haben gesehen, daß der heutige Mensch sich auf den Weg gemacht hat, seine Ganzheit und damit den Sinn seines Lebens wiederzufinden. Ganzheit klammert nicht aus – weder nach unten noch nach oben. Zwar hat Sigmund Freud das »triebhafte Unbewußte« entdeckt und der Therapie zugänglich gemacht. Aber: »Erst die geistige Person macht die Ganzheit des Menschen aus«, sagt Viktor Frankl[18], der Begründer einer Therapieform[19], die sich insbesondere der »verdrängten geistigen Existenz des Menschen« – seiner tabuisierten Religiosität – zuwendet, um sie bewußt und integrationsfähig zu machen. Damit sind sowohl die Seele (unten) wie der Geist (oben) dem Bewußtsein des modernen Menschen wieder nahegebracht worden. »Ganzheit ist eine leib-seelisch-geistige Einheit« (Frankl) und bedeutet Integration beider Pole. Karlfried Graf Dürckheim spricht in diesem Zusammenhang vom »Doppelten Ursprung des Menschen«[20]. Personale Ganzheit beschreibt er als zweifache Befreiung, nämlich einmal Befreiung des natürlichen Menschen und zum zweiten die Befreiung seines übernatürlichen Wesens, denn: Ganz-Mensch-sein-Können ist in zweierlei Hinsicht gefährdet. Der Mensch wird eingeschränkt im unverstellten Ausdruck seiner *natürlichen Triebe und Wünsche;* in unserer Kultur aber wird er zugleich auch getrennt von seinem *übernatürlichen Wesen,* von dem, was eigentlich den Geist des Menschen ausmachen und bestimmen sollte.

Das Wiederfinden jedoch der verlorengegangenen ursprünglichen Ganzheit kann nicht einfach in der Rückkehr in eine »paradiesisch-unbewußte Einheit« gefunden werden. Es gibt nur ein Wiederfinden auf einer höheren Bewußtseinsstufe, als Frucht innerer Reifung, die die Erfahrung der Trennung *und* ihrer Aufhebung zur Voraussetzung hat. »Der Weg der Ganzheit führt über ihre Zerstörung« (Dürckheim). Zerstört werden muß eine unheile »heile Welt«, in der die Gegensätze (und damit der Schatten) ausgeklammert sind und wo versucht wird, eine vordergründige, nicht eigentliche Harmonie zu leben. Das Wahrnehmen und Ernstnehmen der Schattenkräfte, das Erkennen und Integrieren von Gegensätzen sind aber Voraussetzung sowohl für eine ganzheitliche Entwicklung des Menschen als auch für seine Fähigkeit zu Kontakt, Beziehung und zum Zusammenleben mit anderen.

Bedeutung für Gesundheit und Krankheit

Die Sicht einer »dreifachen Wirklichkeit des Menschen« bedingt ein *leiblich-seelisch-geistiges* Gesundheitsverständnis. Nur von einer »Leib-Seele-Ganzheit« zu sprechen bedeutet, den Geist auszuklammern. Dazu Viktor Frankl: »Leib und Seele vermögen eine Einheit zu bilden – das ›einheitliche‹ Psychophysikum etwa – aber nie und nimmer wäre diese Einheit imstande, menschliche Ganzheit – und damit ganzheitliche Gesundheit – darzustellen. Zu ihr gehört immer auch das Geistige dazu.«[21]

Die »Psychosomatik«, die das von Frankl definierte Psychophysikum umfaßt, ist folglich ein reduzierendes Gesundheitsverständnis, da es die *geistige Wirklichkeit* ausklammert. Die Antriebswurzeln des menschlichen Lebens sind aber nicht nur nach unten – zur Schatten- und Triebwelt –, sondern auch nach oben – zur geistigen Welt – ausgestreckt.

Erst das Insgesamt der Lebenskräfte – die natürlichen Triebe *und* die geistigen Impulse – macht den ganzen Menschen aus. In der heutigen rational-mechanistischen Welt, in der Leistung und damit Quantität an oberster Stelle steht, wird notwendigerweise *Lebens-Qualität* verdrängt. Zuviel Geistig-Seelisches muß unterdrückt werden. Diese Verhinderung ganzheitlicher Verwirklichung ist die Ursache dafür, daß heute Millionen von Menschen hinter einer der Welt zugewandten mehr oder weniger heiteren Fassade krank sind. Dadurch verlieren sie den Kontakt zu sich selbst, aber sie verlieren auf Dauer auch den Kontakt zu den Mitmenschen, denn »man muß bei sich selbst gewesen sein, um zum andern ausgehen zu können« (Buber).

Gesundheit

Wenn wir versuchen, Gesundheit vor diesem Hintergrund zu definieren, könnte man sagen: Gesund – und damit heil – ist der Mensch nur in dem Maße, als er die in ihm verborgenen Kräfte zu finden, die in ihm verdrängten Schatten-Mechanismen zu erkennen und beides zu integrieren vermag – auch und gerade in einer Welt, in der er mit bedrohlichen, behindernden, kränkenden und dadurch krankmachenden Bedingungen zu leben hat.

Gesundheit ist damit nicht an eine absolut intakte körperliche Funktionstüchtigkeit gebunden, sie liegt vielmehr in der Fähigkeit:

– *der Verhütung gesundheitsschädigenden Lebens,* wobei insbesondere die ungesunden, weil nicht situations- und wesensentsprechenden Lebensformen abgebaut oder gar nicht erst aufgebaut werden sollen;

– *der Aktivierung und der bewußten Integration* der im Menschen schlummernden Kräfte und Möglichkeiten des Geistes *und* der Seele, um sie für das tagtägliche Leben fruchtbar zu machen.

Gesundheit kann nie nur körperlicher Natur sein. Da Körper, Geist und Seele eins sind, steht und fällt das freie Fließen der Lebenskraft – und damit die Gesundheit – mit dem dynamischen Austausch und Gleichgewicht aller drei Ebenen menschlichen Seins.

Krankheit

Krankheit ist ein Herausfallen aus dieser Ordnung, ist Disharmonie, Zerrissenheit und Blockierung des freien Fließens der Energien. Das Wort *krank* kommt von *kränken.* Es gibt vieles, das uns kränkt. Das Leben, die Welt sind voller Kränkungen. Wir werden gekränkt durch negative Erfahrungen mit Menschen und Situationen, durch Gefühlsregungen, die schmerzen, durch nicht getrauerte Trauer, durch Mangel an positivem Denken, durch falsch verstandenen »Dienst am anderen«. Dies alles zehrt an unserer eigenen Lebenskraft, auch dann, wenn wir uns dieses Gekränktsein gar nicht eingestehen wollen. In der Folge führen:

– aufopfernder Dienst »rund um die Uhr« zu Erschöpfung
– nicht getrauerte Trauer zu Depression
– angestaute Gefühlsregungen zu Aggression.

Depression

Die Depression ist nicht einfach eine Krankheit unter anderen. Sie ist im Wechselspiel der Gegensätze nichts anderes als die Kehrseite, die unterdrückte Expression. Kein Leben bleibt davon verschont – es ist das Mehr oder Weniger, das ihr das Gewicht gibt. Durch Erschöpfung der Lebenskraft wird sie schließlich zur schweren Krankheit. Als eine der häufigsten Erscheinungen im modernen Leben hat dieser Verlust von Lebenskraft den Namen *Erschöpfungs-Depression* erhalten. Der Mensch erschöpft sich am Zuviel oder Zuwenig gelebten Lebens: zuviel Arbeit und Dienst, zuwenig Muße und Bei-sich-selber-Sein; zuviel aufgesetzte Fröhlichkeit und zuwenig ausgetrauerte Trauer. In der zur Depression gewordenen Erschöpfung oder Trauer lebt der Mensch nicht mehr wirklich; er findet, wie in einem dunklen Gang, keinen Ort mehr, wo er sich orientieren, und keinen Menschen mehr, mit dem er sprechen kann. Das Wort vom »Leben als Begegnung« (Buber) verkehrt sich in sein Gegenteil: Es gibt für diesen Menschen keine Begegnung mehr, keinen Ort, wo er sein kann, und schließlich keine Zeit mehr, die er mit Sinn füllen könnte. Das Leben stirbt: Der Energiefluß steht still, es gibt nichts mehr, was diesen Menschen noch bewegen kann.

Aggression

Nicht eingestandene Kränkung und unausgetragene Konflikte verwandeln sich in Aggression, die im Normalfall eher verdrängt als ausgelebt wird. Die ins Unbewußte abgedrängte Aggression lebt dort weiter, meist kaum wahrgenommen, und erzeugt schließlich Beziehungsprobleme aller Art. Je mehr die zugrundeliegende Verdrängung im Unbewußten bleibt, desto schwerer ist es, diese Probleme wahrzunehmen und zu verändern.

Beides – Depression wie Aggression – sind krankmachende Lebensmuster. Was immer im Unbewußten – Geist oder Seele – als verdrängtes Leben schwelt, bedeutet Verhinderung des Lebens im Hier und Jetzt.

Den Ausgleich finden

Wenn wir alle drei Ebenen in die Definition von Leben und Gesundheit mit einbeziehen wollen, dann müssen auch neue Verhaltens- und Beziehungsmuster aufgebaut werden. Gut und böse, fröhlich und traurig, Qualität und Quantität sind für den ganzheitlichen Menschen keine sich ausschließenden Alternativen, sondern Realitäten, ja Möglichkeiten, die allein den Menschen menschlich machen. Denn:

»Der Mensch kann sich dem Göttlichen nicht nähern, indem er über das Menschliche hinausgeht. Er kann es erreichen, indem er selbst ganz menschlich wird. Ein Mensch zu werden, ist das, wozu der einzelne geschaffen ist... das ist der Kern eines ganzheitlichen (chassidischen) Lebens« (Martin Buber).

Wie findet der Mensch diesen Ausgleich zwischen den Gegensätzen:
– Expression und Depression
– Aggression und Regression,
wie wird der Mensch ein menschlicher Mensch? Schon eine Eckhart-Legende beschäftigt sich mit dieser Frage. Der Meister wird von seinen Schülern gefragt: »Was hat dich so heilig gemacht?« (heilig: griechisch holos, heißt auch heil, ganz). Die Frage könnte also auch heißen: Was hat dich zu einem ganzen Menschen gemacht? Meister Eckhart antwortete: »Das taten mein Stillesitzen und meine guten Gedanken vor Gott.«

Ähnliche Dialoge sind auch in alten Zen-Geschichten überliefert. Die Antwort auf die Frage nach Heil, Ganzheit und Weisheit ist immer die gleiche: Sie liegt in der Hinwendung zum Augenblick und im bewußten Anwesend-Sein in *Geist, Gemüt,* (Seele) und im *Leibe.* Wie schwierig und doch wie einfach diese Übung ist, zeigt folgendes Gespräch zwischen Lehrer und Schüler:

Ein in Meditation erfahrener Lehrer wurde einmal gefragt, warum er trotz seiner vielen Beschäftigungen immer so gesammelt sein könne.
Dieser sagte:

Wenn ich stehe, dann stehe ich,
wenn ich gehe, dann gehe ich,
wenn ich sitze, dann sitze ich,
wenn ich esse, dann esse ich,
wenn ich spreche, dann spreche ich...

Da fielen ihm die Fragesteller ins Wort und sagten:
Das tun wir auch,
aber was machst du noch darüber hinaus?

Er sagte wiederum:
Wenn ich stehe, dann stehe ich,
wenn ich gehe, dann gehe ich,
wenn ich sitze, dann sitze ich,
wenn ich esse, dann esse ich,
wenn ich spreche, dann spreche ich...

Wieder sagten die Leute:
Das tun wir doch auch.
Er aber sagte zu ihnen:

Nein,
wenn ihr sitzt, dann steht ihr schon,
wenn ihr steht, dann lauft ihr schon,
wenn ihr lauft, dann seid ihr schon am
Ziel...

EIN ZEN-MÖNCH

Reflexionen und Meditationen

Impulse

Zwischen Geburt und Tod, Himmel und Erde, Natur und
Übernatur, Vergangenheit und Zukunft steht der Mensch.
Stehen – wirklich stehen – kann er aber nur dann, wenn es ihm
gelingt, mit sich und seinem Leben im Hier und Jetzt auch
wirklich *eins* zu sein. *Wie* er an dieses Eins-Sein herankommt
und es verwirklicht, ist nicht wichtig, wichtig ist nur, *daß* es
geschieht.

Heute werden unzählige Hilfen angeboten: Kurse für
Lebenshilfe, Meditationsübungen, Selbsterfahrungsgruppen,
und auf dem Büchermarkt ist die entsprechende Literatur kaum
zu überblicken. Was hilft? Was hilft nicht? Es gibt *ein* einziges
Kriterium, mit dem wir nicht fehlgehen können: das ist das *Tun*!

Wo »ganzheitliche Lebensbewältigung in drei Tagen« angeboten wird, ist ganz sicher kein dauerhafter Fortschritt zu
erwarten. Nur die unablässige *Übung* kann bleibenden Erfolg
bewirken. *Welche* Übung man wählt, ist zweitrangig, denn der
Sinn jeder Übung ist es,

– *wirklich da zu sein* – dabei-sein, wenn ich sitze, gehe, esse...

– *an sich selbst zu arbeiten* – an der rechten Haltung, dem rechten Atem, der rechten Spannung (zwischen Auflösung und Verkrampfung);

– *wachsam zu werden* für das, was uns hindert, hemmt und blockiert;

– *offen zu sein* für alles, was uns als helfende Kraft und Lebensenergie immer schon zur Verfügung steht.

Der Wege sind viele. Hilfreich sind sie nur, wenn wir sie tatsächlich gehen: stetig und ausdauernd, Schritt für Schritt. Maßgebend ist nicht der Wegweiser (Systeme, Praktiken, Theorien). Jedes System, das wir übend uns einverleiben, verwandelt uns. Im tätigen Üben entwickelt sich Ganzheit und damit Gesundheit – von innen heraus – darin, daß der Mensch sich auf sein eigenes Leben einläßt und sich damit auseinandersetzt. Wirksam ist jede Übung, die dem Übenden zur Einsicht über das Zusammenspiel von Körper, Geist und Seele verhilft. Entscheidend ist das *Tun* – im *Ein*üben wie im *Aus*üben.

Wenn wir davon ausgehen, daß der Mensch nur als leibliche Gestalt – als Einheit von Körper, Geist und Seele – im Hier und Jetzt seine Wirklichkeit hat und nur in dieser leiblichen Gestalt – nie ohne sie – Person werden kann, dann liegt in der *»Einübung des Leibbewußtseins«* (Dürckheim)[22] eine echte Chance, auch Seele und Geist in diesem Leben zu verwirklichen – Person-Sein und Leib-Sein sind gleichwertige Begriffe.

Das Leibbewußtsein als Erfahrung

In der Übung des Leibbewußtseins lernen wir nicht nur, rechte Haltung in ihrem Verhältnis von Spannung und Gelöstheit zu bewahren, sondern auch die *Qualität der Bewegung* bewußter wahrzunehmen[23].

Auf dem Wege der inneren Wahrnehmung wird Erlebnis durch Bewußtheit zur Erfahrung. Leben wir aus dieser inneren Quelle, dann ist auch Konzentration da, wir sind ganz wach, ganz da im Hier und Jetzt. Immer wieder von neuem geht es darum, uns einzulassen auf unser gegenwärtiges Tun, es zu vollziehen auch im Sinne einer existentiellen Übung. Diese Übung ist ein Geschehen, das den ganzen Menschen mit einschließt. Was immer wir tun, das tun wir *ganz*: nur dieses *eine*, nichts anderes – zum Beispiel *stehen* (oder sitzen), nur stehen und nichts anderes, das aber ganz bewußt.

Übungen: Stehen und sitzen

Das Stehen

– Stellen Sie sich gerade hin, die Knie locker und nicht durchgedrückt, die Füße in Hüftweite auseinander. Die Arme hängen entspannt herunter.

– Schauen Sie gerade vor sich hin und atmen Sie ruhig ein und aus. Mit dem Ausatmen lockern Sie die Muskeln des Gesichts – des Nackens – der Schultern – Brust, Bauch – Beckenraum. Schließen Sie die Augen.

– Nehmen Sie die Füße wahr, spüren Sie, wie die Fußsohlen mit dem Boden verbunden sind.

– Lassen Sie die Füße wachsen und groß werden: nach vorn und hinten und nach den Seiten – spüren Sie, wie die Füße mit der ganzen Fläche auf dem Boden aufliegen.

– Schicken Sie auch vom Fußgewölbe aus Fühler auf den Boden, lassen Sie die Füße Wurzeln in den Boden schlagen. Lassen Sie sich von der Verbindung mit der Erde tragen.

– Spüren Sie auch Ihre Knöchel – die Unterschenkel, die wie zwei starke Säulen aus dem Boden wachsen.

– Lassen Sie durch diese Säulen hindurch den Lebensstrom aus der Erde nach oben steigen – in die Knie – die Oberschenkel – in den Beckenboden – lassen Sie alle Spannungen los.

– Lockern Sie die Gesäßmuskeln und spüren Sie nochmals in die Verbindung zwischen den Füßen und der Erde hinein.

– Geben Sie nun in den Raum unter dem Nabel etwas Kraft – drücken Sie dazu mit ihren Fäusten unter dem Nabel auf die Bauchdecke, lassen Sie sie mit einem kräftigen Stoß der Bauchmuskeln wieder herausfedern.

– Trommeln Sie mit Ihren Fäusten locker auf den Bauch und spüren Sie dann der Kraft nach, die jetzt da ist.

– Spüren Sie, wie Sie jetzt stehen: Sie stehen breit und schwer und sind nicht umzuwerfen, Sie stehen im »Hara« – sind in Ihrer eigenen Mitte verankert.

– Lassen Sie aus dieser Mitte heraus eine leichte Schwingung des Oberkörpers aufkommen.

– Stehen Sie wie ein Baum, der sich im Winde ganz leicht wiegt – genießen Sie das Baumgefühl: mit dem Boden verwurzelt, aufrecht und mit dem Kopf nach oben gewandt – nehmen Sie ganz bewußt wahr, *daß* Sie stehen und *wie* Sie stehen.

– Bleiben Sie so, Sie können lange so stehen bleiben, ohne müde zu werden.

– Öffnen Sie dann die Augen und nehmen Sie bewußt wahr, was sich in Ihnen geändert hat.

Das Sitzen

– Setzen Sie sich auf einen Stuhl mit ebener Sitzfläche – sitzen Sie so auf den Sitzhöckern, daß das Steißbein frei ist (frei deshalb, weil es uns als Abflußrohr dient für alle Spannungen, die sich entlang der Wirbelsäule und im Becken gebildet haben).

– Sitzen Sie so, daß die Knie etwas tiefer sind als die Hüften.

– Stellen Sie die Füße in Hüftbreite nebeneinander auf den Boden – verlagern Sie das Gewicht so, daß es auf Gesäß und Füßen wie auf einem Dreieck liegt. Legen Sie die Hände mit den Handflächen nach unten auf die Oberschenkel.

– Richten Sie Ihre Aufmerksamkeit auf den Kontakt zwischen Ihrem Gesäß und der Sitzfläche des Stuhles – achten Sie auf den Bodenkontakt der Füße.

– Richten Sie sich in Ihrer Wirbelsäule auf und lassen Sie sich dann senkrecht nieder, als wollten Sie in die Sitzfläche hineinsitzen.

– Aus diesem Sitzen heraus strecken Sie sich nun langsam nach oben, als wollten Sie mit dem Scheitel die Decke berühren – nehmen Sie die Aufrichtung der Wirbelsäule bewußt wahr.

– Bewegen Sie sich nun leicht nach vorn und erheben Sie sich ein wenig vom Sitz – setzen Sie sich wieder hin und nehmen Sie dabei den Kontakt mit der Sitzfläche gut wahr.

– Legen Sie nun beide Hände unter das Gesäß direkt unter die Sitzhöcker (die Handflächen auf dem Sitz des Stuhles) – sitzen Sie auf den Händen.

– Nehmen Sie den Sitzkontakt bewußt wahr – bewegen Sie sich dann wieder leicht hin und her und von vorn nach hinten.

– Verteilen Sie das Gewicht des Gesäßes zuerst ganz auf die eine Hand, dann auf die andere – fühlen Sie gut die Sitzhöcker.

– Nehmen Sie die Hände weg und fühlen Sie erneut, wie Sie auf den Sitzhöckern sitzen.

– Spielen Sie mit Ihren Sitzhöckern: geben Sie mehr oder weniger Druck, schieben Sie sie hin und her.

– Setzen Sie sich auf den vorderen Rand des Stuhles und spüren Sie vom weit geöffneten Becken aus in die Oberschenkel hinein.

– Die Beine und Füße stehen entspannt auf dem Boden – schließen Sie die Augen und spüren Sie in sich hinein, spüren Sie nach, *daß* Sie sitzen und *wie* Sie sitzen.

– Öffnen Sie wieder die Augen und setzen Sie sich entspannt hin.

– Spüren Sie nach, was sich in Ihnen verändert hat.

Übung des Beckenraumes

– Setzen Sie sich bequem auf die Stuhlfläche, die Füße reichlich hüftweit auseinander.

– Spüren Sie den Kontakt mit der Sitzfläche und legen Sie etwas Gewicht auf die Füße – achten Sie auf den Bodenkontakt.

– Fallen Sie so weit wie möglich nach vorn ins Hohlkreuz.

– Legen Sie die eine Hand flach auf den Bauch, die andere mit dem Handrücken auf das Kreuzbein – schließen Sie die Augen.

– Schieben Sie nun vom Bauch her den Beckenraum nach hinten.

– Achten Sie auf die Veränderung, die Sie im Auswölben des Kreuzes und im Flachwerden des Bauches spüren.

– Üben Sie nun Druck aus auf das Kreuzbein und schieben Sie den Beckenraum wieder nach vorn.

– Nehmen Sie wahr, wie in dieser Bewegung der innere Raum sich umformt, verschiebt.

– Passen Sie nun den Atem der Bewegung an – atmen Sie aus, wenn Sie mit der Hand langsam Druck auf die Bauchdecke ausüben.

– Nehmen Sie wahr, wie die einzelnen Rückenwirbel in eine veränderte Lage kommen.

– Halten Sie den Rücken aufrecht, aber spüren Sie, wie sich der Oberkörper der Bewegung anpaßt.

– Atmen Sie ein, wenn Sie den Beckenraum wieder nach vorn bewegen.

– Schwingen Sie nun langsam von vorn nach hinten und von hinten nach vorn – behalten Sie den Atemrhythmus bei – spüren Sie nach innen in Ihren inneren Raum und lassen Sie sich ganz hinein – nehmen Sie die räumlichen Veränderungen in der Bewegung wahr.

– Verfolgen Sie den Wechsel von Öffnen und Schließen im Beckenboden.

– Richten Sie Ihre Aufmerksamkeit nun auch auf den Raum zwischen Ihrer rechten und Ihrer linken Hüfte.

– Nehmen Sie *sich* im Raum Ihres Beckens wahr und verankern Sie sich darin.

– Lassen Sie Ihren Atem diesen Raum ganz ausfüllen.

– Bestreichen Sie mit Ihrem Atem die Innenwände des Beckens und den Beckenboden.

– Vollziehen Sie die langsame Bewegung und atmen Sie ruhig dabei.

– Lassen Sie die Bewegung allmählich sparsamer werden.

– Versuchen Sie, das Pendeln so unmerklich wie möglich ausklingen zu lassen – gehen Sie, die Wirbelsäule im Lot, in den Ruhezustand über.

– Lassen Sie den Atem unverändert aus- und einströmen – spüren Sie die Aufrichtung der Wirbelsäule.

– Legen Sie die Hände in den Schoß und lassen Sie die Schultern locker hängen.

– Spüren Sie Ihren inneren Raum und füllen Sie ihn mit dem ruhigen Atem.

– Öffnen Sie dann die Augen und kehren Sie langsam in die Umgebung zurück.

Ausklingen-Lassen der Übungen

Jede Übung kann als Einzelsequenz geübt oder als Ausgangssituation für eine anschließende meditative Übung (Malen, Tonarbeit) eingesetzt werden. Die Übungen haben – wenn sie regelmäßig wiederholt werden – eine tiefgreifende Wirkung. Wir nehmen uns selbst immer bewußter wahr, Spannungen lösen sich, und Blockierungen bauen sich ab. Wer ausdauernd übt, wird bald die wärmende, befreiende und öffnende Kraft aus der Tiefe spüren. Die Wirbelsäule wird kräftiger, das »Raumgefühl« macht uns bodenständiger. Dadurch lernen wir auch, besser mit Belastungen umzugehen.

Noch eines ist von Bedeutung: Die Übung, wenn wir sie nach ihrem Abschluß nicht eilig abtun, arbeitet weiter. Bewußteres Gehen und Stehen, das Fühlen der Wurzeln und des Bodenkontaktes wie der aufrechten und geraden Haltung bewirken ein bewußteres Dasein in Beruf und Leben.

Auswirkungen auf unseren Beruf

Der Pflegeberuf fordert von uns nicht nur Kopfarbeit, sondern auch viel körperliche Leistung. Aus der Theorie der Rückenprophylaxe wissen wir, wie wichtig das richtige Stehen und Sitzen für unseren Rücken ist. Die Techniken, die wir in dieser Hinsicht lernen – oder unseren Schülern weitergeben –, können über bewußte Arbeit am Leib noch wirkungsvoller werden. Die rein körperliche Muskelübung wird erweitert dahin, in der rechten Weise auch innerlich dazusein, sich zur Erde, zum Grund hin loszulassen und uns von dort her tragen zu lassen.

In diesem Loslassen wächst uns jene Kraft zu, mit der es uns gelingt, ohne Anspannung und Verkrampfung das zu tun, was zu tun ist. *Körper, Geist* und *Seele* wirken dann zusammen. Der Schwerpunkt verschiebt sich von oben weiter nach unten, vom Einatmen zum Ausatmen. Das Festhalten in den Schultern, die flache Brustatmung weichen der Zwerchfellatmung und Zentrierung im Bauch-Becken-Raum. Wir spüren uns selbst in dem, was wir tun. Nicht mehr jemand tut, sondern *ich* tue es. Nicht mehr jemand steht am Bett eines Kranken, sondern *ich* stehe da. Der »kleine Unterschied« bewirkt das freie Fließen der Lebenskraft.

Die selbstverständliche Autorität, die sich darin verkörpert, verfehlt ihre Wirkung auf das Gegenüber nicht. Die ruhige Sicherheit, das Ruhen in sich selbst teilen sich mit und bewirken, daß vielleicht die darniederliegende Lebenskraft des Kranken ebenfalls freier und leichter zum Fließen kommt. So können *Ressourcen* (Hoffnung, Mut, Vertrauen) befreit und aktiviert werden. Hier liegt das Geheimnis jenes Wortes verborgen, das sagt, der Therapeut müsse selbst therapiert sein, wenn er therapieren wolle. Übersetzt für unseren Beruf: Der Heiler muß selbst heil sein, wenn er heilen will.

Heil sein, ganz sein ist kein Zustand, den man erreichen kann, um ihn dann zu besitzen. Wir erreichen ihn lange Zeit nur punktuell. Übend werden wir erfahren: Wir sind mehr im Gleichgewicht, mehr bei uns selbst, und wir haben plötzlich mehr Kraft zur Verfügung, nicht um mehr zu tun, sondern um das, was wir tun, anders zu tun: echter und lebendiger. Wir haben die Antwort des Zen-Meisters begriffen. Wir wissen aus Erfahrung, was gemeint ist, wenn er sagt:

Wenn ich stehe, dann stehe ich,
wenn ich gehe, dann gehe ich,
wenn ich esse, dann esse ich.
Und:
Wenn ich einem andern Menschen zuhöre,
dann bedeutet das,
daß ich zuhöre – nichts anderes.

Modell 3
Die vierfache Ausrichtung

Irisches Steinkreuz

Das Kreuz
Symbol sowohl der Gottheit
wie des Alls.
Symbol auch für
die Anzahl der Weltgegenden,
die Windrichtungen,
die Jahreszeiten,
die Grundelemente,
die Paradiesesströme,
die Cherube als Thronträger Gottes.
Das Kreuz
ist das älteste Heilszeichen
der Welt.

ALFONS ROSENBERG

Die Symbolik des Kreuzes

Schon im vorigen Abschnitt wurde im Zusammenhang mit dem Symbol des Baumes erwähnt, daß der Symbolgehalt des Kreuzes bis in die Steinzeit zurückverfolgt werden kann. Auf Felsmalereien erscheint das Kreuz vor allem in zweierlei Gestalt: einmal als Kreuz im Kreis – *das Radkreuz oder Sonnenrad* – und als *gleichschenkliges Kreuz*. In diesen Formen stellte der Mensch sich dar als verbunden und eingebettet in das Lebensprinzip selbst; erfuhr er Einheit und Ganzheit des Daseins[24].

In den beiden Urformen des Kreuzes liegt eine zweifache Bedeutung.

Das Kreuz – als Radkreuz das älteste Heilszeichen der Menschheit – ist Symbol des Alls und der Gottheit, die sich dem Menschen in der lebensspendenden Sonne am Himmel, im Lauf von Tag und Nacht und im Gang des Jahres mit seinen vier Sonnwendpunkten offenbarte. Der Mensch fand dafür das Sonnenrad-Symbol.

Das Kreuz ohne den hegenden Kreis weist deutlicher auf den Menschen selbst hin. Dazu Rosenberg: »Das Kreuz, das ist der in allen ihm zukommenden Dimensionen angespannte Mensch. Zahllos sind in den jungsteinzeitlichen Kulthöhlen die Kreuzzeichen, Repräsentationen des Menschen. Oft erscheinen sie in ganzen Scharen und in den verschiedensten Abwandlungen – entweder gänzlich abstrakt oder so, daß die Glieder des Menschen noch in etwa zu erkennen sind. Auch in einer so archaischen Schrift wie der chinesischen wird ›Mensch‹ zeichenhaft durch eine kreuzartige Figur dargestellt, wobei der untere Teil des Kreuzschaftes gespalten ist, die Beine des Menschen darstellend. Allerdings wurde in frühgeschichtlicher Zeit... der kreuzgestaltige Mensch mit geschlossenen Beinen dargestellt – Ausdruck dafür, daß er damals mental als stammesgebunden erfahren wurde. Auf diese Weise wird die noch vorindividuelle Grundbefindlichkeit des Menschen, seine Erstreckung nach allen vier Weltrichtungen, seine Universalität als Lebewesen, besonders deutlich. Erst im Laufe des Prozesses der Individuation lösten sich die in Kreuzform gebundenen Glieder.«[25]

Beide Sinndeutungen des Kreuzes beruhen auf elementaren menschlichen Ur-Erfahrungen:
– *im Runden*: das Eingebettetsein und die Einheit,
– *in den vier Schenkeln:* das Ausgerichtetsein in die Waagrechte und die Senkrechte,
– *im Schnittpunkt* der Kreuzung: der ruhende Pol.

Dadurch wird das Kreuz zum ältesten *Ganzheitssymbol* überhaupt. »Aus der Wurzel taum-m stammt das hebräische Wort tom = Ganzheit, und tamam = vollendet. Dies weist darauf hin, daß das vorchristliche Taw, das jüdische ›Kreuz‹, ...das Zeichen der Vollkommenheit und Ganzheit, was besagt: der Überwindung der Gegensätze von Licht und Finsternis, von Himmel und Hölle, von Leben und Tod, Haben oder Sein darstellt.«[26] Das christliche Kreuz übernimmt den Sinngehalt des jüdischen Heilszeichens, wird zum Symbol der Erlösung.

Als gleichschenkliges Urkreuz ist es, wie das spätere Yin-Yang, Symbol der *Ganzheit in ihren Gegensätzen:* Im waagrechten und senkrechten Balken erscheinen Horizontale und Vertikale, unten und oben, rechts und links. Die beiden Achsen mit ihren vier Polen repräsentieren in der Senkrechten die Gestalt, wie sie werden soll, und in der Waagrechten die raumzeitlichen Bedingungen, innerhalb deren dieses Werden sich vollzieht. Sie begegnen sich im Schnittpunkt, der Mitte, und kommen dort zur Ruhe.

Die Elemente des Kreuzes
in der Erfahrung des Menschen

Der Mensch erfährt sich in diesem *Spannungsfeld* der beiden einander entgegengesetzten Strebungen von Hin und Her, Auf und Ab. Im Ausdruck der *Kreuzungsmitte* liegt aber auch das tiefe Wissen um den ruhenden Pol der Mitte, in dem alle Bewegung zur Ruhe kommen kann. Die leibliche Gestalt findet diesen Ruhepunkt im Bauch-Becken-Raum, der Leibesmitte. Die dort aufsteigenden Wirbel heißen die Kreuzwirbel (lateinisch os sacrum = heiliges Bein). Die Aufrichtung des Menschen geschieht also gleichsam am »heiligen Ort«. Die intuitive Erfahrung, die in dieser Namensgebung liegt, wußte noch um die heilige und heilende Qualität der ruhenden Mitte, in der die Vielheit zur Einheit gelangt, die Gegensätze zusammenfallen. In der Bewegung und Ruhelosigkeit des Lebens bleibt darum die Sehnsucht nach dem Aufgehoben-Sein, dem Ruhen in der Mitte immer wach[27].

Die Ausrichtung

In der Betrachtung des Kreuzes läßt sich erkennen, daß es korrespondiert sowohl mit dem chinesischen Yin-Yang als auch mit dem aus der Hirnphysiologie abgeleiteten Links-rechts-Modell. Senkrechte (Vertikale) und Waagrechte (Horizontale) des Kreuzes sind einander zugeordnete Bewegungen von unten nach oben, von links nach rechts. Diese Bewegung zielt in den Raum, strukturiert ihn, schafft eine Raumordnung; es entsteht die *Kategorie des Raumes.*

Diese Bewegung ist gleichzeitig jedoch immer auch in ihrer Umkehrung vorhanden: unten – oben, oben – unten. In dieser Kombination von sowohl konstanter als auch wechselnder Ausrichtung liegt Fließen, Dynamik, die *Kategorie der Zeit.* Beide – sowohl Raum wie Zeit – werden uns noch zu beschäftigen haben. *Die Senkrechte* verkörpert das Aktive, Strebende, Zielgerichtete, *die Waagrechte* das Passive, Ruhende, Umfangende.

☐ *Die Horizontale,* Symbol für die hingelagerte Erde, ist die Ebene, auf die der Mensch in diese Welt gestellt wird, auf der er im Bereich der personalen (Ich) wie der sozialen (Du, Wir)

121

Beziehungsfelder sein Leben gestaltet. Sie verbindet die individuelle Seinsordnung mit der kollektiven, die rechte Seite mit der linken – die personale mit der sozialen Ausrichtung. Gleichzeitig begrenzt sie die ober- und unterhalb des Horizontes liegenden Teile der Welt: Geist oben – Materie unten.

☐ *Die Vertikale* teilt die waagrechte Ebene in rechts und links *und verbindet* unten und oben. Im Streben nach oben wird das Aufwärtsstreben des menschlichen Geistes gesehen.

Damit der Mensch sich nicht im Unwirklich-Geistigen verliert, den natürlich-erdhaften Bezugspunkt nicht vergißt, ist die Bewegung nach oben aufgehalten in der Waagrechten, der Ebene der Realitätsbewältigung. Darin liegt zugleich die Umkehrung in die Gegenrichtung von oben nach unten, die Einwirkung des Geistes auf die Realität. Nur im Ausgleich kann die Vertikale gelebt, die Gestalt entwickelt werden im Wechselspiel des ökologischen (unten) und des spirituellen (oben) Gleichgewichts.

Oben und unten korrespondieren aber auch jeweils mit rechts und links. So ergibt sich folgende Zuordnung:

☐ *Die linke Seite* ist yin-haft weiblich, steht für Passivität, Emotionalität, Kreativität und Weisheit (Vernunft); im Bereich der Spannung entspricht sie der Entspannung und Lösung. Sie korrespondiert mit

– *dem unteren Pol*, dem natürlichen Erdreich, sowie dem mütterlichen Prinzip: empfangend, nährend, yin-haft seelisch. Hier ist die Welt des Unbewußten, der Schatten, der Triebe und Instinkte.

☐ *Die rechte Seite* ist yang-haft männlich und steht für Aktivität, Rationalität, Intellekt und Wissen (Verstand); im Bereich der Spannung entspricht sie der Anspannung oder Überspannung. Sie korrespondiert mit

– *dem oberen Pol*, dem übernatürlichen Bereich, dem Ort des Himmels und des Geistes, der dem väterlichen Prinzip entspricht: herrschend, befruchtend. Er ist yang-haft geistig und die Welt der Bewußtheit und der Ratio.

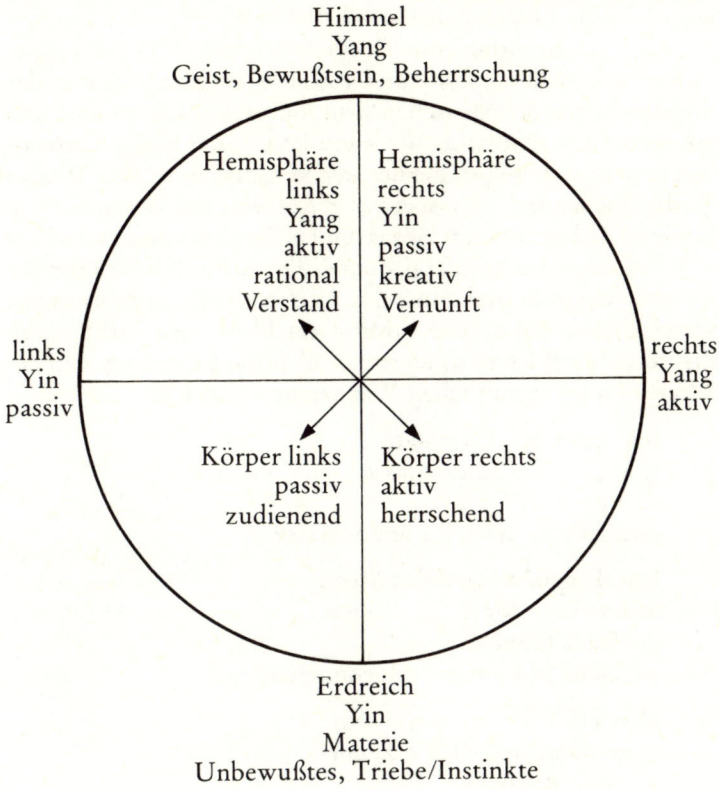

Himmel
Yang
Geist, Bewußtsein, Beherrschung

Hemisphäre links
Yang
aktiv
rational
Verstand

Hemisphäre rechts
Yin
passiv
kreativ
Vernunft

links
Yin
passiv

rechts
Yang
aktiv

Körper links
passiv
zudienend

Körper rechts
aktiv
herrschend

Erdreich
Yin
Materie
Unbewußtes, Triebe/Instinkte

Der Schnittpunkt – die Mitte

In Entsprechung zu den Strebungen der Kreuzbalken nach außen (Expansion) und zurück nach innen (Konzentration) hat C. G. Jung zwei Grundstrebungen menschlichen Lebens unterschieden: *die Extraversion* und die *Introversion*.

Der Schnittpunkt des Kreuzes birgt die heilende Zentrierung, die heilige Mitte des Mandala (s. S. 55), in die der Mensch durch die Gegensätze hindurch zurückgeführt werden soll und von der wiederum er dann ausgehen kann.

Das Ziel der geglückten Individuation (C. G. Jung), die *Mitte,* wird das Selbst (Jung), das Wesen (Dürckheim), der Kern (Hippius) oder die Personmitte genannt, im spirituellen Sprachgebrauch der »innere Christus« (Paulus) oder »das Seelenfünklein« (Meister Eckhart). Auf dieser Ebene wird das transzendente Selbst als ein Strahl des Göttlichen erkannt. Die Mystiker »wissen«, daß dieses Selbst im Grunde Gott selber ist, Gott, der mit den Augen des Menschen sieht, mit seinen Ohren hört und mit seiner Zunge spricht. Wie sonst könnte der heilige Clemens sagen, wer sich selbst kenne, kenne Gott; oder wie Meister Eckhart behauptet: »Es ist etwas in der Seele, das ist mit Gott so versippt, daß es mit Gott eins ist und nicht bloß vereint.« Es liegt in ihr die eigentliche Energiequelle, die innere Kraft, zu der der Mensch hinstrebt und von der aus er sein vielgestaltiges Leben verwirklichen kann. Diese Mitte erschließt sich nicht durch theoretisches Wissen, sondern nur über die Erfahrung, von der Silesius im Cherubinischen Wandersmann spricht:

> Ich selbst bin Ewigkeit,
> wenn ich die Zeit verlasse
> und mich in Gott
> und Gott in mich zusammenfasse.

> Das Tröpflein wird das Meer,
> wenn es ins Meer gekommen,
> die Seele Gott,
> wenn sie in Gott ist aufgenommen.

> Mensch, willst du weise sein,
> willst Gott und dich erkennen,
> so mußt du zuvor
> die äußere Weltbegier verbrennen.

Der Mensch als Kreuzgestalt

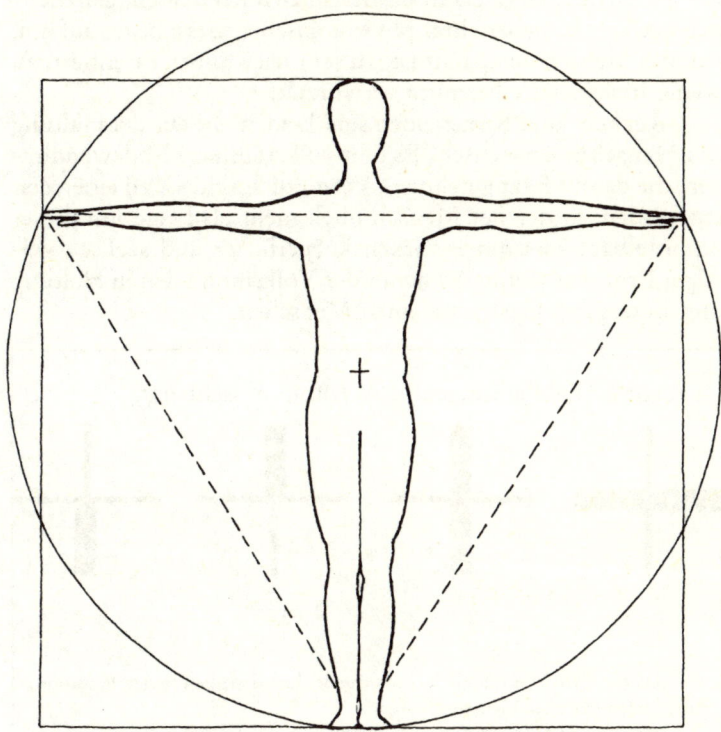

Die physische Kreuzgestalt

Sie ist schon im Skelett des Menschen angelegt und sogar in doppelter Form. Das »*untere Kreuz*« wird im Schnittpunkt von Wirbelsäule und Becken gebildet, das »*obere Kreuz*« im Nakkenbereich, dem Schnittpunkt von Schultergürtel und Brust-Hals-Wirbeln. In der Verbindung von oberem und unterem Kreuz durch die Wirbelsäule ist der Mensch aufgerichtet, steht und bewegt er sich aufrecht in der Welt.

Dem modernen Menschen fällt es schwer, sich in seiner Leibgestalt zu fühlen und zu erfahren. Er *denkt* an seinen Körper als etwas, das zwar zu ihm gehört, aber nicht Teil seines Ich ist, es sei denn, daß Schmerzen auftreten. Typisch für die Wahrnehmung des unteren Kreuzes sind Kreuzschmerzen.

Das untere Kreuz steht in Verbindung mit der Wurzelkraft des Menschen. Schmerzen in diesem Bereich deuten, ganzheitlich betrachtet, neben ihrer physiologischen Ursache darauf hin, daß der Mensch verspannt ist, zu sehr nach außen orientiert, zu wenig in seiner Leibesmitte verwurzelt.

Rücken- und Kreuzleiden sind Leiden, die aus der Haltung des Menschen erwachsen. Es gibt volkstümliche Redewendungen, die darauf Bezug nehmen. Vermutlich sind sie zu einer Zeit entstanden, in der der Mensch noch mehr als heute um dieses unmittelbare Zusammenwirken körperlicher und seelisch-geistiger Prozesse wußte. So nennt der Volksmund den in Haltung und Bewegung Gestörten einen Menschen

Tabelle 3: Fehlhaltungen nach Alfons Rosenberg[28]

1   2   3   4

1   positiv: Erdverbundenheit, Fürsorgedenken, Beruhen in der Tradition, Empfinden für alles Gemeinschaftliche
negativ: Verfallensein an das Dingliche, Überbetonung des bloßen Soseins und der biologischen Bedingtheiten

2   positiv: intensives Streben über alles Bedingende hinaus, ideenhaftes Verständnis des Daseins, schöpferische Unruhe
negativ: Entsinnlichung des Denkens, unrealistische Begeisterung, Flucht aus irdischen Bindungen zugunsten »reiner Geistigkeit«

3   positiv: höchste, leibfreie Geistigkeit und vorstellungslose Gotteserfahrung, mathematisches Verständnis des Lebens
negativ: Verlust der Erdbindungen, abgespaltener Intellekt, das Religiöse abstrakt, Mangel an Nächstenliebe

4   positiv: zweckgebundene, »vernünftige«, auf praktisches Tun gerichtete Geistigkeit
negativ: infolge geistiger Zweckgebundenheit Neigung zur Ideologie, Depression, Überschätzung des Herkömmlichen

- ohne Rückgrat
- mit gebrochenem Rückgrat
- mit gebrochenem Kreuz
- der gebeugt oder unbeugsam durchs Leben geht
- der keinen Standpunkt hat und deshalb behindert ist im Stehen wie im Ver-stehen.

Das obere Kreuz ist im Gegensatz zum unteren, das durch seine Starrheit und Festigkeit gekennzeichnet ist, äußerst beweglich. Die anatomisch-physiologisch bedingte Beweglichkeit des Schultergürtels macht das Zugreifen, das »Ergreifen der Welt«, möglich. Analog dazu liegt der symbolische Bezug des oberen

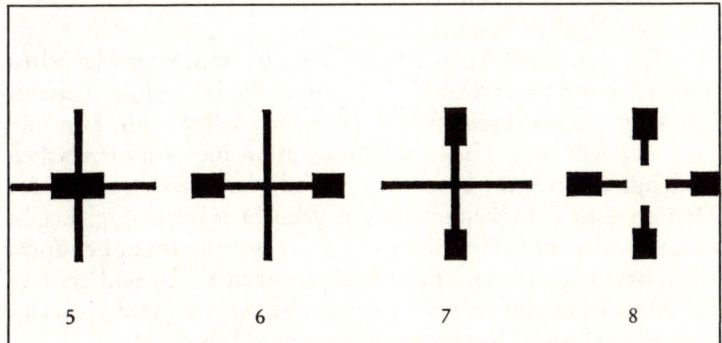

5   6   7   8

5   positiv: Konzentration auf die Aufgabe unter Verzicht auf Gemeinschaft und soziale Bindung
negativ: Selbstsucht, das irdische Ich anstelle des ewigen, Kontakt- und Gefühllosigkeit

6   positiv: äußerste Hingabe an die Gemeinschaft, die als einzige Realität empfunden wird
negativ: Übergewicht der Außenwelt und der Verhältnisse, Diktat der Sozialideologien und der Sozialtheologie

7   positiv: Erfahrung der Polarität des Daseins, äußerste Spannung der Gegensätze, dualistische Weltanschauung
negativ: Spaltung von Trieb- und Geistsphäre, zwanghaft triebhaft und religiös, Unvereinbarkeit beider Sphären

8   positiv: leere Mitte, Gotterfahrung ohne Gestalt und Voraussetzung, Kontakt nach allen Seiten
negativ: Verlust der Mitte, Zerfall der Persönlichkeit, Gegensätze sind unvereinbar, alles ist anempfindbar, jedoch ohne Verpflichtung, Selbstlosigkeit aus Schwäche

Kreuzes im geistig-gedanklichen Bereich, in der Freiheit der Entscheidung und der Hinwendung zum Du, in seinen Fähigkeiten zum gestaltenden Eingreifen.

Körperliche Fehlhaltungen finden ihren sprachlichen Ausdruck in Wendungen wie:
- den Kopf zu hoch getragen
- zuviel am Hals haben (oder auf den Hals geladen bekommen)
- hartnäckig oder halsstarrig sein.

Das kann dann
- den Hals kosten
- das Genick brechen
- den Nacken beugen.

Die Aus- und Aufrichtung im Kreuz wird vom Menschen immer wieder unterschiedlich erfahren. Sie ist Teil des Lebens, lebendig und wechselhaft wie das Leben selbst – ein Hin und Her, ein Auf und Ab. In der Integration dieses dynamischen Gleichgewichtes, im bewußten Setzen von Akzenten lebt der Mensch seine Fähigkeiten und verwirklicht er Begabung. So gibt es eine positive und eine negative Beharrung: ob sie zur Fehlform wird, hängt von der geistigen Beweglichkeit ab. Rosenberg faßt die Abweichungen von der ausgeglichenen Auf- und Ausrichtung in grafischen Symbolen zusammen (Tabelle 3).

Die geistige Kreuzgestalt

Auch die geistige Gestalt wirkt sich in zweierlei Weise aus: nach *innen* in die leibliche Gestalt hinein – der Mensch *ist* Leib – und nach außen in die Art des Lebensvollzuges – der Mensch *hat* teil an der Welt.

☐ *Bezüge nach innen*

Der Mensch ist auf eine personale Mitte hin angelegt

Diese Mitte, das Selbst, kann, in Anlehnung an die humanistische Psychologie, als der Ursprung aller Ziele angesehen werden, die der einzelne sich setzt. So nennt zum Beispiel Maslow in seiner »Bedürfnishierarchie« die Selbstaktualisierung (Selbstverwirklichung) den höchsten erreichbaren Wert des menschlichen Seins: »Der Mensch zeigt in *seinem eigenen Wesen* einen Drang in Richtung auf das immer vollere Sein, auf die immer ganzheitlichere Verwirklichung seiner Menschlichkeit, etwa so, wie man von einer Eichel sagen kann, sie dränge darauf, eine Eiche zu werden.«[29] Der Mensch trägt in sich ein Inbild dessen, was er werden soll, das heißt seine eigenen, noch ungeformten Möglichkeiten, die auf Entfaltung drängen.

In seiner personalen Mitte findet der Mensch auch seinen tieferen religiösen Grund. Im Gehen eines inneren Weges erfährt er, daß er das nur menschliche Sein übersteigen (transzendieren) und an einem tieferen Innesein teilhaben kann. Maslow überhöht in seinen späten Jahren die Selbstverwirklichung und spricht von der *Selbsttranszendenz* menschlichen Werdens. Hier liegt der Übergang zum Glauben und zur Gnade, der nicht beschrieben, sondern nur erlebt werden kann.

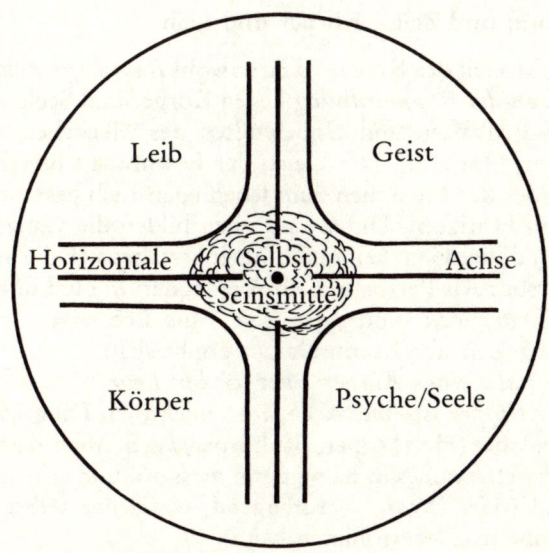

Der Mensch ist in seiner Gestalt Einheit und Ganzheit

Der Mensch bildet in seiner Gestalt eine Einheit, in der Leib, Seele und Geist nicht voneinander zu trennen, also unteilbar sind (lateinisch Individuum = das Unteilbare). Die Anwendung dieses Wortes auf den einzelnen Menschen hebt hervor, daß er als Ganzes, als spezifisches Einzelwesen und als Person, den vielen, dem Kollektiv, gegenübersteht.

Als individuelle Einheit von Leib – Seele – Geist ist der Mensch auch eine Einheit in seinem Handeln, Fühlen und Denken. »Ist der Mensch geistig tätig, so ruft das auch Gefühle hervor und bringt körperliche Prozesse in Gang«[30], wie umgekehrt jede körperliche Beanspruchung Gefühle und Gedanken in Bewegung setzt. Das Gleichgewicht dieser Funktionen wird aufrechterhalten durch ein dem Menschen innewohnendes Selbststeuerungssystem. Bleibt der Organismus durch einseitige Beharrung oder durch Fehlsteuerung in einem Ungleichgewicht und kann dies nicht durch die Selbstregulierung behoben werden, entfällt also der natürliche Ausgleich von Gleich- und Ungleichgewicht, so ist die Einheit und Ganzheit gestört, der Mensch wird krank.

Raum und Zeit – Körper und Leib

Im Modell des Kreuzes sind sowohl *Raum wie Zeit* eingebunden. *In der Raumordnung* liegen Körper und Seele als zum Stofflich-Erdhaften und Unbewußten des Menschen gehörig *unter* dem Horizont. Der Geist, der Bewußtheit bewirkt und den Körper des Menschen zum lebendigen Leib gestaltet, liegt *über* dem Horizont. Unten und oben bilden die Ganzheit im Raum. In dieser Ganzheit und Einheit gestaltet sich die menschliche Person: Als Person bin ich Werdender im Fluß und in der Dynamik *der Zeit,* und diese Zeit – die Lebenszeit – ist die eigentliche Zeit überhaupt. Daraus ergibt sich:
Ich habe einen Körper, aber ich bin Leib.
Der Körper ist eine Sache, ein Objekt, ein Ding wie jeder andere Körper (Heizkörper, Baukörper) auch. Mein Körper hat Gewicht (ich kann es in Kilogramm messen), und er ist luftverdrängend (oder Wasser verdrängend, was jeder selbst in der Badewanne nachkontrollieren kann).
Der Leib ist der beseelte, vergeistigte Körper. Dürckheim sagt: »Fasse ich einen Körper an, so fasse ich einen Menschen an.« Und er unterscheidet: »Der Körper, den man hat, ist ein Instrument, mit dem man in der Welt bestehen, sich durchsetzen und etwas leisten muß. Dann wird er trainiert und behandelt wie ein Apparat, der in Ordnung, haltbar, elastisch und gut geölt sein muß, um leistungsstark und reibungslos zu funktionieren. Wo der Leib gesehen wird, meint man den ganzen Menschen als

Person in der Weise, in der er sich nicht nur erlebt, sondern darlebt, das heißt dann auch dar-leibt.«[31]

Wenn wir den Leib meinen, können wir nicht mehr vom Magen sprechen, von der Gallenblase oder gar von einer Diagnose. Das wäre bloße Körperlichkeit, eine Sache. In der Leiblichkeit aber meinen wir den Menschen, die Person. Ganzheitliches Denken muß beidem gerecht werden, denn sowohl der *Körper* wie der *Leib* dienen dem *Leben*. *Wir haben einen Körper* heißt, daß sich dieser Körper aufbaut aus organischen Grundbausteinen wie Zellen und Organen. Er untersteht den biologischen und physikalischen Gesetzen.

Einen Körper *haben* heißt auch *Leib im Raum sein* – Raumkörper. Unser Körper ist die Art und Weise, wie wir in der Welt anwesend sind; wir nehmen Raum ein und gestalten gleichzeitig den Raum mit. Als Körper können wir einen Standpunkt einnehmen, sind selbst ein Ortungspunkt im Raum. Von hier aus bewegen wir uns und treten wir in Beziehung zu andern Körpern im Raum wie zum Raum selbst.

Wir sind Leib ist aber noch mehr als das. Zwar können wir dem Irrtum verfallen, als hätten wir diesen Leib, aber letztlich existiert die menschliche Person nicht als Körper, sondern als Leib. Leibliche Existenz heißt: *Wir sind Leib in der Zeit*, wir sind Werdende und Seiende im Kontinuum von Geburt und Tod. Der Leib erzählt die Geschichte (Biographie) des Menschen, er zeigt an, daß ich nicht eine Geschichte habe, sondern *daß ich diese Geschichte bin*. Meine Haltung, meine Bewegung, mein Ausdruck – jede Falte, jede Narbe und jedes ausgefallene Haar – sind Zeugen meines Gewordenseins: Ich bin Säugling, Kind, Jugendlicher, Erwachsener, Betagter, Sterbender. Immer bin ich einverleibte Geschichte. Ich bin immer Ich, aber Wachsen und Werden, meine Lebenszeit sind im Körper sichtbar: Als Leib in der Zeit *bin ich der beste Zeitmesser*. Als Leib *bin ich* Ausdruck der gelebten Zeit. Darum sind wir auch *Leib als Leben*. Wir sind kein toter, sondern ein lebendiger Körper und als solcher Teil des Lebens überhaupt. Wir sind eingebettet in die Welt und in das Systembild des Lebens (Capra), sind Teil des Weltleibes (des Universums) oder, wie Paulus es ausdrückt, Teil des mystischen Leibes: »Keiner von uns lebt für sich selbst, genauso stirbt auch keiner für sich selbst« (Römer 14,7). Und »obwohl der Leib aus vielen Teilen besteht, ist er doch einer ... und so kann das Auge nicht zur Hand sagen, ich brauche dich nicht...« (1. Korinther 12, 12–21). »Wir sind ein Leib« heißt, wir sind Lebensgenossen, und wir sind es in der Leiblichkeit unserer Körper, weshalb wir ebensogut von zwischenleiblicher wie von zwischenmenschlicher Beziehung sprechen könnten. Vor diesem Hintergrund – und nur von hier – kann die Ursehnsucht und das Suchen des Menschen nach All-Einheit oder dem »Einssein mit Gott« verstanden werden, wie es in allen Religionen zu beobachten ist.

☐ *Bezüge nach außen*

Die waagrechte Achse

Auf der waagrechten Achse – der Ich-Du-Achse der menschlichen Beziehungsmöglichkeiten – steht der Mensch als *Individuum* immer dem *Kollektiv* gegenüber. In diesem Beziehungsfeld geht er aktiv auf die Umwelt zu, wirkt mit an ihrer Gestaltung, hier ist er Wirkender, hat die Freiheit zu agieren. Ebenso antwortet er auf seine Umwelt, er reagiert, ist ein Bewirkter, ein Werdender. In diesen wechselseitigen Beziehungen liegt zugleich das Maß der Verantwortlichkeit, durch das sein Werden wie sein Handeln in der Welt geprägt sind. Als *Werdender* gestaltet er sein Ich, als das er sich nach außen darstellt, seine Rolle lebt. C. G. Jung spricht hier von »Persona« (lateinisch die Maske), der Persönlichkeit, als die wir der Welt begegnen. Darüber hinaus aber, ausgerichtet auf Wachsen und Reifen, findet auf dieser Ebene der Prozeß echter Selbst-Werdung statt, der Mensch *wird Person* (lateinisch personare = hindurchtönen), durch die hindurch sein eigentliches Wesen in der Welt offenbar werden kann[32]. Erst beide zusammen bilden das ganze Ich.

Ausgerichtet auf den Gegenpol, das Du und das Kollektiv, ist der Mensch ein *Handelnder*. Hier treffen sich die personale und die soziale Komponente, geschieht Begegnung und ist Beziehung zu leben, in der der Mensch sich selbst wie den andern als Persönlichkeit zu akzeptieren hat[33]. Auf dieser Ebene der Beziehungsfähigkeit – ausgestreckt zwischen Werden und Handeln – steht der Mensch in ständiger Wechselwirkung mit anderen, deren Gleichgewicht nur durch bewußte Steuerung aufrechterhalten werden kann, durch die Balance zwischen
– Abhängigkeit und Unabhängigkeit
– Rückzug und Aufeinander-Zugehen

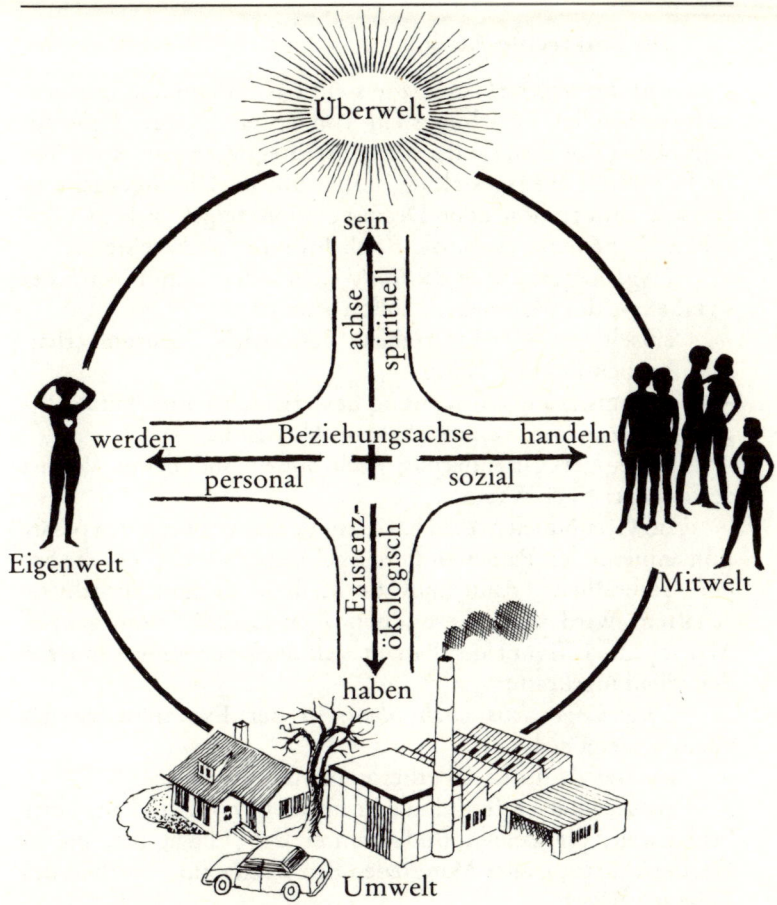

Überwelt

sein

spirituell
achse

werden   Beziehungsachse   handeln

personal   sozial

Eigenwelt

Existenz-
ökologisch

haben

Mitwelt

Umwelt

– Abgrenzen und Sich-Öffnen
– Reagieren und Agieren.

Damit sind Qualitäten und Verhaltensweisen angesprochen, die in einem Beruf zu bewältigen sind, der seinem Wesen gemäß ein auf Beziehung ausgerichteter Beruf ist. Es ist aber auch angesprochen, wie sehr Beruf *und* menschliche Werte zusammenfallen und wie sehr heilendes Berufsverhalten steht und fällt mit der Fähigkeit des einzelnen (oder der Berufsgruppe), diese Kontaktgrenze zwischen Individuum und Mitwelt in ihren Wechselwirkungen zu erkennen und sie durch verantwortliches Reagieren und Handeln zu steuern.

Die senkrechte Achse

Auf der senkrechten Achse steht das Individuum in einem entsprechenden Beziehungsfeld von unten (Natur, Umwelt) und oben (Kosmos, Gott), das es zu integrieren gilt. Auch hier ist bewußte Lebensgestaltung nötig, um im Gleichgewicht zu bleiben. Integration oder Desintegration zeigen sich in typischen Verhaltensweisen, die Erich Fromm[34] so beschreibt:

Ungleichgewicht in Richtung nach unten, zum Bereich des »Habens«, des Materiellen, äußert sich in

– einseitigem Gewinnstreben, Besitztrieb, Konsumverhalten, Ausbeutung der Natur,

– Technisierung, Abwertung des Handelns vom ganzheitlichen Vollzug zum veräußerlichten Aktivismus,

– einseitiger Orientierung nach außen und damit Verlust seelisch-geistiger Werte.

Im Gesundheitswesen hat diese Verhaltensweise den passiv konsumierenden Patienten hervorgebracht: Verliert er »die Sache Gesundheit«, dann muß die Medizin sie ihm zurückverschaffen. Wird seine Gesundheit aber losgelöst vom ganzen Menschen, so trennt der Patient sich auch von seinen inneren Selbstheilungskräften.

Ungleichgewicht nach oben, in der Existenzweise des »Seins«, zeigt sich

– als Defizit durch Überbetonung des »Habens«,

– als Realitätsentfremdung in einseitiger Geistigkeit, einer Scheinwelt, die keinen Boden unter den Füßen hat, die in Geringschätzung alles Materiellen den Bezug zur Ganzheit des Lebens verliert.

Wir begegnen dieser negativ gelebten Seinsweise in Form aller Flucht- und Aussteigertendenzen, die in Suchtproblemen wie Alkoholismus und Drogenwelle zutage treten.

Die Beziehungen nach oben und nach unten, die die personale Ebene übersteigen (spirituell-ökologische Ebene), sind im Gleichgewicht, wenn die Wechselwirkungen zwischen

– natürlich-erdhaften und kosmisch-geistigen,

– menschlich-irdischen und göttlich-überweltlichen,

– personalen und transpersonalen

Bezügen wahrgenommen und ausgleichend gestaltet werden.

Integration – der Mensch als Einheit von Individuum und Welt

Die *Ganzheit* des Menschen ist Einheit seiner selbst in seinen personalen und transpersonalen Beziehungsfeldern. Im lebendigen Austausch seiner individuellen Gestalt mit seinen gesellschaftlichen und transpersonalen Bedingungen knüpft sich ein über-raumzeitliches Netzwerk gegenseitigen Bewirkens und Bewirktwerdens. In dieser Wechselwirkung entsteht das eigentliche System der Ganzheit, die Einheit von Mensch, Welt und Gott. Leben in dieser Ganzheitlichkeit heißt: Kontakte haben auf der *personal-sozialen Ebene* (zu uns selbst und der Mitwelt) wie auf der *ökologisch-spirituellen* (zu Natur, Materie und Umwelt *und* zu Kosmos, Geist und Gott). Es verlangt, daß diese Kontakte auf allen Ebenen gepflegt werden, daß sie einander durchdringen und ergänzen und daß Kontaktbarrieren, wo sie entstehen, auch wieder abgebaut werden.

– *Kontakt zu uns selbst* heißt: in bewußter Beziehung stehen zur eigenen Leiblichkeit, der gesamten Befindlichkeit im Körper wie den Gefühlen, zu Bedürfnissen und Wünschen, die nicht zugunsten »selbstloser« Hinwendung zu anderen vernachlässigt werden dürfen, wie es in den sozial-orientierten Berufen lange selbstverständlich war. Die beiden Teile des Satzes »Liebe deinen Nächsten wie dich selbst« haben gleiches Gewicht, bedingen sich gegenseitig.

– *Kontakt zur Mitwelt (Mitmenschen)* fordert vom Menschen Kopf, Herz und Hand (Pestalozzi). Er geschieht auf drei Ebenen, der kognitiven (Kopf), der emotionalen (Herz) und der agierenden (Handeln). Diese Kontakte werden einseitig oder schwierig, wenn eine der drei Ebenen nicht oder nicht genügend zum Tragen kommt.

Übertragen auf die Frage nach der funktionalen oder patientenorientierten Krankenpflege heißt dies: Einseitiger Akzent auf dem zweckgerichteten Handeln unter Vernachlässigung der emotionalen Ebene verfehlt den Patienten als ganzheitlich zu sehendes Lebewesen – aber ich verfehle dabei auch mich selbst.

– *Kontakt zur Umwelt (Natur, Objektwelt)* bedarf einer einzuübenden Qualität beziehungshaften Lebens, die auch im Ding das Du zu entdecken vermag und ihm Sorgfalt und

Behutsamkeit angedeihen läßt (z. B. Umweltschutz, sachgerechtes Umgehen mit Dingen und Apparaturen).

– *Kontakt zum Ganz-Anderen (Geist, Überweltliches, Gott)* berührt die spirituell-meditative Ebene, die gepflegt wird in Gebet und Kontemplation. Die Voraussetzung für eine tragende überpersönliche (transzendente) Beziehung liegt in ihrem Wechselspiel mit den drei anderen Bereichen: des Umgangs mit uns selbst (subjektiv interne Beziehung), mit den Mitmenschen (subjektiv externe Beziehung) und mit der Umwelt (objektive Beziehung). In der Integration aller vier Bereiche kommt die Ganzheit des Menschen zum Ausdruck und zum Wirken.

Bedeutung für Gesundheit und Krankheit

Gesundheit und Krankheit

Auf dem Hintergrund der Ausrichtung des Menschen nach innen und außen wollen wir nun den Gesundheitsbegriff betrachten:

– *Nach innen,* auf seinem Weg zur Mitte, ist der Mensch immer ein Gesundender, steht er in einem nie endenden Wachstum. Wachstumsprozesse lösen immer auch Störungen aus. Sie können vorübergehend blockiert sein oder unkontrolliert wuchern. Wachstum gehört zum Menschen, und der Schmerz, der dabei erfahren wird, darf nicht als Krankheit angesehen werden.

Als Leib-Seele-Geist-Einheit ist der Mensch gleichzeitig eine Ganzheit, die immer nur »als Ganzes« gesund oder krank sein kann. Die Unterteilung in physische und psychische Krankheit ist unhaltbar. Seelisch-geistige Gründe führen ebenso zu körperlichen Störungen, wie ein organisches Leiden die seelische Befindlichkeit beeinträchtigt. In der Betrachtung der Gesundheit muß deshalb eine über das Körperliche hinausgehende Sichtweise entwickelt werden.

– *Nach außen* steht der Mensch in einem Beziehungsraum, der immer auf seine Befindlichkeit einwirkt. Die außen erlebten Situationen tragen sowohl zur Krankheitsentstehung wie zur Krankheitsverhinderung bei. Gesundheit *und* Krankheit sind sowohl mit der individuellen, jetzt aktuellen Lebenssituation als auch mit vom Individuum nicht abhängigen Faktoren der Lebens- und Umweltverhältnisse (schwierige Familiensituation, Probleme am Arbeitsplatz, Umweltverschmutzung) verknüpft.

Im folgenden möchte ich auf Formen des Ungleichgewichts der vier Pole: Ich – Du – Umwelt – Gott eingehen und Anregungen geben zum Finden und Erhalten eines dynamischen Gleichgewichts.

Die vier Existenzweisen menschlicher Beziehung und deren Störung

Gesund ist der Mensch, wenn er mit
- sich selbst
- der Mitwelt
- der Umwelt
- dem Schöpfer/Gott

in Harmonie ist. In dieser Wechselwirkung geschieht Sinnfindung, Ausgleich der Kräfte, Fluß der Energien. Eine so verstandene Gesundheit entspricht eher einem Heil-Sein und kann auch außerhalb von körperlicher Funktionstüchtigkeit erreicht werden.

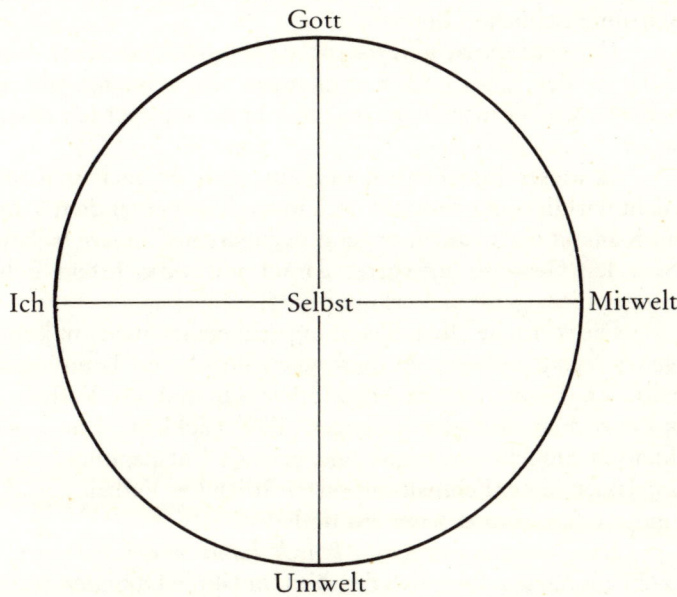

Wenn wir, um zum Modell des Kreuzes zurückzukehren, das Ungleichgewicht der vier Pole und ihre Störfaktoren genauer betrachten, können wir feststellen, wie allgegenwärtig – uns mehr oder weniger bewußt – solche Störmechanismen sind. Nicht ihr vorübergehendes Auftreten löst schon krankhafte Zustände aus, sondern erst ein Verharren in dem, was wir als »Fehlverhalten« oder »falsche Lebensweise« bezeichnen.

☐ *Am Ich-Pol*

finden wir zwei Fehlentwicklungen des Ich: das zu kleine oder »minderwertige« Ich und das aufgeblähte oder egozentrische (egoistische) Ich.

Der Mensch bedarf aber, um in dieser Welt ein sinnerfülltes Leben zu führen, einer *ihm und der Welt gemäßen Form.* Weder dem zu großen noch dem zu schwachen Ich ist diese gemäße Form möglich. Beide reiben sich an Kontaktgrenzen, die sie zwischen Ich und Du stellen, geraten in eine Scheinwelt und schließlich unter einen Leidensdruck an sich selbst, an der Welt und an Gott.

Die Störungen zeigen sich meist zuerst im sozialen, zwischenmenschlichen Bereich:

Der egozentrische (egoistische) Mensch kann echte Zuneigung weder geben noch empfangen. Zuwendung fällt ihm schwer, weil er nicht vom Magnetfeld des eigenen Ich absehen kann.

In dieser Ego-Zentrik begegnet er aber auch sich selbst nicht wirklich, der Kontakt nach innen leidet unter dem Mangel an Kontakt nach außen, er gerät in äußere und innere Isolation. Sein Ich-Gehäuse antwortet darauf mit vermehrtem Beharrungswillen, gerät in Verkrampfung.

Die seelische Über-Spannung geht einher auch mit körperlicher Verspanntheit, die besonders im oberen Kreuz zutage tritt, im Festhalten im Schulterbereich und im Verlust der körperlichen wie der geistigen Beweglichkeit. Ein solcher Mensch braucht physische und geistige Entspannung, um im Loslassen seiner Fehlhaltung ein natürlicheres Verhältnis zu sich und zu den Mitmenschen zu finden.

Der »minderwertige« Mensch kann sein schwaches Ich nicht abgrenzen, fühlt sich der Welt und ihren Unbilden preisgegeben und schwankt infolgedessen zwischen Anpassung und (defensiver oder aggressiver) Abwehr. Das Unterdrücken dieser Gefühle bereitet den Boden für eine oft versteckte, aber nicht minder wirksame Depression, die in der Fachsprache als »larvierte Depression« bezeichnet wird.

Häufig wirken diese Menschen abgekämpft und leblos, da sie vom Kompensieren ihrer belastenden oder negativ verstandenen Minderwertigkeitserlebnisse überfordert und gestreßt sind. Menschen mit dieser Anlage leben meist leichter im Kollektiv als allein, weil Eigenverantwortlichkeit ihnen besonders schwer fällt.

Sie ergreifen gern soziale Berufe, in denen sie Befriedigung finden, ohne sich ständig nach außen durchsetzen zu müssen. Doch da sie mehr als andere abhängig sind von Eindrücken von außen und den daraus resultierenden Gefühlen, verlieren sie leicht »den Boden unter den Füßen«, haben »kein Rückgrat«, können nicht »über den Dingen stehen« und ziehen den kürzeren gegenüber denjenigen, die es besser verstehen, ihre Wünsche durchzusetzen. Im tiefsten bleiben sie unerfüllt. Psychosomatische Störungen stellen sich ein, und die liegen, wie schon die Redensarten zeigen, meist im unteren Kreuz, im Mangel an Gleichgewicht durch fehlende Verwurzelung in sich selbst.

Auch in diesem Zusammenhang erinnere ich an die Sprache, die uns, wenn wir richtig hinhören, ebensoviel verrät wie der Körper. Wer nie gelernt hat, in der Ich-Form zu sprechen, oder es nicht wagt, sich selbst deutlich einzubringen, neigt dazu – und das läßt sich gerade an Krankenschwestern beobachten –, in der ungefährlicheren, undifferenzierteren, partizipierenden »Wir«-Form zu sprechen (siehe mythisch-intuitives Zeitalter): »Wir stehen jetzt auf.« – »Wir waschen uns jetzt.«

Der Mensch mit schwach entwickeltem Ich-Bewußtsein muß, will er in Ordnung kommen, sein Selbstbewußtsein neu entdecken und stärken. Auch hier geht das Üben sowohl über den Körper – zum Beispiel durch Hara-Übungen[35] – als auch über die seelisch-geistige Persönlichkeitsentwicklung. Die Gestaltarbeit[36] hat sich dabei als eine sehr hilfreiche Technik erwiesen.

Fortsetzung Seite 142

Das innere Wissen um die Kreuzgestalt

Bei der Arbeit mit einer jungen Frau, die in einer Krise nach neuer Sinnerfüllung suchte, tauchte in ihren Zeichnungen spontan das Kreuz als Bild für ihren eigenen Lebensprozeß auf. Die Auseinandersetzung mit diesen Bildern eröffnete ihr eine neue Sicht der Wirklichkeit. Sie sah sich nicht mehr nur als einzelnes Individuum, sondern *in großer Bewußtheit und Klarheit* gelangte sie zu einem Bild vom Menschen, das Raum ließ sowohl für ihr eigenes Selbst in seiner Zentrierung nach innen als auch für die Selbstverständlichkeit ihrer Ausrichtung in die Welt, in der sie lebt: verwurzelt nach unten, hingewendet zum Du und ausgestreckt in den kosmischen Bereich, in dem sie um Gott weiß. Im nachhinein kann sie die »Geschichte ihrer Seele« nicht nur lesen, sondern gewinnt daraus auch die Kraft zur Auseinandersetzung mit dem Hier und Jetzt, wodurch ihr eine neue Lebensqualität und Lebenskraft zuwächst:

1. Bild: Regression – Rückkehr in den Mutterschoß.
Dazu die Frau: »Gut abgeschirmt, eingemauert – da drin kann nichts passieren. Die Welt draußen ist hart, gewährt wenig Raum zum Leben, sie würde mich verletzen. Kein Mut zum Wagnis, übergroßes Verlangen nach Sicherheit.«

2. Bild: Die Schale wird gesprengt.
Das abwartende Ich in dieser Schale muß sich eines Tages hervorwagen. »Noch fühle ich mich wie eine Schnecke, zaghaft blickt sie nach draußen – und obwohl dort die Steine scheinbar weggeräumt sind, wagt sie das Heraustreten nicht – noch nicht.«

3. Bild: Erstes zaghaftes Wachsen setzt gleichzeitiges Erstarken der Wurzeln voraus.
Der Mensch im Bild dieser kleinen Pflanze bereitet sich im Innern auf das Hervortreten vor. Außen ist noch nichts zu erkennen; innen bahnt sich Wandlung an. »Die Sehnsucht nach der heilen Welt ist übergroß – eine Welt, in der nichts und niemand mich verletzen kann. Doch gibt es diese Welt? Kann ich mein Leben mit Warten verbringen? Oder im Anspruch: Ich komme schon heraus, wenn ihr da draußen mich ganz, ganz sicher nicht verletzt.«

4. Bild: Das Eingerolltsein und -bleiben schützt zwar, aber es birgt auch die Gefahr der Verkümmerung. Nur im Wagnis kann der Mensch wachsen und reifen.
So fragt sie mit der Schriftstellerin Luise Rinser: »Sicherheit? – Sicherheit gibt es nicht, es gibt nur das Vertrauen.« Und sie reflektiert weiter: »Statt mich einzukapseln, könnte ich es wagen. Ich könnte die bergenden Hüllen fallen lassen, ich könnte es versuchen, denn etwas in mir ist heil und unverletzlich. Der Quell meines Lebens, der *ist* geschützt von dem, der ihn gemacht hat und der um mein tiefstes Sein – meine Mitte – weiß.«
Mit diesem vierten Bild ist eine Phase ihres Prozesses abgeschlossen. Einige Zeit später bringt sie ein fünftes Bild (dieses und die folgenden drei sind eine Auswahl aus vielen fast identischen Wiederholungen). Der Sprung von einer Bildkomposition zur andern vollzieht sich jeweils plötzlich – wie ein Quantensprung –, darauf folgt *Beharrung* und darauf der nächste Sprung...

Sicherheit?
Sicherheit gibt es nicht.
Es gibt nur Vertrauen.   L. Binrer

5

6

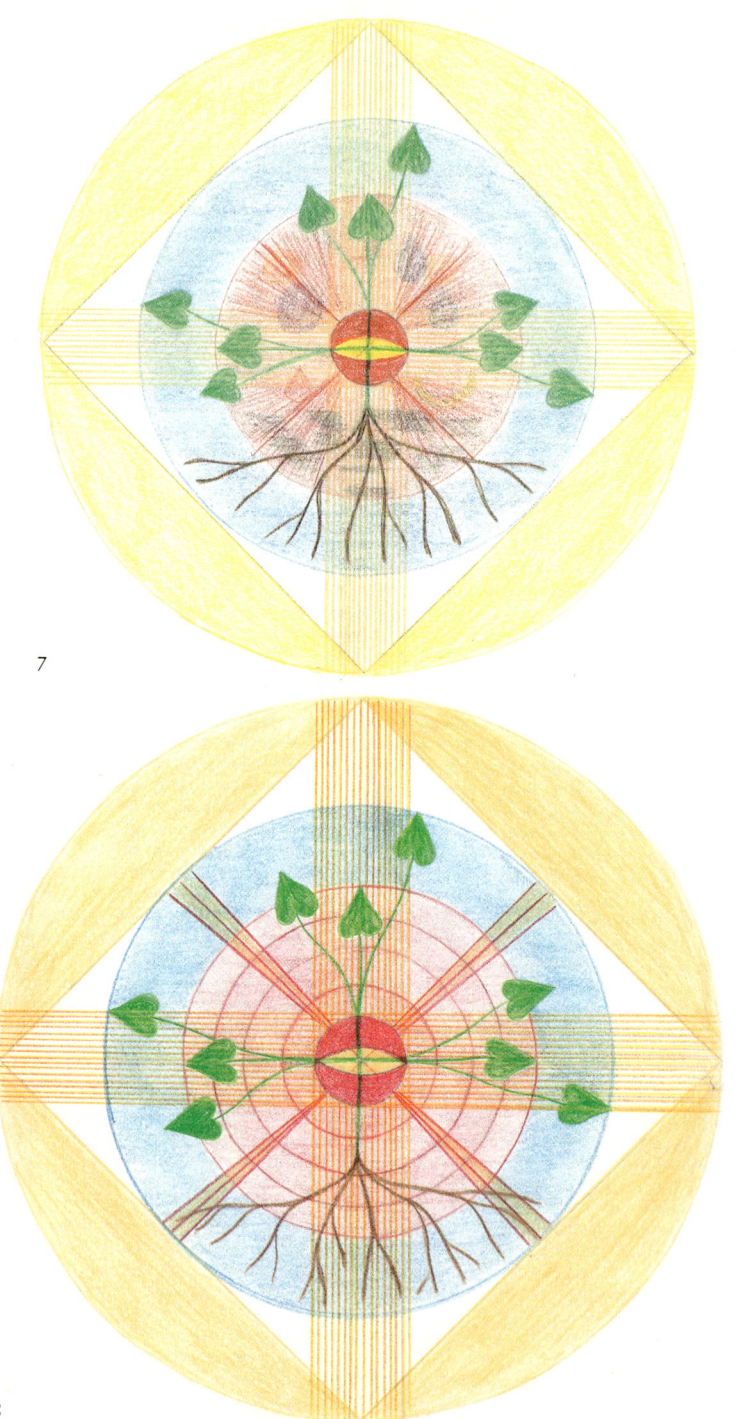

7

8

5. Bild: Die Mitte – die Zentrierung ist zum wichtigsten Bezugspunkt geworden.
Um diese Mitte entsteht – bereits sichtbar – im Bild des Kreuzes ein Versuch des
Sich-Dar-Lebens in der Welt, im Ja zum Hier und Jetzt: »Keine heile Welt, wohl
aber Steine im Acker, Raupen auf den Blüten, geknickte und gebrochene Blätter.
Es geht jetzt darum, behutsam damit umzugehen.«

*6. Bild: Aber da sind viele Steine, viele gebrochene Äste, abgefallene Blätter – ein
Chaos.*
Dieses Gefühl des Chaos ist in dieser Phase sehr stark. Viele »verfahrene
Beziehungen«, »verdrängte Schatten«, »ungelebtes Leben« tauchen auf und
müssen integriert werden. Es ist eine schwere und schwierige Zeit: »Die
Steine... die Verletzung... ich stoße mich immer neu... wie soll ich je damit
umgehen können... wie den Schmerz bewältigen... wie mich selbst bejahen –
so?«

*7. Bild: Die Integration ermöglicht ein Heilsein, aus dem eine neue Kraft
geschöpft werden kann.*
Es ist jetzt eine Zeit der inneren Sammlung, voll Harmonie und Friede. Die klare
Symbolik des Kreuzes spricht von der Vereinigung der Gegensätze, die Jung
auch als »Heilige Hochzeit« bezeichnet. So könnte dieses Bild symbolisch auch
für »Flitterwochen« stehen, die nicht dauern können. »Ja sagen – sterben lassen
und nicht mehr bestimmend sein – neues Leben auferstehen lassen – mich selber
annehmen als die, die ich geworden bin – Versöhnung... Annehmen – Leben!
Leben ist Ostern, ich selbst bin Ostern.«

8. Bild: Die Integration der Realität des Hier und Jetzt.
In diesem letzten Bild wird das »zu Heile« relativiert, indem ein schräggestelltes
Kreuz (das Andreas-Kreuz = das Kreuz des Menschen) in das Bild hineingestellt
wird.
　　Es bleibt die klare Ausrichtung in der *Senkrechten* nach unten (Verwurze-
lung, Erde) und nach oben (Gott in der dreifaltigen Seinsform). Es bleibt auch
die Ausgeglichenheit der zwei Pole links und rechts in der *Waagrechten*. Damit
steht das Ich ebenso klar in der Welt wie das Du und das Wir.
　　Die Mitte ist stark, sie kann die Kreuzung auffangen und befruchten.
　　In allen Facetten spricht dieses Bild von der wiedergefundenen und
wiederentdeckten Ganzheit. »Was heißt für mich Versöhnung, neues Leben,
Ostern?« fragt sie sich und kommt zum Schluß: »daß ich mich selbst annehmen
und lieben kann – mich mit meiner Vergangenheit aussöhne – mich nicht mehr
zurücknehme, sondern einbringe ins Leben – ganz, und das nun endlich ohne
Abstriche und Bedingungen.«
　　Damit stößt sie existentiell an den religiösen Grund ihrer Seele und beginnt
an sich zu erfahren, was Meister Eckhart meint, wenn er sagt:

> »...und einzig Gott selbst suchen und,
> ledig aller Bedingnisse,
> alles Außen wie alles Innen
> ungewollt in Gott,
> dem urväterlich einen Sein, finden.«

Das allein führt zur Heimkehr in die eigentliche Mitte.

☐ *Am Du-Pol*

ist der – an sich positive – Altruismus einzuordnen (lateinisch alter = der andere). Im Gegensatz zum Egoismus zielt er auf das Du. *Zu wenig Altruismus* geht in die Richtung des Egoismus. *Zu viel Altruismus* zeigt häufig die Symptomatik der Minderwertigkeit und deutet auf eine zuwenig geformte Persönlichkeit. Da ein Zuviel an Altruismus (oder Nächstenliebe) in unserem Berufsalltag eine gewisse Rolle spielt, möchte ich dieses Zuviel in seinen häufigeren Fehlformen skizzieren.

Ursache ist oft ein – meist unbewußt – auf den anderen verlagerter Machtanspruch, ein Beherrschen-Wollen, oder aber auch einfach unreflektierte Mütterlichkeit.

Beide Verhaltensformen
– halten den anderen Menschen (im Pflegealltag ist es der Patient) unnötig lange in Abhängigkeit,
– führen zu Überprotektion des »Bedürftigen«,
– bewirken ein Ungleichgewicht im Geben und Nehmen,
– überbewerten Probleme – auch Gesundheitsprobleme – und versuchen sie losgelöst vom Betroffenen *für ihn* zu lösen. Selbstheilungskräfte und Ressourcen werden wenig oder gar nicht herangezogen.

Diese Verhaltensweisen behindern ein verantwortliches, menschlich und wissenschaftlich fundiertes Berufsverhalten. Die eigenverantwortliche Aufarbeitung solcher Persönlichkeitsstörungen wirkt auch positiv zurück auf das Berufsverhalten.

☐ *Am Umwelt-Pol*

Erich Fromm charakterisiert die Industriegesellschaft als eine Welt, »in der Erwerben, Besitzen, Gewinnmachen die geheiligten und unveräußerlichen Rechte des Individuums sind«[37]. So entsteht eine fortschreitende Entfremdung vom Gegenpol (Sein) bei einseitiger Aufwertung der Ebene des Habens und Konsumierens (vgl. S. 134).

In diesem Zusammenhang möchte ich die berufsspezifische Problematik hervorheben:
– Gesundheit ist zum Konsumgut geworden, auf dessen Besitz man ein Recht hat.
– Krankheit wird als etwas Wesensfremdes erfahren, nicht als eine Störung, die primär innenorientiert (über Selbstheilungs-

kräfte und eigene Ressourcen) angegangen wird, sondern als etwas von außen Zufallendes, für das Chemie und Wissenschaft zuständig sind. Der Patient (Erleidender, Passiver) ist zum unmündigen Therapie- und Pflegeempfänger geworden.

– Unsere Arbeitsabläufe sind rational-funktional orientiert; kreative Berufsbewältigung tritt zurück hinter technisch verstandene Funktionspflege.

Die Lösung dieser Probleme bedarf großer Bewußtheit und der Bereitschaft und Fähigkeit zu einer *kreativen Berufsbewältigung*. Erich Fromm postuliert in seiner Vorstellung vom neuen Menschen in einer neuen Gesellschaftsstruktur die Förderung folgender Fähigkeiten:

– »die Bereitschaft, die Formen des Habens aufzugeben, um ganz zu *sein*,

– Sicherheit, Identitätserleben und Selbstvertrauen, basierend auf dem Glauben an das, was man *ist,* und auf dem Bedürfnis nach Bezogenheit, auf Interesse, Liebe und Solidarität mit der Umwelt, statt des Verlangens zu *haben,* zu besitzen und die Welt zu beherrschen und so zum Sklaven des eigenen Besitzes zu werden«[38].

Ökologisches Verhalten, das uns in Einklang mit der Umwelt bringt, setzt ökologische Schulung voraus, nämlich:

– *Schulung der Wahrnehmung,* mit dem Ziel einer größeren Bewußtheit und damit einer verantwortlicheren Lebensweise,

– *sachliche Information* (Wissen über die Zusammenhänge vom Leben und seinen Beziehungen zur Umwelt = Ökologie) und die entsprechende Beratung.

☐ *Am oberen Pol*

In der bloßen Umkehrung der Richtung – vom Haben zum Sein – werden die Probleme, die uns heute belasten, aber nicht schon gelöst. Wir können unserer industriell-materialistisch geprägten Gesellschaft nicht den Rücken kehren, um »alternativ« (lateinisch alter = anders) zu leben. Nicht im einfachen Absetzen aus der Realität wird die Alternative, die andere Wahl verwirklicht, sondern im Wachsen und in der Entwicklung zu einer neuen Lebensform.

Eine falsch verstandene Alternative in der Abkehr vom Haben bringt uns dem Sein nicht näher. Im Gegenteil führt uns

Flucht vor der Realität zu Haltlosigkeit und Auflösung, führt nur tiefer in die Gottferne. Drogensucht, Alkoholismus, Medikamentenabhängigkeit und Flucht in eine Scheinwelt (religiöser Fanatismus) sind nur weitere Schritte auf dem Weg zur Entkernung der Persönlichkeit. Nur durch das Bewußtmachen dieser Gefahren und in der Besinnung auf die Realität, die ihren Grund im Urvertrauen hat und sich zurückbindet an die Quelle des Seins, kann Hilfe kommen.

Zusammenfassung

Der Mensch muß sich wachsam den Zugang zu all seinen Beziehungsfeldern schaffen und erhalten, um ganz zu werden:
- zu sich selbst
- zum Du
- zur Welt, in der wir leben
- zum Kosmos und zu Gott.

Der Weg zur Ganzheit in der vierfachen Ausrichtung der Kreuzform ist ein Weg, der gegangen werden muß im Prozeß des Sich-Einlassens auf das Leben; und dieser Weg ist zugleich auch das Ziel.

Sei weit offen wie der Himmel,
und du bist auf dem Weg.
ZEN-WEISHEIT

Reflexionen und Meditationen

Impulse

Das von unseren gesellschaftlichen Bedingungen geprägte mechanistische Denken und Handeln genügt heute nicht mehr, um auch nur zu überleben. Wieviel weniger genügt es, dem auf sein Ganzwerden hin angelegten Menschen die Bedingungen zum Wachsen und Reifen zu schaffen. Die Zeitenwende, die sich anbahnt, muß uns führen:

— *weg* vom eingeschränkt materiellen
— *hin* zum ganzheitlichen Bewußtsein.

Ansätze zu neuem Denken, neuem Selbstverständnis sind wahrzunehmen. In die Verantwortlichkeit eines jeden von uns ist es gegeben, seine persönlichen, eigenen Schritte auf diesem Weg zu tun. Denn:

> Zwei Aufträge hat der Mensch:
> die Welt zu gestalten im Werk
> und aus dem Wesen zu reifen auf dem Weg.
> Kein Segen auf dem Werk ohne Reife –
> keine Reife ohne Bewährung im Werk.
>
> Karlfried Graf Dürckheim

Übung zur Kreuzgestalt

Die folgende Übung ist als Anregung gedacht, den eigenen Körper in seiner Kreuzgestalt wahrzunehmen und zu erleben. Diese Wahrnehmung ist Voraussetzung dafür, daß wir an uns selbst verstehen und begreifen, daß wir nicht nur einen Körper haben, sondern *Leib sind*. Die Erfahrung unserer leiblichen Kreuzgestalt kann uns darüber hinaus öffnen für all das, was in diesem Kapitel gesagt wurde einerseits über die Wechselwirkungen von innen und außen, andererseits über unsere Auf- und Ausrichtung über die Kreuzpunkte nach allen vier Polen.

Grundlage dieser Übung ist das richtige Sitzen oder Stehen (s. S. 112 ff.), womit auch die Erfahrung der Kreuzgestalt eingeleitet wird.

145

Übung – Erfahrung der Kreuzgestalt

Die Übung kann im Sitzen oder Stehen gemacht werden. Der folgende Vorschlag geht aus vom Üben im Stehen.

Anleitung   Allgemeine Voraussetzungen s. S. 70

– Stehen Sie so, daß Ihre Füße parallel in Hüftbreite fest auf dem Boden stehen. Die Knie sind nicht durchgedrückt. Die Wirbelsäule ist locker aufgerichtet, der Scheitel nach oben gewandt, als würde er von einem Faden an die Decke gezogen. Sammeln Sie sich – schließen Sie die Augen – stellen Sie sich ganz darauf ein, daß Sie *hier* sind – *jetzt* – in diesem Augenblick hier anwesend sind.

– Konzentrieren Sie sich nun auf Ihre Füße – achten Sie darauf, daß Sie mit allen vier Außenkanten und den ganzen Fußsohlen den Boden berühren, und nehmen Sie bewußten Kontakt mit der Erde auf.

– Fühlen Sie vom Fußgewölbe zum Boden hin – nehmen Sie wahr, daß von der Erde ein Strömen aufsteigt, durch die Füße, die Unter- und Oberschenkel, bis ins Becken.

– Lassen Sie sich dazu viel Zeit – fühlen Sie gleichsam in die Knochenröhren hinein – spüren Sie die belebende Wärme des aufsteigenden Stromes.

– Verweilen Sie (einige Minuten) in Ihrem Beckenbereich und in Ihrer Mitte (Hara – Bauch-Becken-Raum unterhalb des Nabels) – lassen Sie den Lebensstrom sich im Becken ausbreiten – zur linken Beckenwand hin – zur rechten – spüren Sie die Weite dieses inneren Raumes nach beiden Seiten.

– Lassen Sie nun den Lebensstrom langsam die Wirbelsäule entlang aufsteigen – nehmen Sie jeden Wirbel wahr – zuerst die fünf Lendenwirbel – dann die zwölf Brustwirbel bis zum untersten Halswirbel.

– Halten Sie im Nackenbereich inne – verweilen Sie mit Ihrer Aufmerksamkeit am Schnittpunkt des oberen Kreuzes, direkt zwischen den Schulterblättern.

– Lassen Sie die Konzentration durch das rechte Schlüsselbein hindurchwandern bis in die rechte Schulter – dann weiter in den Raum hinaus (bis Sie bei Ihrem Nachbarn angekommen sind).

– Spüren Sie Ihr Ausgestrecktsein in den Raum zu Ihrer Linken und kehren Sie dann ganz langsam zu Ihrer Schulter zurück – durch das Schlüsselbein zurück in den Nacken.

– Lassen Sie sich viel Zeit, und sammeln Sie sich dort.

– Durchwandern Sie das rechte Schlüsselbein zur rechten Schulter und weiter in den Raum bis zu Ihrem rechten Nachbarn – nehmen Sie Ihre Ausrichtung bewußt wahr – kehren Sie dann über Ihre Schulter und das rechte Schlüsselbein zu Ihrem Kreuzungspunkt im Nacken zurück.

– Spüren Sie der Kreuzform nach – lassen Sie Ihren Atem ruhig fließen – verweilen Sie.

– Spüren Sie nun vom Schnittpunkt des oberen Kreuzes entlang der Wirbelsäule hinab zum Schnittpunkt des unteren Kreuzes und in den Beckenraum.

– Konzentrieren Sie sich auf die Ausrichtung der Wirbelsäule zwischen den beiden Schnittpunkten.

– Nehmen Sie Atem und Lebensstrom wahr, die in dieser Ausrichtung fließen – lassen Sie sie vom Nacken aus weiter nach oben fließen durch die Halswirbel bis zum Kopf.

– Spüren Sie Ihrem Aufgerichtetsein nach – Ihr Scheitel ist wie mit einem dünnen Faden mit der Decke verbunden – schließen Sie sich an die Kraft des Himmels an.

– Sie stehen gerade – aufrecht – wie ein Stamm, durch den die Kraft des Himmels und der Erde fließt.

– Verweilen Sie in der Gestalt, wie Sie sie jetzt spüren.

– Konzentrieren Sie sich wieder auf Ihre Mitte im unteren Kreuzbereich – spüren Sie der ruhevollen Kraft nach.

– Verweilen Sie (einige Minuten) in dieser Ruhe und öffnen Sie dann Ihre Augen – kehren Sie langsam in den Raum zurück – nehmen Sie Kontakt auf mit dem Hier und Jetzt.

Praktische Hinweise

Jede Arbeit an sich selbst – also auch die Arbeit an der eigenen Gestalt – bedarf in erster Linie der Bereitschaft und der Fähigkeit des Sicheinlassen-Wollens und des Zulassen-Könnens.

Nicht die Technik oder die Methode ist deshalb das Wichtigste, auch nicht die genaue Einhaltung des beschriebenen Übungsweges. Es kann sein, daß die Übung als Ganzes am

Anfang zuviel ist und daß jeweils nur Einzelschritte geübt werden können.

Wie immer Sie vorgehen und wo immer Sie diese Übung einbauen, versuchen Sie als Übender, die Übung möglichst in ihrer Tiefe zu erfassen. Versuchen Sie immer wieder, das, was Ihnen während des Übens begegnet oder in den Sinn kommt, auf sich wirken zu lassen.

Auch diese Übung wird ihren tieferen Wert nur dem erschließen, der *regelmäßig* übt. Doch kann auch die *einmalige Übung* eine Erfahrung vermitteln, die das rationale Wissen um die Anatomie der Gestalt des Menschen übersteigt.

Wer als Lehrender solche Übungen in den Unterricht einbaut, sollte es *nicht* tun, bevor er die Übung für sich geübt und in ihren Wirkungen selbst erfahren hat. Es ist die wichtigste Voraussetzung für das Gelingen jeder Übung, daß der Lehrende selbst sie integriert hat.

Das Weitergeben meditativer Körperübungen sollte eine Grundlage haben durch Kurse in »Leibarbeit«, Wahrnehmungstraining oder Körperbewußtsein (z. B. Bioenergetik). Themenkreise, in die man diese Übungen besonders gut einbauen kann, sind die Bereiche der Lebensaktivitäten: Haltung, Bewegung, Atmung.

Hilfreich zur Vorbereitung ist auch das Heranziehen der Literatur. Es ersetzt aber nicht die intensive eigene Übung. Rosenbergs »Kreuzmeditation«[39] enthält ein aufbauendes Übungsprogramm.

4. Gesundheit und Krankheit

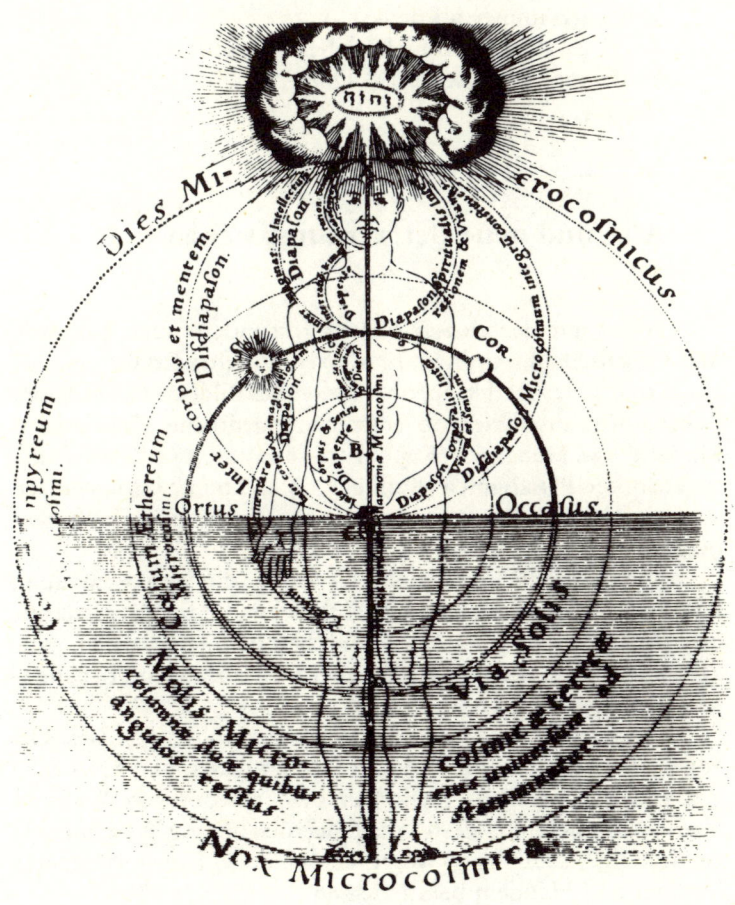

Hildegard von Bingen:
*Die Beziehungen des menschlichen Körpers
zum Mikrokosmos und zum Makrokosmos*

Was auch immer du siehst –
schau es dir an, aber bleib nicht dabei stehen.
Es ist nur eines der 10 000 Dinge.

Was auch immer du fühlst –
fühle es, aber bleib nicht dabei stehen.
Es ist nur eines der 10 000 Dinge.

Was auch immer du denkst –
denke es, aber bleib nicht dabei stehen.
Es ist nur eines der 10 000 Dinge.

UPANISHADS

Alte und neue Betrachtungsweisen

Nicht nur der einzelne Mensch, sondern auch Kulturen und Gesellschaften ordnen ihr Wissen und ihre Erfahrungen in ein System ein, schaffen ein übergreifendes Bild, an dem sich ihre Lebensform ausrichtet. So entstehen eigentliche Weltbilder – Modelle vom Menschen (Kapitel 3) –, und es entwickeln sich die sogenannten Paradigmen (Kapitel 1). Man könnte infolgedessen auch von kulturellen Paradigmen oder, im engeren Sinne, von berufsspezifischen Paradigmen sprechen.

Unterschiedliche Betrachungsweisen, die Weltanschauung wie die Sicht vom Menschen, beeinflussen und prägen nicht nur die Art, wie Gesundheit und Krankheit definiert werden, sondern ebensosehr die Umsetzung dieser Erfahrungen in »heilendes Verhalten und Tun«.

Ein Paradigma-Wechsel vollzieht sich über den Zuwachs von Informationen, die zu neuen Erkenntnissen und Erfahrungen führen, die nicht mehr mit dem gewordenen Weltbild übereinstimmen. Die alten Inhalte werden in ihrer Wirkung erst geschwächt, schließlich vergessen. Neues entsprechenderes Denken und Handeln bahnt sich an.

Solche Gegensätze finden wir auch in den Auffassungen von Gesundheit und Krankheit. Obwohl die beiden folgenden Definitionen nur 40 Jahre auseinanderliegen, scheinen Welten sie zu trennen:

1. *Die Weltgesundheitsorganisation (WHO) 1946:*
»Gesundheit ist ein *Zustand* vollständigen physischen, psychischen und sozialen Wohlbefindens und nicht einfach die *Abwesenheit* von Krankheit und Gebrechen.«

2. *Fritjof Capra in »Wendezeit« 1983:*
»Die Vorstellung der Gesundheit als *dynamisches Gleichgewicht* stimmt nicht nur mit dem Systembild des Lebens überein, sondern auch mit vielen Modellen von Gesundheit und Heilen... Der Organismus kann durch verschiedene Prozesse zur *Selbstinstandhaltung* zurückkehren – etwa durch Homöostase, Anpassung, Regeneration und Selbststeuerung.«

Diese Gegenüberstellung kann einen Eindruck vermitteln, wie rasch Auffassungen sich zu ändern vermögen:

1946 – altes Paradigma (1)	1983 – neues Paradigma (2)
(WHO) stellvertretend für viele andere	(Capra)
– Statik	– Dynamik
– Haben	– Sein
– außenorientiert	– innenorientiert
– abhängig	– unabhängig

Statik – Dynamik

Im ersten Ansatz werden sowohl Gesundheit wie Krankheit als *Zustand* betrachtet. Die neuen Ansätze, die der alten chinesischen Auffassung sehr nahe kommen, betonen hingegen die *Dynamik* des Lebens nicht nur im Kontinuum von Geburt und Sterben, sondern auch von Gesundsein und Kranksein. Wie dynamisches Gleichgewicht zu sehen ist, zeigt dieses chinesische Zitat: »Gesundheit ist ein Gleichgewichtszustand, wechselseitige Abhängigkeit von Körper und Geist, dynamisches Gleichgewicht in der Schwingung zwischen Yin und Yang. Gesundheit ist integraler Teil einer großen vorgegebenen Ordnung, während Erkrankung als Disharmonie auf individueller und gesellschaftlicher Ebene angesehen wird.«

Haben – Sein

Schon in den vorigen Kapiteln wurde auf diese verschiedenen Seinsweisen eingegangen. Sie werden in beiden Definitionen deutlich: Die erste, zu einer Zeit unangefochtener Wissenschaftsgläubigkeit formuliert, propagiert vollständiges Wohlbefinden, das man *hat* oder geliefert bekommen muß.

Im neuen Ansatz hingegen sind Gesundheit wie Krankheit *Seinswerte,* die zum individuellen Menschen gehören und nie ohne seine personale Mitbeteiligung gesehen werden können.

Außenorientiert – innenorientiert

Als Folge der Auffassung, daß man Gesundheit *hat,* entsteht eine Konsumhaltung, die jede Störung von sich selbst weg auf den Experten verlagert. Bei einer Funktionsstörung, die nicht als Seinszustand, sondern als »technische Panne« erfahren wird, wird nach Hilfe von außen verlangt, nach der Sachkompetenz des Arztes und der pharmazeutischen Industrie. Die heilende Kraft der Zuwendung – auch zu sich selbst – und die unterstützende Wirkung von natürlichen Hilfsmitteln, die die körpereigene Selbstheilungskraft fördern, sind fast vergessen.

Die Außenorientiertheit des Erwachsenen wird schon in der Kindheit geformt. Kinder »dürfen« nicht mehr krank sein, weil es den Eltern nicht in die Pläne paßt. Sonntags »darf« nicht mehr geboren werden, weil es nicht in die Arbeitsorganisation der Klinik paßt. Schon Kinder erhalten bei alltäglichen Schmerzen Medikamente und bei schulischen Belastungen (Examen) Psychopharmaka. Wohlverstanden: Ernste Erkrankungen gehören in die Hand des Arztes. Aber Krankheit darf nicht als unerlaubtes Versagen des Körpers angesehen werden, das mit Antibiotika so schnell wie möglich zu unterdrücken oder abzuschaffen ist. Krankheit ist ein Stück Leben, aus dem, wenn es *auch* auf der Seinsebene erfahren wird, der Mensch über den Kontakt mit seinen eigenen inneren Kräften wenn nicht gestärkt, dann doch ein wenig reifer hervorgehen kann. Vieles, was heute im Gewande der Krankheit auftritt, ist nur die Verdeckung von *Selbstheilungskräften.* Tatsache ist, daß ein zunehmender Prozentsatz jener Menschen, die einen Arzt aufsuchen, nicht eigentlich krank ist, sondern in Wachstums- und Reifeprozessen steht und darauf mit Depression antwortet (s. Seite 107), die weniger der Medikamente als der Mobilisierung innerer Kräfte und der Selbstregulierungsfähigkeit bedarf. Darauf bezieht sich der dynamische Ansatz der Auffassung von gesund und krank.

Abhängig – unabhängig

Der statische Ansatz macht den Menschen nicht nur *abhängig* von dem, was die Experten wissen und für ihn tun müssen. Er macht ihn auch unmündig; denn Störungen werden nicht nur als lästig empfunden, sie machen dem »wissenschaftsgläubigen Menschen« auch angst. (Der Arzt weiß, was zu tun ist, ich weiß nichts.) Der Heilungsanspruch an den Arzt, die Therapiebedürftigkeit und die Medikamenten-Gläubigkeit werden überdimensioniert. Der Mensch wird abhängig vom »Halbgott in Weiß«, der schon dafür sorgen wird, daß alles wieder seine Ordnung bekommt. So liefert der Mensch seine Verantwortlichkeit gleichsam an der Tür zur Arztpraxis oder am Krankenhauseingang ab und schlüpft in die Rolle des abhängigen Patienten.

Gesundheit, definiert als »Fehlen von Krankheit«, ist eine negative, abhängig-machende Aussage, die einer neuen Definition bedarf, in der mehr *Selbstverantwortung* zum Tragen kommt. Ich zitiere dazu Frauke Teegen:

»Altes Paradigma (1)
Die Störung wird eingeordnet und benannt. Die Abwesenheit von Symptomen gilt als Gesundheit.

Neues Paradigma (2)
Krankheit und Gesundheit werden als komplementäre Aspekte eines einheitlichen Prozesses gesehen. Krankheit wird nicht als ›Übel‹ betrachtet, sondern als Anzeichen für eine Störung des Gleichgewichts und als Versuch, die Harmonie wiederherzustellen.

Grundlegende Frage: Was ist an dem Körper der Person nicht in Ordnung? Wie können wir den defekten Teil reparieren?

Grundlegende Frage: Wie kann man die Person wieder an ihre ›Kraftquellen‹ anschließen, so daß sie sich selber helfen und die Qualität ihres Lebens verbessern kann?«[1]

153

Das alte Paradigma macht den Menschen abhängig von jemandem, der ihm hilft; das neue ermöglicht ihm über den Zugang zu seinen eigenen Kräften *mehr Eigenverantwortung und Selbsthilfe* und damit auch größere Unabhängigkeit.

Gesundsein – Kranksein

Im Umgang mit Störungen sind letztlich auch die Begriffe *Gesundheit und Krankheit* selbst irreführend. Sie sollten eigentlich im Sinne von Gesund*sein* und Krank*sein* gesehen werden. In »Krankenpflege«[2] habe ich folgende Unterscheidung vorgeschlagen:

– *Gesundheit* ist Ganzheit und Funktionstüchtigkeit der Körperorgane und -funktionen sowie aller psychisch-geistigen Strukturen. Gesundheit meint aber auch die Fähigkeit, mit vorgegebenen Möglichkeiten und Grenzen umzugehen und eine individuell mögliche Ganzheit (Anpassung an die Realität) zu verwirklichen.

Gesundsein ist ein Befinden, eine Befindlichkeit und eine Gestimmtheit, die unabhängig von äußeren Symptomen ist. Symptomlosigkeit ist mit dem Leben nicht vereinbar. Leben heißt sich verletzen. Verletzungen bergen in sich, wenn sie ernst genommen werden, die Chance der Veränderung und somit des Wachstums und des Reifens.

– *Krankheit* ist in erster Linie Störung der Ganzheit, der Strukturen, der Integrität und der Anpassungsfähigkeit des Menschen.

Kranksein ist wie Gesundsein Ausdruck der Befindlichkeit. Der Mensch fühlt sich dann krank, wenn ihm etwas fehlt. Dieses Mangelgefühl hängt stark mit der inneren Natur des Menschen zusammen. »Alles, was einen Mangel hat, ist Abfall vom Sein«, sagt Meister Eckhart. Also *haben* wir nicht eine Krankheit, sondern es *fehlt* uns das innere »In-Ordnung-Sein«. In Leiden und Schmerz *kann* der Ausdruck von Mangel an innerem Frieden liegen.

Die Streßforschung hat eine entsprechende moderne Definition gefunden: Gesundheit ist eine harmonische Zusammenarbeit von Geist, Seele und Körper. Krankheit tritt dann auf, wenn Streß (in welcher krankmachenden Ursache auch immer er auftritt) diese Harmonie anhaltend zu stören vermag.

Integration von Krankheits- und Gesundheitsverständnis, bezogen auf die Seinsebene des Menschen, geschieht dann, wenn wir unser wissenschaftliches Instrumentarium in Einklang bringen mit der ganzheitlich bestimmten Sicht vom Menschen. Diese Forderung schließt ein, daß wir überkommene Betrachtungsweisen weder kritiklos befolgen noch als überholt abtun, sondern den Sinn ihrer Aussage unvoreingenommen prüfen und sie mit all den unendlich erweiterten Möglichkeiten, die uns heute zur Verfügung stehen, mit neuem Inhalt füllen. Ich zitiere Florence Nightingale: »Krankenpflege besteht darin, dem Patienten die bestmöglichen Bedingungen zu schaffen, damit die Natur auf ihn einwirken kann.«[3] Das heißt: Überlegen müssen wir uns, worin *heute* die bestmöglichen Bedingungen bestehen und daß das Wirken der Natur auch die Ressourcen und Selbstheilungskräfte einschließt. So gilt heute, wenn auch auf einer höheren Bewußtseinsstufe, das, was Florence Nightingale vor mehr als hundert Jahren gesagt hat. Nicht eine Rückkehr ist damit gemeint, sondern die Wiederentdeckung der natürlichen Heilkräfte, die mit zur Ganzheit und zur Natur gehören.

Betrachtungsweisen der verschiedenen Wissenschaften

Der Gesundheits- und Krankheitsbegriff wird nicht nur von der Entwicklung der *Zeit* (vom Werden des Menschen), sondern auch vom *Ort,* also dem Standpunkt des Definierenden, beeinflußt.

Um diese verschiedenen Standorte überblicken zu können, wähle ich den Ansatz von der vierfachen Ausrichtung des Menschen. Das Kreuz wird zum Bezugsmodell, dem die heute gebräuchlichen wissenschaftlichen Betrachtungsweisen zugeordnet werden können.

Die folgenden Ausführungen sind lediglich zu verstehen als Anregung, sich mit diesen Fragen zu beschäftigen.

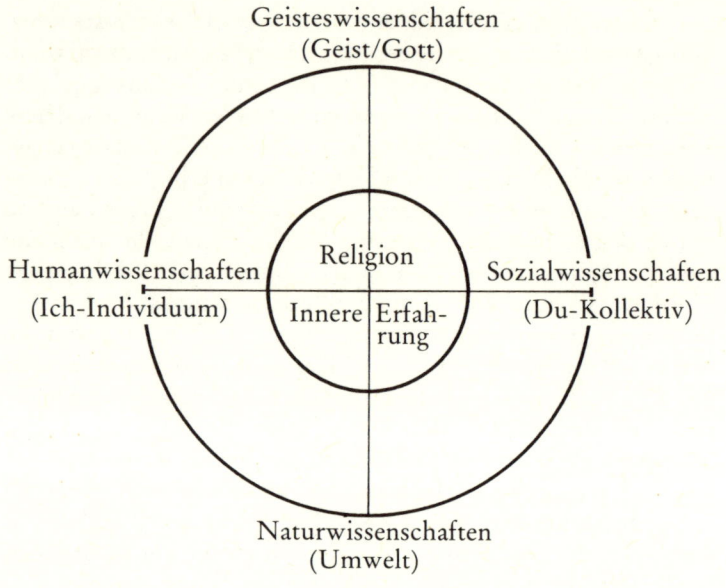

Geisteswissenschaften
(Geist/Gott)

Religion

Humanwissenschaften
(Ich-Individuum)

Innere Erfah-
rung

Sozialwissenschaften
(Du-Kollektiv)

Naturwissenschaften
(Umwelt)

Die naturwissenschaftliche Betrachtungsweise

Die rein naturwissenschaftliche Betrachtungsweise ist eine empirische, sie beruht auf sinnenhafter Erfahrung und meßbarer Wahrnehmung. Daraus sind die verschiedenen fachlichen Spezialisierungen und therapeutischen Ausrichtungen (Chirurgie, Orthopädie, Dermatologie usw.) hervorgegangen: *die Schulmedizin.*

Typisch für die naturwissenschaftliche Betrachtungsweise ist die *Ursachen-Orientiertheit:* Krankheit entsteht durch:
– die Aufnahme von Schadstoffen,
– die Veränderung an organischen Strukturen und Funktionen,
– fehlerhafte Zusammensetzung der Säfte und deren Wirkstoffe wie Hormone, Enzyme, Mineralstoffe,
– traumatische Einwirkungen infolge von Verletzung und Unfall.

Als beispielhafte Definition steht die folgende, mit der schon Sigmund Freud die naturwissenschaftliche Sicht charakterisiert hat: Gesundheit ist das »geordnete Zusammenspiel normaler Funktionsabläufe und des normalen Stoffwechsels«.

Die humanwissenschaftliche Betrachtungsweise

Als ein Beispiel unter anderen führe ich hier die humanistische Psychologie an als eine der verschiedenen Richtungen der Psychologie.

Im Zentrum steht das *Individuum* als *erlebende Person.* Damit rücken sowohl sein subjektives Erleben und Empfinden, seine Art zu reagieren (Verhalten) wie auch seine Lebensgeschichte (Biographie) in den Mittelpunkt. Die therapeutischen Bestrebungen gehen dahin, dem einzelnen Menschen zu helfen, daß er gesunden kann, und dadurch gleichzeitig zur Gesundung der Gesellschaft beizutragen. Maslow zum Beispiel setzt das Sein und Werden der menschlichen Person in Beziehung zu den positiven Kategorien der Gesundheit, der Selbstverwirklichung, des Wachstums und der Ganzheit. In diesem Sinne bedeutet »das Unterstützen der Gesundheit als Reifeprozeß die Aufrechterhaltung von Wert und Würde des Menschen, und das Interesse gilt der *Entwicklung der jedem Menschen innewohnenden Kräfte und Fähigkeiten*«[4].

Eine entsprechende Definition auf dem Boden der Erziehungswissenschaften stammt von Jean Foudraire: »Gesund sein heißt, fähig sein, verlernen, umlernen, erlernen zu können, um
– mit Lebens- und Verhaltensschwierigkeiten fertig zu werden,
– mitmenschliche und soziale Beziehungen aufzubauen,
– Eigenverantwortung zu übernehmen.«[5]

Die sozialwissenschaftliche Betrachtungsweise

Hier sind die soziologischen, juristischen, wirtschaftlichen und politischen Sichtweisen einzuordnen.

Für alle *soziologischen Ansätze* gilt, daß sie Krankheit beurteilen
– nach ihrer Auswirkung auf die soziale Wirklichkeit und
– nach ihrem Entstehen aus sozialen Bedingungen.
Parsons definiert »Krankheit als Unfähigkeit, den gesell-

schaftlichen Aufgaben nachzukommen; Gesundheit (als einen) Zustand optimaler Leistungsfähigkeit des Individuums für die wirksame Erfüllung der Rollen und Aufgaben, für die es sozialisiert ist«.[6]

Im *juristischen Sinne* ist Gesundheit ein Rechtsgut. Die Rechtswissenschaft hat (noch) keinen einheitlichen Gesundheits- und Krankheitsbegriff entwickelt, da die verschiedenen Rechtsgebiete (Straf-, Zivil- und Verwaltungsrecht) von ganz unterschiedlichen Voraussetzungen ausgehen müssen.

Das SZGB (Schweizerisches Zivilgesetzbuch) hat folgende Definition gefunden: »Gesund ist jede mündige Person, die ihre Angelegenheiten selbst zu besorgen vermag, die zu ihrem Schutz keines Beistandes und der Fürsorge bedarf oder die Sicherheit anderer nicht gefährdet.«

Die *politische Sichtweise* wandelt sich besonders schnell, weil sie von Bedingungen der Tagespolitik und der politischen Konstellation abhängt (links – rechts, rot – grün). »Politik ist die aktive Teilnahme an der Führung, Erhaltung, Verwaltung und Ordnung eines Gemeinwesens, ist aber auch berechnendes, zielgerichtetes Verhalten.«[7]

Gesundheit wird in der politischen Sichtweise in diesen Parameter eingeordnet. Die Erhaltung der Volksgesundheit ist ein politisches Interesse. Die Gesundheitspolitik setzt den Rahmen für die Durchführung der in den einschlägigen Gesetzen festgelegten Rechte und Pflichten im Gesundheitswesen. Unter welchen sozialen Vorzeichen, mit welchem Stellenwert und welcher Definition (z. B. mit oder ohne Einschluß der psychischen Gesundheit) sie geschieht, hängt von den jeweiligen Machtverhältnissen ab. Die Folge der aktuellen Konstellation ist dann beispielsweise auch die Verteilung der Geldmittel nach den jeweils bevorzugten Schwerpunkten (wirtschaftlicher Aspekt).

Die geisteswissenschaftliche Betrachtungsweise

Hier sind die philosophischen und esoterischen Betrachungsweisen einzuordnen. Es geht um die geistige Existenz des Menschen und seine Beziehung zur Transzendenz, sei es
– in der Ausrichtung auf einen höheren Sinn, oder
– in der Beziehung zum Göttlichen (Gott).

Da Viktor E. Frankl in seinem Ansatz der Logotherapie die humanwissenschaftliche Ebene überschreitet und seine Arbeit auf eine höhere *geistige Sinnfindung* ausrichtet, möchte ich ihn hier zu Wort kommen lassen.

Gesundheit und Sinnerfülltheit sind für Frankl identisch, die Fähigkeit zur Sinnfindung ist der Schwerpunkt seines Konzeptes. Gesundheit liegt darin, daß das Leben einen Sinn hat und daß es diesen Sinn unter allen Bedingungen und Umständen des Lebens auch behält: Der Mensch hat einen »Willen zum Sinn«, und wirklich glücklich und gesund ist er erst dann, wenn er das Bewußtsein hat, daß er »in sich seinen Willen zum Sinn verfügbar hat, d. h., daß er in jeder einzelnen ihn konfrontierenden Lebenssituation, im Hier und Jetzt, einen Sinn findet und hingeht, diesen zu erfüllen«[8].

In der *religiös theologischen Betrachtungsweise* wird Krankheit oft als Auswirkung des Bösen und der Sünde, als Versuchung oder Strafe aufgefaßt. Gesundheit dagegen ist das Verdienst des Gerechten oder die Gnade des Erlösers. Gesundheit und Gerechtigkeit wurden im christlichen Sprachgebrauch beinahe zu Synonymen.

Auch die *esoterische* Vorstellungswelt (Esoterik = Lehre der geheimen inneren Richtungen) bringt Krankheit mit der Sünde in Zusammenhang. Gesundheit gibt es nur in der Folge eben dieser Krankheit, die als ein heilsnotwendiger Prozeß des inneren Wachstums gesehen wird. Dethlefsen, ein typischer Vertreter dieser Richtung, beschreibt »Krankheit als Chance« und »als Weg«: »Krankheit ist Teil eines umfassenden Regelsystems, das im Dienste der Evolution steht. Symptome zeigen durch ihre Existenz, was uns in Wirklichkeit fehlt, was im Schatten liegt, sich verwirklichen möchte, und wo wir einseitig sind.«[9]

Trotz dieser Einordnung der unterschiedlichen Betrachtungsweisen in schwerpunktmäßige Wissensgebiete bleibt die Tatsache bestehen, daß es im Wesen der ganzheitlichen Ansätze liegt, den Rahmen dieser Wissenschaften zu *sprengen*. Neben den ihren wissenschaftlichen Richtungen verpflichteten Auffassungen von Gesundheit/Krankheit hat es immer wieder Denkentwürfe *einzelner* gegeben, die sich keiner Schulrichtung einordnen lassen. Zu ihnen gehört zum Beispiel Georg Groddeck (gestorben 1934), der gesagt hat: Nicht die Krankheit behandeln wir, sondern den Kranken (so bekamen zum Beispiel übergewichtige Patienten in seiner Klinik das Essen in Puppengeschirr serviert). Er fühlte sich dem in seinen individuellen Bedingungen erkrankten Menschen verpflichtet und nicht der theoretisch-wissenschaftlichen Betrachtung. Krankheit ist bei Groddeck ein Symbol: »Die Krankheit will etwas aussagen, denn alles, was der Mensch tut, ist auch symbolisch. Sie ist nicht etwas, das von außen kommt.«[10] Krankheit hat einen Wert und einen Sinn: »Krankheit und Gesundheit werden als Gegensätze empfunden. Sie sind es nicht, sind es ebensowenig wie etwa Wärme und Kälte. Wie die Wärme der Ausdruck verschiedener Wellenlängen ein- und derselben Strahlen ist, so sind Krankheit und Gesundheit Ausdrucksformen ein- und desselben Lebens. Krankheit kommt nicht von außen, ist kein Feind, sondern ist eine Schöpfung des Organismus – des Es. *Das Es* – oder nenne man es Lebenskraft, Selbst, Organismus – dieses Es, von dem man nichts weiß und niemals mehr erkennen wird als einige seiner Erscheinungsformen, will mit der Erkrankung etwas ausdrücken, das Kranksein muß einen Sinn haben.

Es ist unmöglich, diesen Sinn allgemeingültig festzustellen, schon deshalb unmöglich, weil zwischen gesund und krank keine sichere Grenze besteht, weil wir nicht sagen können: Hier beginnt die Krankheit, hier hört die Gesundheit auf: Nicht einmal theoretisch können wir es, so daß es etwa dem Nullpunkt in der Wärmebestimmung entspräche. Schließlich würden wir auch nur wie bei allen Dingen den Sinn feststellen können, den die Krankheit für uns Menschen hat, ja eigentlich nur den, den wir persönlich empfinden; eine Ameise oder eine Eiche legt dieser Lebenserscheinung einen anderen Sinn unter als der Mensch, ja Müllers Sinngebung ist verschieden von der Schulzes.«[11]

Betrachtungsweise eines Kindes

Der folgende Brief[12] ist eine anschauliche Wiedergabe der Sichtweise eines Kindes, das noch in einem vorwiegend *intuitiven* Bewußtseinszustand Gesundheit und Krankheit erlebt und erfährt:

Liebe Leserin, lieber Leser,
eine Krankheit ist etwas, das ich nicht viel
habe und die meisten Lehrerinnen und Lehrer
auch nicht. Das ist wegen den vielen Ferien,
sagt mein Vater. Dabei hatte ich
letzten Sommer ausgerechnet in den Ferien
die Masern. Das war ein ~~sechter~~ ~~Mist~~ dum-
mes Urteil. Manchmal merkt man erst
in der Krankheit die Gesundheit so richtig: Im Skilager bin ich die Sprünge hinab-
gesprungen, grad ins Geländer hinein. Peng,
da hat es meinen kleinen Zehennagel ab-
einandgespalten und jetzt ist er ~~kaputt~~
blau. Und ich denke jetzt dafür viel
mehr daran, dass ich einen kleinen Ze-
chen habe. „Besser den Zehennagel abe-
nand als das Genick gebrochen" hat der
Thöme gesagt. Es gibt auch Kinder, wo
fest krank sind. Ich denke meistens,
dass nur alte Leute sterben an einer
Krankheit. Es gibt aber auch schon ganz
kleine kranke Kinder und es gibt Leute, wo
sich extra krank machen, wenn sie viel
Tabletten hinabschlucken oder Schnaps trin-
ken oder Haschisch und Helium und Radium
und so sachen. Am traurigsten ist das und
wenn das ~~Herz~~ Seele krank ist. Ich wünsche allen gute Besserung! Ihr Chrigi

Orientierungsansätze
für das Pflegeverständnis

Der Vielfalt der Betrachtungsweisen entspricht eine ebenso große Vielfalt von Orientierungspunkten. Wir haben gesehen, daß es »die Gesundheit« und »die Krankheit« nicht gibt. Sie sind abhängig von dem Menschen, der sich selbst und die Welt betrachtet. Und nicht nur dies: Auch dieser Betrachtende ist nicht eine feststehende Größe, sondern ein sich Wandelnder.

Gesundheit und Krankheit sind somit dynamische Größen, die in steter Wechselbeziehung stehen, sowohl zu unserem eigenen Wachstums- und Reifungsprozeß als auch zur Entwicklung der Welt. Unter dieser Perspektive sind Gesundheit und Krankheit Teil eines einheitlichen Lebensprozesses und müssen als solche gelebt werden. Dies ist die Voraussetzung für
– unsere Einstellung zu den Krankheitsursachen,
– unser Umgehen mit der Krankheit, und
– unser Angebot an Hilfe bei Gesundheitsstörungen und damit für die Pflege.

Daraus ergeben sich folgende *Orientierungsansätze:*
– *Die Ursachen* von Krankheiten werden nicht einseitig im körperlich-medizinischen Bereich gesucht, sondern ebensosehr im geistig-seelischen, zum Beispiel in Gedankenmustern, die unsere Erfahrung beeinflussen und prägen. Gedankenmuster wie Ärger, Groll, Frustration. Die Körpersprache ist eine *ganzheitliche* Sprache, ich erinnere an Redewendungen wie: einen Kloß im Hals haben, verschnupft sein, weiche Knie bekommen ...
– *Krankheit* wird nicht ausschließlich und nicht in erster Linie negativ gedeutet, sondern als Versuch des Körpers, Disharmonie auszugleichen, verlorenes Gleichgewicht wieder herzustellen, sich die notwendige Ruhepause zu gönnen. Zur Chance wird sie dann, wenn durch die Krankheit falsche Lebensmuster zutage treten, wodurch Lebensgewohnheiten, Verhaltens- und Gedankenmuster kritisch betrachtet und verändert werden können.
– *Die Zusammenhänge zwischen Lebensweise und Gesundheitszustand* spielen eine wichtige Rolle. Über das Körperliche hinaus werden seelisch-geistige Zusammenhänge soweit wie

möglich bewußt gemacht, Störfaktoren abgebaut, schlummernde oder vernachlässigte Kräfte mit einbezogen:
– *Die Pflege* erschöpft sich somit nicht in der Ausführung medizinischer Maßnahmen (= Helferin des Arztes); Pflege ist vielmehr *selbständiges und kreatives Handeln mit dem Ziel:*
☐ Lebensgewohnheiten zu erfassen, Blockierungen abzubauen, Gesundheit zu verbessern (informieren, beraten),
☐ die Selbstheilungs- und Abwehrkräfte zu stärken und wirksames Heilen zu fördern (begleiten, behandeln),
☐ die Selbstverantwortlichkeit und den Gesundheitswillen des Kranken zu unterstützen und/oder zu wecken (heilen),
☐ Wohlbefinden zu ermöglichen/zu verbessern (unterstützen). (Siehe dazu Kapitel 5.)

Reflexionen - Meditationen

Impulse

In Anlehnung an Groddeck können wir davon ausgehen, daß »Krankheit als Symbol« den Menschen etwas lehren möchte. Gesundheit kann demnach nicht darin bestehen, daß Krankheits-Symptome einfach verdrängt werden, sondern darin, daß der Mensch *gesundet*, das heißt *reifer und heiler wird.* Aussagen wie diese sind verdächtig in den Ohren einer wissenschaftlich-mechanistischen Welt. Aber: »Alles Mangelhafte und Unvollständige regt zum Widerspruch an und treibt hin zur Ergänzung.«[13] In der Offenheit für das Erkennen von Mängeln, im Widerspruch und in der Frage nach Änderung zum Besseren liegt die Chance, neue Antworten und neue Wege zu finden.

Die folgenden Übungen wollen dazu anregen, auf dem Wege der Erfahrung eine Beziehung zum eigenen Gesund- oder Kranksein sowie zu den eigenen Heilkräften und Lebensenergien herzustellen.

Übung zur Erfahrung der inneren Lebenskraft (»Spindel-Übung«)

Anleitung (Voraussetzungen s. S. 70)
– Stehen Sie, die Füße bequem in Hüftbreite, gut auf dem Boden – spüren Sie den Bodenkontakt, als wollten Sie etwas in den Boden einsinken.

– Legen Sie, ohne den Bodenkontakt zu lösen, Ihr Gewicht nur auf den rechten Fuß – spüren Sie die Veränderung im Gefühl des Stehens.

– Verlagern Sie nun das Gewicht auf den linken Fuß – spüren Sie nach, ohne den rechten Fuß vom Boden zu lösen.

– Gehen Sie zurück auf beide Füße – spüren Sie das gut gegründete Stehen

– Stehen Sie nun wie vorhin nur auf dem rechten Fuß und ziehen Sie den linken so weit nach oben, wie es geht – achten Sie auf Ihr Gleichgewicht – wo müssen Sie sich verankern, um möglichst fest zu stehen?

– Beginnen Sie, das freie linke Bein in den Raum hinein zu bewegen nach allen Richtungen – spielen Sie damit – erweitern Sie die Bewegung so weit wie möglich nach außen.

– Achten Sie darauf, wo Sie die Balance verlieren und wie Sie ausgleichen: durch einen inneren Ruck, durch Vorschnellen der Hände und Arme, durch Zurücknehmen der Bewegung des Beines.

– Richten Sie Ihre Aufmerksamkeit auf Ihren körpereigenen Schwerpunkt – versuchen Sie ihn so zu lagern, daß Ihre Balance so stabil wie möglich bleibt.

– Fühlen Sie heraus, an welchem Ort Ihres Leibes (Kopf, Brust, Bauch-Becken-Raum) der Schwerpunkt liegt, wenn Sie sich in Ihren Bewegungen nach außen sicher fühlen.

– Wiederholen Sie diese Übung, indem Sie auf dem linken Fuß stehen und den rechten nach oben ziehen und nach außen spielen lassen.

– Kehren Sie zurück zum festen Stehen auf beiden Füßen.

– Beginnen Sie, mit dem Becken zu kreisen, in immer ausladenderer Bewegung – setzen Sie dies fort – fühlen Sie sich dabei ungehemmt und ungehindert – kreisen Sie locker um Ihre Mitte – schwingen Sie sich rund um sich herum ganz aus.

– Verringern Sie den Radius Ihres Kreisens langsam zur Mitte hin und wechseln Sie sehr sanft die Richtung.

– Schwingen und Kreisen Sie nun in umgekehrter Richtung immer weiter nach außen – geben Sie sich ganz in diese Bewegung hinein.

– Bleiben Sie in Beziehung zu Ihrer Wirbelsäule – spüren Sie die Haltungsänderungen, mit denen Sie das Kreisen begleitet – achten Sie darauf, wie der Oberkörper sich der Bewegung anpaßt.

– Lassen Sie die Bewegung wieder abnehmen, ziehen Sie die Kreise langsam, aber locker etwas enger.

– Achten Sie darauf, daß Sie sich in diesem Engerwerden wohl fühlen, folgen Sie Ihrem eigenen Rhythmus, nähern Sie sich in einer natürlichen, ungezwungenen Bewegung Ihrer Mitte.

– Wenn Sie Ihre Mitte fast erreicht haben, versuchen Sie, das Auspendeln der Bewegung in das Ruhen im Mittelpunkt so nahtlos wie möglich geschehen zu lassen.

– Beobachten Sie, wann und wie die Bewegung schließlich zum Stillstand kommt.

– Stehen Sie gut, konzentrieren Sie sich auf das ruhige Stehen – beobachten Sie, was sich *in* Ihnen ereignet.

– Atmen Sie gleichmäßig und schauen Sie Ihrem Atem dabei zu.

– Verharren Sie in diesem Atmen und Zuschauen mit geschlossenen Augen.

– Öffnen Sie die Augen, und nehmen Sie Ihre Umgebung wahr.

Übung zur Auseinandersetzung mit Gesundheit und Krankheit

Wahrnehmen des Körperbewußtseins

»Indem wir uns entspannen und unsere Wahrnehmung nach innen wenden, können wir unser Körper- und Organbewußtsein aktivieren. ›Einfühlendes Verstehen‹ der körperlichen Prozesse und das innere Gewahrwerden der körperlichen Befindlichkeit ermöglichen es uns, in einen intimen Kontakt mit der Störung zu treten. Wir können in einen inneren Dialog mit ihr treten und direkt erfahren, was uns fehlt, was wir in unserem Leben vermieden oder nicht verwirklicht haben.«[14]

Die folgende Übung eignet sich zur Einführung und/oder Vertiefung des Themas »Gesundheit, Krankheit, Heilen« innerhalb eines Seminars oder Kurses.

Übungsanleitung
Thema und Arbeitsweise bekanntgeben.
Einzelarbeit 1. Teil (ca. 15 Minuten)
Überlegen Sie sich am Beispiel einer eigenen intensiv erlebten Krankheit (oder Unfall) folgende Fragen und machen Sie kurze Notizen:
– Wenn Sie jemandem erklären müßten, warum Sie krank wurden, wie erklären Sie die Ursache?
– Reflektieren Sie diese Erklärung, und befragen Sie sie auf ihren Gehalt bezüglich: rationale Erklärung – das war weil... reale Hintergründe – das war auch noch los...
– Welche Bedeutung hat diese Krankheit für Sie bekommen?
– Wie haben Sie die Gesundung erfahren – was hat Ihnen dabei geholfen?
– Wie schätzen Sie Ihre ganzheitliche Betroffenheit als Leib-Seele-Geist-Einheit ein – was war im Vordergrund
☐ *vor* der Erkrankung/Unfall,
☐ *während* des akuten Krankheitsgeschehens,
☐ *nach* der Krankheit (Genesung, Rekonvaleszenz).

Im zweiten Teil der Übung kann verschieden gearbeitet werden:

a) Vertiefung in der Einzelarbeit
b) Erfahrungsaustausch in der Gruppe

a) *Einzelarbeit 2. Teil* (ca. 30 Minuten)

– Nehmen Sie ein Blatt Papier und zeichnen Sie einen großen Kreis, teilen Sie diesen in drei Teile.
– Malen Sie die Erfahrungen, die Ihnen durch die Reflexion zugänglich geworden sind, in den Kreis, in das
1. Drittel: vor der Erkrankung,
2. Drittel: Krankwerden und Kranksein,
3. Drittel: Genesung, Gesundung – Gesundsein.
   Rollen Sie dann das gemalte Bild zusammen, und kehren Sie in die Gruppe zurück.
   In der Gruppe können die Erfahrungen diskutiert oder anhand der bewußter gewordenen Zusammenhänge weitergeführt werden.
   Anknüpfungpunkte: körperliche Krankheit, psychische Krankheit, psychosomatische Krankheit – was weiß ich dazu – was habe ich selbst erfahren?

b) *Gruppenarbeit* (ca. 30 Minuten)

– Tauschen Sie in der Kleingruppe Ihre Erfahrungen und Ihre Überlegungen, die Sie in der Einzelarbeit gewonnen haben, aus (soweit Sie das können und wollen).
– Diskutieren Sie nach dem Erfahrungsaustausch über die folgenden Thesen, deren Inhalt ich dem Buch »Die sanfte Verschwörung« von M. Ferguson[15] entnommen habe:
   1. These: Gesundheit und Krankheit entstehen nicht einfach zufällig. Sie stellen aktive Prozesse dar, die aus einer inneren Harmonie oder Disharmonie herrühren und tiefgreifend von unserem Bewußtseinszustand, unserer Fähigkeit oder Unfähigkeit, mit dem Strom der Erfahrung zu fließen, beeinflußt werden.

2. These: Ganzheitliche Gesundheit entsteht aus einer bestimmten Einstellung heraus: dem Akzeptieren der Ungewißheit des Lebens, der Bereitschaft, Verantwortung für Gewohnheiten zu übernehmen, aus einer bestimmten Art und Weise, Streß wahrzunehmen und mit ihm fertig zu werden, aus befriedigenderen menschlichen Beziehungen, aus einem Sinn im Leben.

3. These: Wohlbefinden kann nicht intravenös gespritzt oder durch Rezepte erreicht werden. Es entsteht aus einer Matrix: dem Körper/Geist. Das Wohlbefinden widerspiegelt psychologische und somatische Harmonie. Ein Anatom drückt dies folgendermaßen aus: »Der Heiler in unserem Inneren ist das weiseste, komplexeste und integrierteste Wesen des Universums.«

Übung zur Reflexion der Selbststeuerung und Eigenaktivität

Anleitung zur eigenen Einschätzung

Gesundsein und Gesundbleiben bedeutet: unsere Selbstregulierungssysteme zu kennen und sie richtig zu nutzen. Viele Menschen sind sich ihrer Gesundheit wenig bewußt, solange sie nicht gestört ist. Spätestens dann, wenn – durch äußere Umstände, wie wir meinen – die Gesundheit Einbußen erleidet, erwacht das Interesse daran, ob und was man selbst für die Gesundheit tun kann.

Sie finden dazu eine Reihe von Fragen, die Sie anregen sollen, über Ihre Lebensführung nachzudenken. Schätzen Sie sich selbst ein, zählen Sie dann die Punkte zusammen.

Notieren Sie sich Hinweise zu den Punkten, in denen Sie wenig bewußt oder wenig aktiv sind und in denen Sie Ihr Verhalten und Ihr Bewußtsein fördern oder verändern möchten. *Veränderung* geschieht jedoch nur durch *Entscheidung* (ich tue es) und *Entschiedenheit* (ich halte durch).

Fragebogen zur Eigenaktivität und Selbststeuerung

Kreuzen Sie bitte das für Sie zutreffende Feld an:	häufig	manchmal	nie
1. Ich tue selbst etwas für meine Gesundheit.	□ 2	□ 1	□ 0
2. Ich blocke meine Gefühle nicht ab, wenn mich etwas schmerzt.	□ 2	□ 1	□ 0
3. Ich nehme mir jeden Tag Zeit für mich selbst.	□ 2	□ 1	□ 0
4. Ich tue in meiner Freizeit Dinge, die mir Freude machen.	□ 1	□ 1	□ 0
5. Ich tue regelmäßig etwas für meinen Körper (schwimmen, turnen).	□ 2	□ 1	□ 0
6. Ich übe mich regelmäßig in Entspannung, Meditation oder autogenem Training.	□ 2	□ 1	□ 0
7. Ich kann in der Regel anstehende Fragen entscheiden.	□ 2	□ 1	□ 0
8. Ich tue etwas gegen eingefahrene, ungesunde Lebensweisen.	□ 2	□ 1	□ 0
9. Ich hebe die positiven Seiten des Lebens hervor.	□ 2	□ 1	□ 0
10. Ich gehe mit Kritik in der Regel konstruktiv um.	□ 1	□ 1	□ 0
11. Ich bin mir meiner Grenzen bewußt und respektiere sie.	□ 2	□ 1	□ 0
12. Ich kann mich an einem positiven Urteil freuen und dafür danke sagen.	□ 1	□ 1	□ 0
13. Ich fürchte mich davor, von anderen übersehen zu werden.	□ 0	□ 1	□ 2
14. Ich leide unter Zeitdruck.	□ 0	□ 1	□ 2
15. Ich brauche rasch Genußmittel.	□ 0	□ 1	□ 2
16. Ich habe Angst, abgelehnt zu werden.	□ 0	□ 1	□ 2

169

17. Ich trödle herum und ärgere
mich nachher über mich. □ 0   □ 1   □ 2

18. Ich habe Angst vor Alter und
Tod. □ 0   □ 0   □ 2

19. Ich lasse mir bei Problemen
helfen. □ 2   □ 1   □ 0

Auszählung

Addieren Sie die hinter Ihren Kreuzen stehenden Zahlen.

Bewertung

0–12 Punkte: Sie lassen sich stark von außen steuern und entwickeln wenig eigene Initiative. Sie könnten sich fragen, welche Persönlichkeitszüge und welche Fehlverhaltensweisen oder Fehleinstellungen Sie in Ihrer Selbststeuerung einschränken. Ziehen Sie daraus die notwendigen Schlüsse und treten Sie mehr in Kontakt mit Ihren Mitmenschen. Ihre hochgradige innere Spannung kann durch das Entspannungs-Training und durch körperliche Aktivität verringert werden.

13–19 Punkte: Selbststeuerung und Eigenverantwortung sind Ihnen nicht grundsätzlich fremd. Sie entwickeln Eigeninitiativen und übernehmen Selbstverantwortung, können diese Fertigkeiten jedoch noch beträchtlich erweitern. Emotionaler Druck, Fehlverhaltensweisen und Fehleinstellungen sollten abgebaut werden. Ein geeigneter Weg hierzu ist das Äußern von Gefühlen und das Besprechen von Problemen. Das Entspannungs-Training kann unterstützend eingesetzt werden.

20–27 Punkte: Sie haben aktive Selbstverantwortung und Selbststeuerung in den meisten Lebensbereichen übernommen. Sie gestalten Ihre Arbeitszeit und erleben Ihre Freizeit sinnvoll. Die Themen Alter und Tod sind für Sie nicht bedrängend. Sie könnten sich noch fragen, ob diese beiden letzten Themen durch innere Beschäftigung damit erledigt oder ob sie nur verdrängt wurden. Sollte es Hinweise für eine Verdrängung geben, lesen Sie bitte den vorherigen Absatz.

28 und mehr Punkte: Ihre Selbststeuerung ist ausgezeichnet. Sie können flexibel auf Belastungen reagieren. Eventuellen Problemen stellen Sie sich und äußern auch Mitmenschen gegenüber ihre Gefühle. Sie haben ein gutes Realitätsgefühl, Selbstbewußtsein, Selbstvertrauen und Gemeinschaftsgefühl. (Beachten Sie bitte den Hinweis zu einer Verdrängung im vorherigen Absatz.)

5. Ansätze zu einem ganzheitlichen Pflegeverständnis

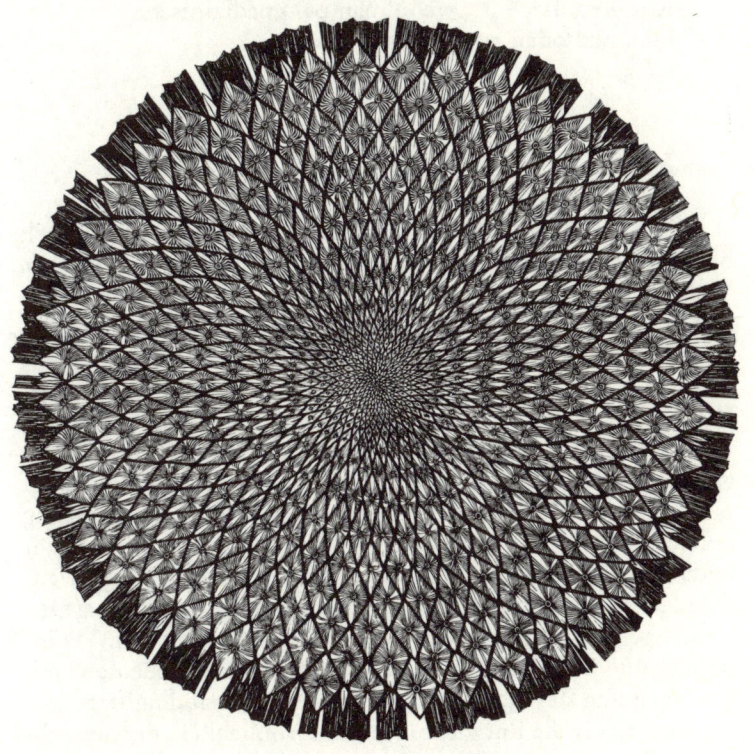

Hans Hug
Samenstand einer Sonnenblume

Krankenpflege ist, wenn man sich auf immer wieder andere wissenschaftliche Erkenntnisse umstellen muß, gegen die man immer dieselben menschlichen Gefühle zu verteidigen hat.

Krankenpflege ist, wenn man in viel zu großen fremden Schuhen laufen lernt.

Krankenpflege ist, wenn man paramedizinische Heilmethoden sympathisch findet.

GERDA JAGNOW*

Ein Berufsbild im Wandel

Es liegt in der Natur der Zeit, daß sie Veränderungen in sich birgt. Zeit bedeutet Wandel, und in der Zeit leben heißt am Wandel teilnehmen. Unser Beruf steht in diesem Wandel drinnen, nimmt daran teil, wandelt sich selbst. Wandel als Veränderung hat jedoch zwei Seiten; er *schenkt* uns Neues und *nimmt* uns gleichzeitig Vertrautes. Das bringt mit sich, daß wir den Veränderungen ambivalent gegenüberstehen: Wir wollen sie und wollen sie nicht. Wir freuen uns darüber und haben gleichzeitig auch Angst. Die Angst muß dabei nicht unbedingt nur negativ betrachtet werden, denn so hat schon C. G. Jung erkannt: »In der Angst liegt ein Auftrag«, ein Auftrag, den wir erkennen und annehmen müssen, wenn wir in einer sich wandelnden Welt bestehen und als Gewandelte unserem eigenen Lebensgesetz des Stirb und Werde entsprechen wollen. Veränderung und Wandlung zu bejahen ist dann gleichbedeutend mit der Bejahung des eigenen Menschseins, ist unabdingbare Voraussetzung für die Entwicklung der Persönlichkeit, der menschlichen Reife und Erfüllung. So gesehen lassen sich Beruf und Menschsein nicht trennen.

---

* Ein Profi für Profis. Gerda Jagnow, Autorin dieser unveröffentlichten Sammlung von Mosaiksteinchen eines facettenreichen Berufes, die nicht zusammenpassen und dennoch zusammengehören, ist Krankenschwester, die von sich sagt: »Mein Nachdenken... führte zu dieser unordentlichen Sammlung von ebenso boshaften wie liebenswerten Stimmungsbildern aus der Ist-Welt unseres Berufes mit seinen Vorzügen und Absonderlichkeiten, auch im Vergleich zu anderen Berufen« (Bern 1984).

Geschichtliche Entwicklung der Krankenpflege

Die Geschichte und die Entwicklung unseres Berufes und Berufsbildes ist lang. Der Krankenpflegeberuf ist ja einer der ältesten Frauenberufe überhaupt, und wir wissen aus der Geschichte, wie unauslotbar die Quellen unseres Berufes sind.

Krankenpflege als Beruf, den man lernt, geht zurück auf die großen Ordensgründer und auf die Anfänge der Diakonie. Beruf als Berufung, die man lernt, meint theoretisches Wissen und praktisches Können, verstanden als besonderer Dienst, den die Träger dieses Berufes in der Gesellschaft erfüllen. Die Zunahme einer ganzheitlichen Einstellung in der Pflege hat viele Angehörige unseres Berufes veranlaßt, über die theoretische Basis der Pflegepraxis und der Ausbildung in der Krankenpflege nachzudenken. Kern der Krankenpflege war zwar immer schon der kranke Mensch, aber das, was zwischen Pflegendem und Patient geschah, wurde und wird von vielen Faktoren bestimmt, über die bis in die neuere Zeit hinein wenig nachgedacht wurde (Einflüsse der Umwelt, der Gesellschaft, der Politik, der Entwicklung der Wissenschaft und Forschung). Schon Florence Nightingale schrieb 1859, daß man zwar annehme, daß jede Frau eine gute Krankenschwester sei, aber daß »die Elemente der Pflege nahezu unbekannt sind«[1].

Vieles hat sich inzwischen geändert, doch kann man sagen, daß unser Beruf auch heute – mehr als hundert Jahre später – immer noch darum ringt, die Elemente der Pflege zu definieren. Das überrascht nicht, denn Krankenpflege dient einer Gesellschaft, die sich wandelt. Werfen wir einen kurzen Blick zurück, so sehen wir die Pflege als Spiegelbild der Gesellschaft einerseits und der Medizin andererseits (siehe dazu auch Kapiel 1):

Vor unserer Zeitrechnung beschreibt Hippokrates von Kos ein naturbezogenes Menschenbild und leitet Schutz und Hilfe für den Kranken davon ab. *Eine eigentliche Pflege wird nicht beschrieben, nur ein naturgerechtes Verhalten.*

Im ersten Jahrhundert unserer Zeitrechnung *leben* Christus und seine Nachfolger den Dienst der Liebe und der Barmherzigkeit. *Nächstenliebe und Barmherzigkeit bestimmen die Pflege und den Dienst am Menschen.*

Im Mittelalter und an der Schwelle zur Neuzeit ragt Paracelsus (1493–1541), der große Einsame, heraus. Er betrachtet den Menschen als ein Geheimnis, als einen Werdenden und als Ganzheit. Er hat keinen Einfluß auf die Pflege, ja diese verliert dort, wo sie losgelöst vom religiösen Dienst und von der Berufung gesehen wird, ihren Stellenwert. *Krankenpflege gleitet ab und wird zum Mägdedienst.*

Das 17. und 18. Jahrhundert sind die Zeit der Aufklärung und des medizinischen Materialismus, zugleich auch der Anfang der Körpermedizin, in der Krankheit als ein zu reparierender Defekt betrachtet wird. Die Pflege wird arztorientiert, es wird verordnet und ausgeführt. Dies ist der *Beginn der tätigkeitsorientierten Pflege.*

Das mittlere und späte 19. Jahrhundert bestimmt als die Zeit der Ursachenforschung auch die Medizin. Männer wie Koch, Pasteur, Lister, Semmelweis verändern das medizinische Denken. *Die Pflege wird krankheitsorientiert.*

An der Schwelle vom 19. zum 20. Jahrhundert wird die seelisch-geistige Wirklichkeit des Menschen wieder entdeckt. Wichtigste Meilensteine sind die Tiefenpsychologie (Freud) und eine Neuformulierung des Krankheitsbegriffs (Viktor v. Weizsäcker, Cannon u. a.) im Sinne der Psychosomatik. Krankenpflege wird zu einem Beruf; prägenden Einfluß haben Florence Nightingale, die Diakonie, die Orden. Die Entwicklung bleibt aber über lange Zeit krankheitsorientiert. Erst im 20. Jahrhundert fließen Gedanken über physiologische, psychologische und soziale Aspekte in die Betreuung der Kranken ein; *Krankenpflege wird als umfassende Pflege deklariert.*

Das 20. Jahrhundert bringt die Wandlung. Eine neue Generation entdeckt wieder *den Menschen in seiner Ganzheit* und eröffnet neue Dimensionen in der Medizin, der Psychologie und der Ethik. Die Medizin beginnt wieder den ganzen Menschen und nicht nur seine Symptome zu beachten. Die Psychologie stößt zur Wurzel des Bewußtseins vor, erforscht die Verflechtung von Leib, Geist und Psyche, sucht und findet Wege zur *Ganzheit des Menschen.* Die Ethik schließlich, die diese Erkenntnisse aufgenommen hat, versucht, den ichgebundenen Menschen zum Du des Mitmenschen zu führen und ihm ein neues Verhältnis zum Göttlichen, zur Überwelt und zur Mit- und Umwelt zu erschließen. In dieser Sicht ist der Mensch nicht mehr nur eine gut funktionierende oder beschädigte Maschine, aber auch nicht der nur sterbliche Teil im Gegensatz zur unsterblichen Seele. Vielmehr werden Geist, Psyche und Leib in einer Wechselwirkung gesehen: Die Psyche und der Geist beeinflussen den Leib und umgekehrt. Erst zusammen bilden sie den Menschen, der nicht nur ein Einzelwesen ist, sondern Teil des Kosmos und der Welt und nicht einen Körper *hat*, sondern Leib *ist*[2].

Theorien und Modelle heutiger Krankenpflege

Moderne, zum Teil noch ungewohnte Pflegetheorien und Pflegemodelle haben das Berufsbild der Krankenpflege inzwischen grundlegend gewandelt. Es wurde das Wissen und Denken aus Industrie und Wirtschaft genutzt und integriert; als wichtigstes Wissensgut wurde das *Problemlösungsverfahren* übernommen, auf dessen Hintergrund sich in verschiedenen Teilen der Welt fast gleichzeitig das Prozeßdenken in der Krankenpflege entwickelte. Seit 1975 arbeitet auch die Weltgesundheitsorganisation (WHO) an einem diesbezüglichen Projekt, das auf die europäische Krankenpflege großen Einfluß nimmt und noch nehmen wird, weil der Krankenpflegeprozeß Teil fast aller modernen Krankenpflegetheorien ist.

Der Krankenpflegeprozeß basiert auf den im Jahre 1963 von Virginia Henderson formulierten Elementen des Denkens, Entscheidens und Handelns. Er hat zum Ziel, dem Bedürfnis des Patienten nach pflegerischer Betreuung auf eine systematische Art und Weise zu entsprechen. Pflege ist auf Problemlösung, das heißt auf ein Ziel hin ausgerichtet. Die einzelnen Pflegeschritte sind im Sinne eines Regelkreises in logischer Folge voneinander abhängig und ermöglichen eine individuelle Pflegeplanung, die von der Informationssammlung zur Beurteilung und Neuanpassung verläuft (Abb. S. 176).

Dieser Prozeß ist nicht etwa neu, denn die Krankenschwester hat eigentlich immer schon so gehandelt, nur gab sie sich kaum oder wenig Rechenschaft darüber, welche geistigen Tätigkeiten und Kräfte ihrem Tun zugrunde lagen. Sie führte die Pflege aus, und was sie tat, war intuitiv und oft sogar auf eine verblüffende Art richtig und logisch, aber warum dem so war, das konnte sie nicht erklären. Heute aber leben wir in der Epoche der sogenannten Multifaktoren, und mit Intuition allein geht es nicht mehr, denn zu groß sind die Ansprüche, die von allen Seiten an die Pflegenden gestellt werden.

Seit Virginia Henderson die Elemente des Krankenpflegeprozesses als Denken, Entscheiden und Handeln formuliert hat, wurde und wird viel über Krankenpflege nachgedacht und diskutiert. Eine Definition ergänzt die andere, und es steht heute eine erhebliche Auswahl an Theorien und Modellen der Krankenpflege zur Verfügung.

Die heute am meisten diskutierten Pflegetheorien und -modelle sind von amerikanischen und englischen Krankenschwestern erarbeitet worden. Besonders bekannt sind diejenigen von Florence Nightingale, Virginia Henderson, Myra Levine, Nancy Roper.

Am vertrautesten ist uns Florence Nightingale. Ihre Auffassung von Krankenpflege aus den Jahren 1859/60 beeinflußte unseren Beruf weltweit. Sie ist nicht nur als »Dame mit der Lampe«, sondern auch als Wegbereiterin für einen attraktiven Frauenberuf in die Geschichte eingegangen.

Virginia Hendersons These, daß »der Mensch ein ganzheit-

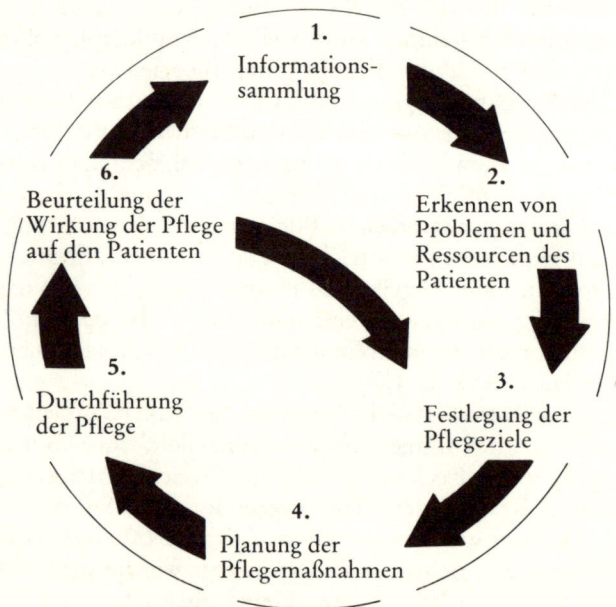

Regelkreis des Krankenpflegeprozesses

liches und unabhängiges Wesen mit 14 Grundbedürfnissen ist«, hat in den sechziger Jahren unseres Jahrhunderts vor allem die Grundpflege beeinflußt.

Myra Levine griff 1973 das Wissen über die hämodynamische Anpassungsfähigkeit des Organismus auf. Sie definiert Krankenpflege als Adaptation. Ihre Auffassung von Pflege hat etwas Faszinierendes und könnte unsere schöpferische Kraft herausfordern – so habe ich es jedenfalls in der Auseinandersetzung mit diesem Pflegemodell erfahren. Bei ihr bin ich ein erstes Mal dem Begriff »Ressourcen« begegnet: ein sehr aussagekräftiger Begriff für alle im Patienten selbst liegenden Möglichkeiten und Kräfte, die es zu aktivieren gilt. Noch bleibt sie beim »Psychophysikum« (s. S. 106) stehen und beschreibt den Menschen als dreipoliges Wesen. Sie nennt ihn »bio-psycho-sozial«, eine typische Aussage eines »psychosomatischen« Verständnisses, das den Geist ausklammert.

Noch stärker werden wir mit den zu aktivierenden Ressourcen – also mit der Aufforderung, sich nicht mit dem Kranken im Patienten allein, sondern ebensosehr mit dem Gesunden in ihm zu beschäftigen – bei Nancy Roper in den siebziger Jahren konfrontiert. Ihr geht es um das Leben überhaupt; sie definiert Krankenpflege als ein Modell des Lebens und spricht, wo bei Virginia Henderson von Bedürfnissen die Rede ist, von Lebensaktivitäten. Sie betont diese allen Menschen zugehörigen Aktivitäten des täglichen Lebens, analysiert deren Komplexität und Wechselwirkung und kommt dadurch zu einem brauchbaren Modell für Krankenpflege.

Dies sind nur kurze Gedanken zu *einigen* der heute bekannten Pflegetheorien. Zum weiterführenden Studium empfehle ich die einschlägige Literatur[3].

Wie immer die Forschung sich weiterentwickeln und was immer sie an neuen Erkenntnissen bringen wird, wichtig bleibt: »Krankenpflege ist keine Ferienarbeit. Sie ist eine Kunst und fordert – wenn sie zur Kunst werden soll – eine ebenso große Hingabe, eine ebenso ernste Vorbereitung wie das Werk eines Malers oder Bildhauers, denn was bedeutet die Arbeit an toter Leinwand oder kaltem Marmor im Vergleich zu der am lebendigen Körper, dem Tempel für den Geist Gottes? Krankenpflege ist eine der schönsten Künste, fast hätte ich gesagt, die schönste aller Künste« (Florence Nightingale, 1820–1910).

Das Pflegeverständnis an der Zeitenwende

Krankenpflege ist, wenn man sich am Abend von seinen Patienten verabschiedet mit den Worten: »Gute Nacht, bis morgen« – und am nächsten Morgen von der Oberschwester zur Aushilfe auf eine andere Abteilung umgeleitet wird.

GERDA JAGNOW

Das Pflegeverständnis schlägt sich im *Pflegeleitbild* nieder. Pflegeleitbilder sind Ausdruck einer Auffassung von Pflege, die sich (wie die Theorien und Modelle) am vorherrschenden
– Raum-Zeit-Bild (Weltbild)
– Menschenbild
– Bild von Gesundheit, Krankheit, Heilen
– an Rollenbildern orientiert.

Inhalte eines ganzheitlichen Pflegeleitbildes

Als Ausdruck einer *integralen, gesamtheitlichen* Auffassung liegen ihm Fragestellungen zugrunde, die sich von einem reduzierenden, »biopsychosozialen Modell« wie von einer bloß mechanistischen Ausrichtung absetzen. Orientierungshilfen sind die oben genannten Auffassungen:

– **Das Raum-Zeit-Bild** als Ausdruck für
☐ *das Bewußtsein der Zeit* (Weltbild), für die *Zeitabläufe* (Zeitalter) und den *Prozeßcharakter* menschlichen Lebens (Entwicklung des Bewußtseins, Lebensgesetze, Fluß des Lebens). Ein ganzheitliches Pflegeverständnis hat beides zu berücksichtigen: die Aufgaben der Zeit wie das Lebenskontinuum, in dem jeder einzelne Mensch steht: jung – alt, gesund – krank.
☐ *die Klarheit über die Räume,* in denen Pflege gebraucht und angeboten wird. Es sind die *Institutionen* verschiedenster Prägung (gemeindenahe Bereiche, Familie, Krankenhaus, Heim) sowie die *politischen* und *ökologischen* Bedingungen, die im Hier und Jetzt vorgegeben sind.

– **Das Menschenbild einer ganzheitlichen Pflege** als Ausdruck für die *Sicht vom Menschen* distanziert sich von einem bloß »biopsychosozialen Wesen«. Es sieht das Individuum als »Einheit und Ganzheit« in der Wechselwirkung seines Bewirkens und seines Bewirktwerdens im Spannungsfeld der Beziehungen (s. Kapitel 3).

– **Das Bild von Gesundheit, Krankheit, Heilen** als Ausrichtung auf ein Paradigma unterscheidet den neuen vom alten Ansatz und arbeitet auf den neuen hin:

☐ *Gesundheit* als Statik und Besitz *oder* als dynamischer Prozeß im Wechselspiel der inneren und äußeren Kräfte.

☐ *Krankheit* als Beeinträchtigung der Statik und des Besitzes *oder* als Teil des dynamischen Geschehens, verstanden als Ungleichheit, das auf ein neues Gleichgewicht hinstrebt.

☐ *Heilen* als außenorientiertes Angebot (Gesundheitswesen, Medizin, Pharmakologie) *oder* als gleichzeitige, ja primäre Integration der inneren Ressourcen des Menschen selbst, der Selbstheilungs-, Lebens- und Vitalkräfte und der Ressourcen der Welt (Natur, Umwelt, Mitwelt), in der er lebt.

– **Rollenbilder und Rollenverständnis:** Sowohl die Rolle des Pflegeempfängers (Patienten) wie des Pflegenden selbst (Pflegeperson) sind Entsprechungen und Auswirkungen der oben angeführten Wertsetzungen. Sie reflektieren das gewohnte Rollenverhalten und streben eine *beidseitige Verantwortlichkeit* an. Denn: *Die Rolle des Kranken* ist

☐ *passiv oder aktiv*: bloßer Pflegeempfänger *oder* Mitverantwortlicher,

☐ *abhängig oder unabhängig:* problem- bzw. krankheitsorientiert *oder* Ressourcen- bzw. gesundheitsorientiert,

☐ *außen- oder innenorientiert:* Chemie/Technik *oder* Naturkräfte bzw. Integration von beidem.

Die Rolle der Pflegeperson entspricht infolgedessen dem Verständnis, das sie von sich selbst und das sie von der Rolle des Kranken hat:

☐ *unreflektiertes Angebot von Hilfe* = Tun steht der

☐ *Hilfe zur Selbsthilfe* = Information und Unterstützung/ Aktivierung von Ressourcen gegenüber.

Aufgaben des integralen Zeitalters

In der *Informationsgesellschaft* von heute und morgen wird die wichtigste Tätigkeit in der Interaktion mit andern Menschen liegen. Unser Berufsalltag wird nicht mehr nur von der Technik beherrscht, sondern zunehmend auch von *Daten*, die entgegengenommen, verarbeitet und weitergeleitet werden müssen:

Die *Berichterstattung* schriftlich, mündlich, per Telefon, künftig auch per Computer-Terminal, ist eine zeitraubende und oft unerfreuliche Begleiterscheinung dieses kommunikationsintensiven Lebens geworden. Ein Produkt dieser Entwicklung ist die *Pflegeplanung* und eine Konsequenz davon die *Pflegedokumentation*. Beide Instrumente – sowohl die Planung wie die Dokumentation – sind Notwendigkeit geworden. Sie sind unausweichlich, auch wenn sie heute noch nicht überall Wirklichkeit, ja vielleicht sogar noch ein Alptraum sind. Aber ob man damit arbeitet oder nicht, ob man dafür oder dagegen ist, es ist im Zuge der Zeit notwendig und wichtig, sich mit der Pflegeplanung anzufreunden und pflegedokumentations-kundig zu werden.

Das ist die eine Seite, die mehr *technische*, mit der wir uns befassen müssen. Es gibt aber noch die andere Seite: *die personal-menschliche*. Der rapide Wandel, in dem wir stehen und der uns noch bevorsteht, bedeutet nämlich auch, daß wir uns mehr denn je um unsere *persönlichen und berufsspezifischen Werte* kümmern und daß wir uns einen Ausgleich für die uns einholenden unpersönlichen, materiell und technisch orientierten Informations-Systeme schaffen müssen, für uns selbst und für unsere Patienten.

Zusammenfassend möchte ich die berufsspezifischen *Aufgaben des Informations-Zeitalters* wie folgt definieren:

1. *Die technischen*: Sie enthalten die Notwendigkeit
   – der Berichterstattung
   – der Datenverarbeitung
   – der Planung.
   Sie finden ihren Niederschlag in den *Instrumenten*
   – der Pflegeplanung
   – der Pflegedokumentation
   – der Planungshilfsmittel (Planograph, Arbeitspläne usw.).

2. *Die personalen*: Sie beinhalten eine neue Bewußtheit für
    – die menschlich-personalen Werte
    – die Pflege von Kontakten und Beziehungen
    – den ganzheitlichen Lebensvollzug.
    Sie finden ihren Niederschlag in den *Impulsen* zu
    – person- und problemorientierten Pflegegesprächen
    – Integration der Ressourcen
    – mehr Kreativität und Eigenverantwortlichkeit.

Die Pflege, die sich beider Aufgabenbereiche bewußt ist und sie umsetzt, ist eine *Pflege*, die sich als *Problemlösungs-* und als *Beziehungs-Prozeß* versteht, in dem beide Seiten sich in einer dynamischen Wechselwirkung die Waage halten. Zum Tragen kommt sie dann, wenn die intuitive und personale Pflegefähigkeit des einzelnen über diese äußeren Instrumente nicht nur dem Patienten, sondern letztlich auch der Pflegegruppe zugute kommt.

Ganzheitliche Pflege umfaßt den Patienten, der Pflege erhält, aber auch mich, die ich Pflege anbiete, und die Gruppe, die in diesen Prozeß eingebunden ist, und sie integriert die Realität im weitesten Sinne: Sie denkt über diese enge Gruppe hinaus, weiß um die Beziehungsnetze (des Kranken) im weitesten Sinn und sieht sich als Teil eines größeren Ganzen.

Grundlinien eines neuen Paradigmas

In der folgenden Übersicht, die ich in Anlehnung an F. Teegen[4] und M. Ferguson[5] zusammengestellt habe, werden einige Aspekte eines *neuen Pflege-Paradigmas* dem alten gegenübergestellt:

Leitsätze zum alten Paradigma	*Leitsätze zum neuen Paradigma*
Körper und Seele-Geist werden als voneinander getrennt gesehen.	Körper, Seele und Geist werden als untrennbare Einheit gesehen.
Seelisch-Geistiges ist von sekundärer Bedeutung für das Verständnis, die Pflege und die Behandlung bei Störungen.	Seelisch-Geistiges wird als bedeutsamer Faktor bei der Entstehung und Heilung körperlicher Krankheiten betrachtet.
Der Patient wird als Körper gesehen, an dem etwas gemacht wird. Der ausschließliche Schwerpunkt liegt auf der Handlungsqualität.	Der Kranke ist Person, das heißt in seinem Leib Gewordener. Seins- und Handlungsqualität halten sich die Waage.
Haltung zu Krankheit und Heilen	
Krankheit wird statisch betrachtet, Störungen sind negativ, sie werden von außen bekämpft. Arzt und Pflegepersonen sind für die Heilung verantwortlich, der Patient konsumiert die Therapie.	Krankheit ist Ausdruck einer Störung des dynamischen Gleichgewichts. Nicht ein »Übel«, sondern ein Versuch, die Harmonie wiederherzustellen. Die selbstregulierenden Kräfte sind ein wichtiger Bestandteil der Heilung und sind in die Pflege und Behandlung integriert.

Grundlegende Frage: Was ist am Körper des Patienten nicht in Ordnung? Wie kann der defekte Teil repariert werden?	Grundlegende Frage: Wie können wir den kranken Menschen wieder an seine Kraftquellen und Ressourcen anschließen, so daß er sich möglichst selber helfen kann?
Zweite Frage: Was haben wir an Medikamenten und technischen Hilfsmitteln zur Verfügung?	Zweite Frage: Welche Möglichkeiten und Fähigkeiten können wir einsetzen? Eigene Kraftquellen (Motivation, Humor, Kreativität, Hoffnung usw.) wie äußere Helfer (z. B. Freunde und Angehörige) und Hilfsmittel.

Pflegeverständnis

Pflege und Behandlung orientieren sich an Symptomen.	Gepflegt wird der ganze Mensch. Die Zusammenhänge zwischen Lebensproblemen und aktueller Krankheitssituation werden berücksichtigt.
Das Pflegekonzept läuft auf dem Hintergrund des Musters: »Diagnose, Symptome, Therapie und Pflege«.	Das Pflegekonzept ist ganzheitlich. Ausgangslage ist die Situation des Kranken. Der Prozeß umschließt Denken, Handeln und Fühlen: »Situation, Probleme und Ressourcen, Ziele, Pflegemaßnahmen«.
Die Pflegeperson pflegt intuitiv-unbewußt oder rational/analytisch.	Die Pflegeperson verbindet ihre intuitiven und rationalen Fähigkeiten. Sie entwickelt ein integrales Verständnis: Denken, Fühlen, Handeln.

Thesen zu einer ganzheitlichen Pflege

Krankenpflege ist, wenn man einen Patienten fragt:
»Wie geht es Ihnen?« – obwohl man das natürlich schon
längst viel besser weiß.
Krankenpflege ist, wenn man die Feiertage heiligt,
indem man die Essentabletts der Patienten schmückt.

GERDA JAGNOW

Wenn wir den Anspruch erheben, daß wir ganzheitlich
pflegen wollen, müssen entsprechende Voraussetzungen geschaffen und auch eingeübt werden, so daß sie zur *inneren* und
äußeren Haltung werden. Folgende Thesen sind mir in diesem
Zusammenhang wichtig geworden. Ihre Umsetzung basiert auf
der Fähigkeit des einzelnen, seine kreativen Kräfte zu erkennen,
zu nutzen und einzubringen.

Die Thesen

1.   Die Fähigkeit, Zusammenhänge zu sehen, nicht linear-
einseitig, sondern ganzheitlich = integrativ *zu denken, zu fühlen*
und *zu handeln.*
2.   *Sinn für Gesetzmäßigkeiten* und die Dynamik des Lebens
für sich selbst, für den Kranken, für das Beziehungsnetz, in das
er eingebunden ist, wie für die Welt, in der wir leben und
arbeiten.
3.   *Wachheit und Bewußtheit* für das eigene Gewahr-Sein, den
Fluß der eigenen Energien, das eigene dynamische Gleichgewicht, sowie für die eigenen Bedürfnisse und Wünsche.
4.   Glaube an die *Heil- und Selbstregulierungskräfte* und die
dem Menschen immer innewohnenden Ressourcen, sowohl an
die eigenen wie an diejenigen des Kranken. (Es *gibt* eine heilende
Resonanz, eine heilende Atmosphäre – wie es auch die unheil-
schwangere, krankmachende gibt, die »dicke Luft« zum Beispiel.)
5.   *Offenheit und Flexibilität* in der Anwendung eines kreativen Pflegeverständnisses, das die ärztlichen Verordnungen und
medizinischen Behandlungen begleitet und unterstützt.

6. *Die Gewinnung der Kooperation*, der Einsicht und des Gesundungswillens des Kranken, denn weder Gesundheit noch Gesundung kann einem Menschen verordnet oder diktiert werden. Wir können den Menschen nur dazu hinführen, ihn unterstützen, ihm Hilfe zur Selbsthilfe leisten, ihm seine Eigenverantwortlichkeit bewußt machen.

Pflege als kreativer Prozeß

Krankenpflege ist, wenn man die eigenen Hände als ein wirksames Schmerzmittel erleben kann.

Gerda Jagnow

Die Umsetzung dieser Thesen in die Pflegewirklichkeit kann als ein *kreativer Prozeß* verstanden werden. Kreativität ist ein Reizwort geworden. Es ist nahezu ein Modernismus, darüber zu reden und zu schreiben. Kreativität kann aber nicht einfach »gemacht« oder in einem Kreativitätskurs gelernt werden. Denn sie ist mehr ein Ausdruck innerer Seinsweise als Aktivismus oder Konsumgut[6]. Kreativität ist als Teil unseres inneren Wesens eine göttliche, weil gewaltige Kraft, die als ungenutzte Quelle und Ressource in uns so lange brachliegt, als wir sie nicht in unserer *ganzen Person* zur Wirkung kommen lassen können.

»Kreativität ist das Überschreiten von Grenzen, das Bejahen von Leben hinter dem Leben, das über sich selbst hinauslangt. Jenseits seiner eigenen Integrität fordert das Leben uns auf, unsere eigene uns innewohnende Natur, unser Wesen, als Mensch zu bejahen«, schreibt J. Zinker[7] und fordert vom Wegbegleiter (Therapeuten, Pflegeperson) eines hilfsbedürftigen Menschen, daß er den *Mut* hat, diese Kreativität auch zuzulassen, indem er neue und ungewohnte Wege geht. Das Tätigkeitsfeld, auf dem solches Bewirken zum Tragen kommt, hat dabei untergeordnete Bedeutung. Es geht nur darum – ich zitiere noch einmal Zinker –, »daß ich diesen Tag (jeden neuen Tag) mit Neuheit und Frische zu erleben vermag. Der Mensch, der es wagt, schöpferisch zu sein, Grenzen zu überschreiten, hat nicht nur an einem Wunder teil, sondern kommt auch dahin

185

zu erkennen, daß er in seinem Prozeß des Seins ein Wunder *ist*.«

Wenn dieser uranfängliche, im Menschen immer schon anwesende Erfindergeist in den Alltag hineingenommen wird, geschieht etwas grundlegend Neues. Maria Hippius beschreibt diesen kreativen Prozeß so: »Kommen Kopf und Hand, Geist und Leib mit Herz und Genie zusammen, so geschehen ›Zeichen und Wunder‹, phänomenale Dinge in der Menschenwelt. Was heute fällig ist, ist der Quantensprung vom persönlichen in ein menschlich-menschheitliches (=ganzheitliches) Entwicklungsgefüge.[8]«

Aber Theorien, so einleuchtend sie sein mögen, bewirken in uns, in unserem Alltag noch gar nichts. Ich als Mensch bin es, der etwas verändern kann: Es ist meine Art zu leben, die etwas bewirken kann, die Art und Weise, in der ich da bin, mich bewege, in der ich arbeite, pflege, in der ich, um mit Florence Nightingale zu sprechen, Pflege als Kunst ausübe. Dies alles bedeutet, daß *ich* es bin, der diesen kreativen Prozeß lebendig machen kann, und daß, wenn wir unser gewohntes Schauen, Denken, Reden und Handeln selbstkritisch befragen, wir schon auf dem Wege sind zu einem kreativeren Wahrnehmen, Gewahrwerden und Verhalten.

Wenn wir schon Kreativität als solche nicht erlernen können, lernen und einüben können wir die innere Haltung, auf deren Boden sie zu gedeihen vermag: »Es geht darum, eine andere als die bisherige und eine von innen heraus neue Art und Weise des Schauens sowie des Denkens und Redens zu entdecken, um neues Handeln und neue Lebensgewohnheiten zu entwickeln. Dazu müssen wir einander behilflich sein.«[9]

Neues Schauen, Denken, Reden und Handeln geschieht in der Pflegerealität weniger in großen Taten als vielmehr in kleinen Dingen, in der Wechselwirkung von globalem Denken und lokalem Handeln. »Ja, das stimmt«, antwortete eine junge Schwester anläßlich eines Kurses (in Anlehnung an das Ganzheitskonzept, Kopf, Herz und Hand in die Pflege mit einzubringen): Krankenpflege ist ein »Kopfwerk«, ein »Herzwerk«, ein »Handwerk« – aber sie ist auch ein »Bergwerk«, und das bedeutet, insbesondere in der Umpolung auf neue Werte hin, auch harte Arbeit. Es ist schwer, Strukturen zu verändern. Wir wagen das, in Traditionsgebundenheit befangen, häufig auch kaum in Angriff zu nehmen. Aber Strukturen sind nicht »gottgegeben«, sie sind Menschenwerk, das dem Menschen dienen soll, und als solches veränderbar. Im Zulassen und in der Pflege unserer eigenen Kreativität können wir neue und *andere* Formen – auch neue und *andere* Pflege-Gewohnheiten – entdecken.

Kreative Pflege ist alternative Pflege

Alternative Pflege ist nicht eine Pflege, die sich in einer falsch verstandenen Emanzipation auf die Ebene des Arztes stellen möchte. Auch nicht eine Pflege, die ihren ganzen Ehrgeiz in der Handhabung hochqualifizierter Apparate und technischer Einrichtungen oder Behandlungen sucht. Auch nicht eine Pflege, die in der Routine und im seelenlosen Handeln eine 40- oder bald schon eine 35-Stunden-Woche hinter sich bringt. Alternative Pflege darf vor allem nicht alter-naiv sein, das heißt unkritisch, unreflektiert, den Strömungen der Zeit ausgeliefert.

Was aber ist sie dann?

Unter dem alternativen verstehe ich den *anders-gewordenen*, den *neuen Menschen*, den heilen, den *ganz* gewordenen. Wir könnten auch sagen: In ihm verkörpert sich der moderne Heilige; ein Mensch, der *gegen den Strom* an die Quellen zurückgekehrt ist und von dorther lebt. Ein solcher Mensch – eine solche Pflegeperson – kann alternativ pflegen, eben anders. Weil sie selbst an die Quelle zurückgekehrt ist, hat sie die eigenen Ressourcen entdeckt und integriert. Deshalb kann sie Ressourcen und damit Selbstheilungskräfte und Selbsthilfe-Möglichkeiten erkennen, aktivieren und nutzen.

Wie äußert sich also alternative, kreative Pflege?

Ich versuche dieses schwer zu fassende Phänomen, das sich »alternativ« nennt, einmal so zu beschreiben:

Alternative Pflege heißt, daß wir das, was wir tun, anders tun: nämlich bewußter, aufmerksamer und – ich wage es zu sagen – liebevoll, warmherzig und behutsam, also echter und wirklicher. Ein solches Tun *ist* schon ein Tun, das ganzheitlich ist; ein Tun, das in Verantwortung für das Ganze geschieht. Der alternativen Pflege möchte ich folgende Prädikate zuordnen:

– *Sie erfüllt Hoffnung*: die Hoffnung von Patienten, von Angehörigen, ja die Hoffnung des Pflegenden selbst: unsere je eigene Hoffnung nach Lebensraum, Lebensqualität, Lebenssinn und Zukunft.

– *Sie gibt echte Antworten*: Krankheit, Leid, Schmerz, Tod sind reale Tatsachen. Der Mensch, der davon betroffen ist, braucht Hilfe: keine Scheinhilfe, sondern wirkliche Hilfe. Eine solche Hilfe ist nur durch Menschen möglich, die verstehen, daß Heilung nur ganzheitlich geschieht und daß sie der Hinwendung, des Zuhörens, des Verstehens, letztlich der Liebe bedarf: also des Seins ebenso wie des Tuns.

– *Sie glaubt an die Veränderbarkeit* der Zustände in der Welt und damit an die Veränderbarkeit der Lebensweise der Menschen, des Zustandes und der Befindlichkeit eines Patienten, der gewordenen Strukturen und nicht zuletzt: seiner selbst!

– *Sie findet neue Sichtweisen*, in denen wir selbständig und bewußt für unser Tun und Lassen Verantwortung tragen; in denen wir neue, auch ungewohnte Fragen stellen *und* in denen wir wieder mehr auf die eigene innere Kraft vertrauen und die daraus erwachsende tatkräftige Initiative einsetzen nicht nur für andere, sondern auch für uns selbst. Denn:

In der alternativen Pflege liegt die Verbindung von *Sein und Handeln*, also auch das Bewußtsein, den äußeren Forderungen in unserem Beruf Kräfte aus unserem Inneren entgegensetzen zu können. Diese inneren Kräfte sind das Wissen um unser eigenes Sein, die Weisheit des Herzens, oder: der religiöse, tragende Grund.

Was hilft uns, alternativ – und damit kreativer – zu leben? Lesen Sie dazu ein Wort des Dalai Lama[10]:

»Sei ein guter Mensch, warmherzig, verhalte dich im Alltag, in deiner Familie, an deinem Arbeitsplatz verantwortlich und versuche, echte Nähe zum andern zu spüren. Das wird allmählich die Atmosphäre verändern – Schritt für Schritt –, und das wird uns Zeit geben, bis wir soweit sind, auch äußere Formen und Strukturen zu verändern.« Und er fügt hinzu: »Und was das Wichtigste ist: Es kommt gar nicht so sehr darauf an, was du tust, wenn du es nur mit reiner und guter Motivation tust. Die Motivation und nicht die Tat selber entscheidet, welche Wirkung unser Tun hat.«

Die Erfahrung zeigt, daß wir Aussagen wie diese zwar als

richtig annehmen und sogar begrüßen können, daß wir aber, schon während wir hinhören, sie wieder von uns wegschieben. Wir sagen »ja«, doch darauf folgt ganz schnell das »Aber«:
– Aber wir können da allein sowieso nichts tun, da sind die anderen, die Ärzte, die Strukturen, da ist der Engpaß im Stellenkontingent, oder etwa nicht? Und wir fahren fort zu denken oder zu sagen:
– Aber wir haben doch wirklich zu wenig Zeit!
– Aber das Personal wird doch gestoppt!
– Aber die Hektik ist doch da!
Zumindest scheint es so. Und schon sind wir mit unsern Gedanken wieder in den Fragen und Problemen, stellen Pro-und-Contra-Theorien auf und sind damit schon wieder weit weg von uns selbst und von dem, was wir *verändern könnten.*

Wir würden ja alle gern aus diesem Dilemma ausbrechen – bloß *wie?* Die Frage nach dem »Wie« ist eine brennende Frage:
– Wie wird man der ganze, warmherzige, behutsame Mensch?
– Wie kann man alternativ-kreative Pflege im Alltag ausüben? Wie wird man zu einer Schwester/einem Pfleger, die/der Hoffnung und Sinn be-wirken, Ressourcen und Selbstheilungskräfte beleben kann?
– Wie findet man heraus, was wirklich verändert werden soll und kann?
– Wie wissen wir überhaupt, was heute richtig ist?
Auf diese und ähnliche Fragen gibt es keine Rezept-Antworten. Denn alles hängt davon ab, ob wir den alternativen, den neuen Menschen, wie er im Urchristentum, ja letztlich in allen Religionen geglaubt wird, zu leben vermögen.
Dieser neue Mensch scheint so ziemlich das Gegenteil von allem zu sein, was wir heute erfahren. Dennoch ist er da – er kann gefunden, er-lebt und ge-lebt werden. Jeder muß da anfangen, wo er gerade steht, und alles, was uns auf dem Weg weiterhilft, halte ich für gut.

Das Wesentliche ist uralt und ewig neu:

»Man sieht nur mit dem Herzen gut« (A. DE ST-EXUPÉRY) und:
»Geh in dich, richte deine Aufmerksamkeit nach innen – voll und ganz, lerne wieder zuzuhören« (R. B. ROSHI).

Am wichtigsten ist, daß wir nicht der Ausrede »Wir haben keine Zeit« zum Opfer fallen. Es geschieht schon viel, wenn wir uns wenigstens eine Minute Zeit nehmen, uns ruhig hinzusetzen, bevor wir in der Hektik des Tages untergehen. Selbst diese eine Minute wird einen positiven Einfluß haben auf uns selbst, unser Selbstverständnis, unsern Berufsalltag – ja letztlich auf die Welt.

Und nun ein allerletztes *Wie*?

Gibt es eine Brücke zwischen solchen Überlegungen, Reflexionen und Stunden der Besinnung, in denen wir den menschlichen wie den ganzheitlichen Auftrag in Beruf und Leben erkennen, und dem Rest des Lebens?

Diese Brücke scheint intellektuell nicht möglich zu sein, sie läßt sich auch nicht in Worte fassen. Aber ich glaube – und ich erfahre es bei vielen Gelegenheiten –, *diese Brücke kann sich in Menschen ausdrücken* – sozusagen in *lebendigen Brücken* zwischen Hoffnung und Wirklichkeit.

Eine solche lebende Brücke möchte ich selber sein, und ich habe viele kennengelernt, die es auch sind und sein wollen. Es sind Menschen, die sich aufmachen:
– kreative Prozesse zuzulassen und damit
– sich selbst bewußt wahr- und ernst zu nehmen,
– dem anderen aufmerksamer zu begegnen,
– mit den Dingen behutsamer umzugehen,
– dem Ganz-Anderen, der religiös-transzendenten Dimension, Raum zu geben oder zu lassen.

Die Übungssequenzen in diesem Buch möchten Anregung und Hilfe bieten, dafür im Alltag sensibler zu werden. Mir selbst wurde auf diesem Wege eine bis dahin fremde Erfahrung zuteil: die Freude und das Staunen.

Die Freude darüber, wenn
– eine ungewohnte Problemlösung möglich wird,
– eine neu gewonnene Einsicht in die Augen des Patienten (oder Schülers!) springt und dort ein Leuchten hervorruft,
– ein »schwieriger Patient« nicht mehr schwierig zu sein braucht.

Ich erlebe diese Freude immer öfter auch als »antizipierte Freude«, das heißt als eine Freude, die irgendwie schon weiß, daß es gut herauskommt, und die mir Mut macht, Schwierigkeiten anzugehen.

Das Staunen ist die eher leise Begleiterin der Freude. Ich erfahre es vor allem dann, wenn
— doch noch etwas zum Fließen kommt, wo schon alles ganz aussichtslos schien,
— plötzlich, über ein Wort, eine Geste, eine Berührung, eine neue lebendige Qualität im Raum ist.

Das Zulassen des kreativen Prozesses in der Pflege verändert sowohl mich selbst wie auch das Verhalten der Pflegegruppe als Gesamtheit. Es erwachsen *Fähigkeiten* wie diese:
— ein Gespür für die wirklichen Probleme zu bekommen,
— nicht den Körper zu behandeln, sondern am Leibe über die Be-Handlung etwas zu bewirken,
— averbale Aussagen zu sehen, zu verstehen und darauf zu reagieren,
— Intuition und Wissen miteinander in Verbindung zu bringen,
— auch einmal etwas ganz Ausgefallenes zu tun – mit den Patienten ein Fest zu feiern, ein Lied zu singen, ein Spiel zu spielen, oder
— die Arbeit hie und da als Spiel zu gestalten, mit mehr Humor und weniger Leistungsdruck,
— Fehler und Unvollkommenheiten bei mir selbst und anderen stehen zu lassen; dafür
— ein Auge zu bekommen für den Reiz der kleinen Dinge,
— besser zuhören zu können, um mehr zu bewirken, ohne mehr tun zu müssen, so wie es von Momo erzählt wird:
»Was die kleine Momo konnte wie kein anderer, das war: Zuhören. Das ist doch nichts Besonderes, wird nun vielleicht mancher Leser sagen, zuhören kann doch jeder.

Aber das ist ein Irrtum. Wirklich zuhören können nur ganz wenige Menschen. Und so wie Momo sich aufs Zuhören verstand, war es ganz und gar einmalig.

Momo konnte so zuhören, daß dummen Leuten plötzlich sehr gescheite Gedanken kamen. Nicht etwa, weil sie etwas sagte oder fragte, was den anderen auf solche Gedanken brachte, nein, sie saß nur da und hörte einfach zu, mit aller Aufmerksamkeit und aller Anteilnahme. Dabei schaute sie den anderen mit ihren großen, dunklen Augen an, und der Betreffende fühlte, wie in ihm auf einmal Gedanken auftauchten, von denen er nie geahnt hatte, daß sie in ihm steckten.

Sie konnte so zuhören, daß ratlose oder unentschlossene Leute auf einmal ganz genau wußten, was sie wollten. Oder daß Schüchterne sich plötzlich frei und mutig fühlten. Oder daß Unglückliche und Bedrückte zuversichtlich und froh wurden. Und wenn jemand meinte, sein Leben sei ganz verfehlt und bedeutungslos und er selbst nur irgendeiner unter Millionen, einer, auf den es überhaupt nicht ankommt und der ebenso schnell ersetzt werden kann wie ein kaputter Topf – und er ging hin und erzählte alles das der kleinen Momo, dann wurde ihm, noch während er redete, auf geheimnisvolle Weise klar, daß er sich gründlich irrte, daß es ihn, genauso wie er war, unter allen Menschen nur ein einziges Mal gab und daß er deshalb auf seine besondere Weise für die Welt wichtig war.

So konnte Momo zuhören!«[11]

Pflege als Hilfe zur Selbsthilfe

Krankenpflege ist, wenn man lernt,
daß die meisten Menschen viel mehr ertragen können,
als sie selber sich zutrauen,
und viel mehr leisten können, als die andern ihnen
zutrauen.

GERDA JAGNOW

Hilfe zur Selbsthilfe für den Patienten

Hilfe zur Selbsthilfe ist Hilfe, die es dem anderen ermöglicht, sich weitgehend selber zu helfen. Haun beschreibt in seinem Buch »Der befreite Patient«[12] zwölf Gebote, die dabei beachtet werden müssen. In Anlehnung daran habe ich hier zusammengestellt, was ich zur Verwirklichung einer kreativen Pflege – die ihrem Wesen gemäß Hilfe zur Selbsthilfe ist – für bedeutungsvoll erachte. Es sind Verhaltensweisen, die
– den verborgenen Werdekräften im Patienten zutrauend entgegengehen,
– das Wachstum und damit Schmerz und Leid zulassen, ohne den Mechanismen von Abwehr und Hilflosigkeit das ganze Aktionsfeld zu überlassen,
– den Eigenantrieb, die Eigentätigkeit und die Eigenverantwortlichkeit des anderen »anzünden«,
– dem »persönlichen Wie« gegenüber dem »objektiven Warum« den Vorrang geben,
– auf das schauen, was da ist, und nicht auf das, was fehlt,
– in der Pflegeplanung den Ressourcen ebensoviel Gewicht beimessen wie den Problemen und sie gleicherweise in die Pflege mit einbeziehen.

Eine Pflege, in der der Mut zum Tragen kommt, neue Schwerpunkte zu setzen und neue Wege zu gehen, wird zur erfüllten Pflege. Ob wir unsere Arbeit als Job oder als Berufung bezeichnen, ist dann nebensächlich (Job ist ein Wort aus dem mechanistisch-außenorientierten, Berufung eines aus dem intuitiven-innenorientierten Zeitalter).

Die Hilfe zur Selbsthilfe für uns selbst

Pflege als Beruf der Zukunft, die integral ausgerichtet ist, ist beides: Job *und* Berufung. Als Job ist sie Beschäftigung, Möglichkeit zum Gelderwerb und zu beruflichem Erfolg und Aufstieg. Als Berufung ist sie Antwort auf das, was meiner inneren Anlage entspricht, was für mich stimmt und worauf ich mit der Wahl dieses Berufes antworte. Um ein ganzheitliches Berufsverständnis auf Zukunft hin vorantreiben zu können, bedürfen wir der Selbsthilfe, das heißt einer Hilfe, die wir uns selbst geben, die wir für uns in Anspruch nehmen und die wir, wenn nötig, auch fordern oder verteidigen müssen. Auch hier wird uns nicht ein Entweder-Oder weiter bringen, sondern nur die Integration, in der beides zum Tragen kommt:
- *die wissenschaftliche Pflegeforschung.* Sie wird uns auf dem Wege der *empirischen Erfassung* Klarheit und Wissen darüber bringen, was wir tun, wie wir es tun und was wir verändern müssen. Zu diesem Komplex wurde in diesem Buch wenig gesagt, um den Rahmen nicht zu sprengen. Es sei hier verwiesen auf die breite Fachliteratur aus Forschung und Lehre (Forschungsberichte, Pflegetheorien usw.)[13].

Der andere, gleichzeitig zu beschreitende Weg ist
- *der Weg der intuitiven Erfassung* und Veränderung der Alltagsrealität über die kreative Auseinandersetzung und über das Ausprobieren neuer Formen der Alltagsbewältigung, die von jedem jederzeit geleistet werden kann.

Das sind zwei Wege, die letztlich zum gleichen Ziel führen, aber nur dann, wenn wir sie auch wirklich *gehen*. Auf den *Wegweiser* schreibe ich als Ausdruck eines Pflegekonzepts, das sich der Hilfe zur Selbsthilfe verpflichtet weiß, die beiden Markierungen: *Information – Unterstützung*. Es sind dies jene Elemente, die das traditionelle Pflegeverständnis an neues Denken und Handeln annähern können. Markierungen sind Leitsätze und als solche auch Grundsätze, die zum Ausgangspunkt des Tuns werden. Beispielhaft die folgenden Anregungen:

1. *Informieren* und Informiert-Sein über Möglichkeiten/Methoden/Hilfsmittel, die helfen, Gesundheitsprobleme zu meistern oder diese gar nicht erst aufkommen lassen:
- Der Gesunde muß wissen, was ihn gesund erhält.

– Der Kranke muß die Möglichkeiten kennen, die ihm helfen, gesund zu werden oder mit seiner Krankheit zu leben.

Zur Aufgabe der Information gesellt sich die entsprechende Unterstützung.

2. *Unterstützung zu bekommen* ist eine wesentlich zum Menschen gehörende Notwendigkeit. Der Mensch ist seiner Natur nach ein auf Beziehung und gegenseitige Hilfe angewiesenes Lebewesen.

– Das Kind braucht die Mutter, die Familie.

– Der Schüler braucht den Lehrer.

– Der Kranke braucht den Arzt oder den Therapeuten.

– Der Trauernde braucht den Mittragenden.

Es müßte uns nachdenklich stimmen, zu erfahren, daß die ersten Christen »Therapeutes« genannt wurden. Dieses griechische Wort kann am besten mit »Begleiter auf dem Weg zum Heil« übersetzt werden. Der *Therapeut* ist ein Wegbegleiter und als solcher ein Mensch, in dessen Nähe Heilung oder doch Linderung von Schmerz und Leid erfahren wird. Krankenpflege ist ein therapeutischer Beruf, die Pflegeperson ist infolgedessen auch ein Therapeut, was hier nicht im psychologisch einschränkenden Sinne gemeint ist. Diese Nähe, in der die Fähigkeit echten Daseins und Mitseins liegt, gilt es wiederzufinden und in unserem Pflegealltag neu zu verwirklichen.

Hoffnung ist eines der wichtigsten Worte auf diesem Weg zu einem neuen und bewußteren Pflegeverständnis. Hoffnung bewirken und Hoffnung erhalten kann aber nur, wer für sich selbst ein Hoffender ist. *Hoffnung* ist als innere Kraft Teil jener *Fähigkeiten* und Kräfte, die die moderne Krankenpflegeliteratur mit *Ressourcen* bezeichnet. Sie bildet zusammen mit Werten wie Sinn, Freude, Humor, Kreativität die Wurzeln, die uns tragen und nähren. Das Leben und Wirken aus diesen inneren Kräften heraus gibt unserem Beruf erst Sinnerfüllung. Er wird zum Ort, wo wir unseren Pflegeauftrag in den größeren Kulturauftrag (collere = pflegen) einbringen. Das hilft uns, sowohl die menschlichen wie die spezifisch beruflichen Fähigkeiten in gelebtes Leben umzusetzen. Leben, so sagt schon die Bibel, gelingt nur, wenn wir »mit unseren ganzen Kräften und dem ganzen Herzen, aus ganzer Seele, mit dem ganzen Gemüte« uns darauf einlassen:

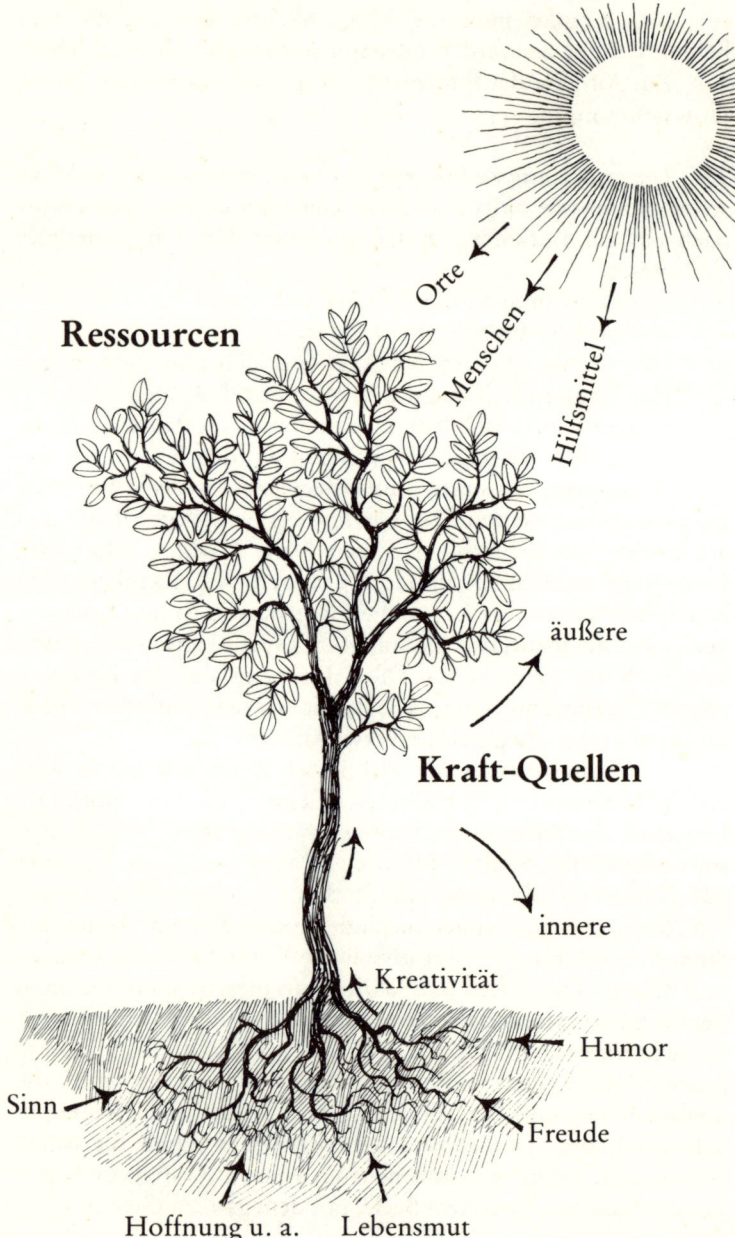

– uns selbst zu lieben,
– den Nächsten zu lieben,
– und über allem Gott zu lieben.

In der Qualifikation durch berufliche *und* menschliche Reife wachsen wir zum Meister heran. Meister wird man nicht durch eine Meisterprüfung, sondern vielmehr dadurch, daß man es *sein will*, daß man sich entsprechend einbringt: indem wir wieder mehr wir selber werden und uns selbst in den Pflege-, Heilungs- oder Gesundungsprozeß verantwortlich mit einbeziehen.

Wie wir das tun können, dazu soll das abschließende Kapitel noch einige Impulse geben.

Reflexionen – Meditationen

Krankenpflege ist, wenn man lernt, mit Augen und Händen zu sagen und zu verstehen,
was mit Ohren nicht gehört oder mit Worten nicht gesagt werden kann.

GERDA JAGNOW

Impulse

Krankenpflege ist auch, wenn wir gelernt haben, mit dem sechsten Sinn – mit Aufmerksamkeit und Bewußtheit also – unsere Sinne zu gebrauchen.

Von jungen Menschen, die den Pflegeberuf ergreifen, erwarten wir neben fundiertem Wissen und Können ein hohes Maß an Intuition und Einfühlungsvermögen. Wie aber sollen sie diese Fähigkeiten sich aneignen? Wo finden sie Übungsfelder?

Zu den Stichworten *Aufmerksamkeit, Bewußtheit, Achtsamkeit* habe ich einige Übungen zusammengestellt, die als Anregung dienen sollen, durch Schulung unsere Sinne zu schärfen und zu kräftigen. Lesen Sie zur Einführung, was der indische Lehrer Krishnamurti dazu sagt:

197

Bewußtheit – Aufmerksamkeit – Achtsamkeit

»Wenn Sie essen, essen Sie! Wenn Sie einen Spaziergang machen, gehen Sie spazieren! Sagen Sie nicht: ›Ich muß etwas anderes tun.‹ Wenn Sie lesen, richten Sie Ihre ganze Aufmerksamkeit darauf, ganz gleich, ob es ein Detektiv-Roman, ein Magazin, die Bibel oder sonst etwas ist. Vollkommene Achtsamkeit ist vollkommene Handlung, und es gibt darin kein ›Ich muß etwas anderes tun‹. Nur wenn wir unachtsam sind, haben wir das Gefühl: ›Bei Gott, ich müßte etwas Besseres tun.‹ Wenn wir beim Essen voll bewußt sind, dann ist das Handlung. Es kommt nicht darauf an, was wir tun, sondern ob wir dabei voller Achtsamkeit sind ...

Achtsamkeit ... ich meine damit nicht etwas, was wir durch Konzentration in der Schule oder im Beruf lernen, sondern ich meine achtsam sein mit unserem Körper, mit unseren Augen, mit unseren Ohren, mit unserem Geist, mit unserem Herzen – vollkommen. Wenn wir das tun, gibt es in unserem Leben eine gewaltige Veränderung. Dann ist da etwas, das unsere ganze Energie, Lebenskraft und Aufmerksamkeit verlangt.

Das Leben fordert diese Achtsamkeit jede Minute; aber die Unachtsamkeit ist uns so geläufig, daß wir immer versuchen, aus der Achtsamkeit in die Unachtsamkeit zu entfliehen. Wir sagen: ›Wie soll ich achtgeben? Ich bin träge.‹ *Seien* Sie träge, aber seien Sie sich Ihrer Trägheit bewußt. Seien Sie sich auch der Unachtsamkeit voll bewußt. *Wissen* Sie, daß Sie unachtsam sind! Wenn Sie das wissen, dann sind Sie achtsam.«

Schulung der Sinne

Die Fähigkeit, einen anderen Menschen wahrzunehmen – einen Kranken zu beobachten –, beginnt mit der Fähigkeit, sich selbst wahrzunehmen. Diese Wahrnehmung kann, wenn sie erst einmal geschult ist, nahtlos nicht nur in das Zusammenleben mit anderen Menschen, sondern auch in den Berufsalltag, die Pflege, mit einfließen. »Krankenbeobachtung« ist dann nicht mehr ein isoliertes Fach, das erlernt werden muß, sondern wird zum integralen Bestandteil einer ganzheitlich verstandenen Pflege.

Bewußtheit ist sowohl der *erste Schritt* wie das Ziel,
Aufmerksamkeit ist der Weg, den wir zu gehen haben,
Achtsamkeit ist die *Haltung*, die auf diesem Wege wächst.
Wir werden achtsamer nicht nur gegenüber uns selbst,
sondern auch gegenüber der Welt (Menschen, Tiere, Dinge). Es
wächst dann auch die Begabung der *Sorgsamkeit* und der
Behutsamkeit, die in helfenden Berufen so wesentlich ist, die
aber in unseren traditionellen Lehrprogrammen noch so wenig
Übungsraum hat.

Krankenpflege als Beruf bedarf deshalb einer zweifachen
Schulung. Einerseits muß durch Forschung und Lehre ein
wissenschaftlich haltbarer Grund geschaffen werden. Andererseits ist ein ganzheitliches Berufs- und Pflegeverständnis im
Alltag nicht durchzutragen ohne die Einübung und (Aus-)
Übung der *Erfahrungs- und Seinswerte*. Immer mehr Unterrich-
tende an Krankenpflegeschulen versuchen, über die Ebene der
Erfahrung ihre Schüler an diese Fähigkeiten heranzuführen. Die
Frage, wie sie das am besten erreichen können, ist für die meisten
von ihnen überhaupt noch nicht gelöst. Angehende Lehrerinnen
und Lehrer empfangen in ihrer Ausbildung zu wenig Anregungen dafür, und die Lehrpläne sind noch vorwiegend wissens-
orientiert, die Examina einseitig pragmatisch.

Trotzdem mehren sich jene, die sich an neue Wege heran-
tasten und nach Formen suchen, die der Dynamik menschlichen
Lebens zur Geltung verhelfen, indem sie mehr Aufmerksamkeit
für ganzheitliche Zusammenhänge und mehr Leibbewußtsein in
die Arbeit einbeziehen.

Alle Übungen, die Sie in diesem Buche finden, sind Anregungen, die in diese Richtung weisen. Abschließend stehen hier
einige Übungen, die gezielt die *Schulung der Sinne* fördern
wollen.

Auch hier gilt, daß alle Übungen sowohl in Einzelarbeit
wie in der Gruppe vorgenommen werden können.

Die Konzentration

Aufmerksamkeit wird von Dürckheim[14] als »kritische
Wachheit« bezeichnet. Gemeint ist ein kritisches Innewerden
dessen, *was* ich tue und *wie* ich es tue. Das Wichtigste für die
Entwicklung eines praktisch wirkenden Bewußtseins ist *Kon-*

zentration, die aus dem »Anwesendsein bei sich selbst« entspringt. Eine einfache Konzentrationsübung, die beliebig verändert und ergänzt werden kann, ist diese:

Übungsanleitung

– Schreiben Sie ein Wort auf ein Blatt Papier oder an die Wandtafel, zum Beispiel: *A u f m e r k s a m k e i t .*
– Buchstabieren Sie das Wort laut und deutlich (als Gruppe im Chor): a - u - f - m - e - r - k - s - a - m - k - e - i - t.
– Klatschen Sie beim 2. Durchgang bei den Konsonanten in die Hände (klatschen = X): a - u - X - X - e - X - X - X -a - X - X - e - i - X.
– Wiederholen Sie dies ein- bis zweimal.
– Sprechen Sie nun die Konsonanten und klatschen Sie bei den Vokalen: X - X - f - m - X - r - k - s - X - m - k -X - X - t.
Die Übung kann erweitert werden, indem für die Vokale oder Konsonanten ein alternativer gemeinsamer Nenner gesetzt wird, zum Beispiel anstelle des Aussprechens des Vokals
– ein Bein anheben
– den Kopf drehen (erschwerend: links – rechts im Wechsel).

Auswertung, Vertiefung

Besprechen der Schwierigkeiten, die beim Üben auftauchen, und der Erfahrungen, die der einzelne damit macht.
Impulse hierzu:
– Aufmerksamkeit bedeutet, alles fallen zu lassen, was uns im Augenblick nicht berührt, sich gleichsam in die Aufmerksamkeit hineinzuversetzen. Wie leicht – wie schwer – fällt uns dieses *Lassen?*
– Wir können über die gerichtete Aufmerksamkeit etwas Neues gestalten, neue Formen für ein Wort finden. Das Maß der Aufmerksamkeit wird im Resultat sichtbar. Wie leicht, wie schwer war dieses *Gestalten?*

Der Atem

Atmung ist nicht nur ein körperlicher Vorgang, sondern ist Teil des Lebens selbst. Der Atem ist Ausdruck des Rhythmus des Lebens: Aufnehmen und Abgeben. Der moderne Mensch tut sich in der Regel leichter im Aufnehmen als im Abgeben. Das wirkt sich auch in der Atmung aus: Das Einatmen verstärkt sich und tritt in ein unausgeglichenes Verhältnis zum Ausatmen, das eher zurückgehalten wird. Dadurch wird das freie Fließen der Lebenskraft – wenn auch sehr subtil – gestört. Anscheinend hat das keine Wirkung, denn wir spüren nichts davon. Nichtsdestoweniger entstehen auf die Dauer Unausgeglichenheiten im Energiehaushalt: Müdigkeit, Leistungsabfall, Kopfschmerzen, Verspannungen (der moderne Mensch spricht dann rasch von einer Depression).

Zur Hebung des Energieniveaus des Körpers kann der Atem gezielt eingesetzt werden. Einer der Wegbereiter dieser Schulung war Wilhelm Reich[15]. Seine Forschungsergebnisse wurden von vielen ganzheitlich orientierten Gesundheitserziehern und Therapeuten genutzt und modifiziert, zum Beispiel von Alexander Lowen[16], dem Begründer der Bioenergetik, und von Ida Rolf, die die strukturelle Integration zum System des Rolfing weiterentwickelt hat[17].

Auch ohne eingehende theoretische Kenntnisse können wir die Gesetzmäßigkeit und die energetische Wirkung des Atems wahrnehmen und bewußter für ein gesundes Leben einsetzen.

Übungsanleitung

– Setzen Sie sich aufrecht auf Ihre Sitzhöcker, das Steißbein frei, die Knie tiefer als die Hüften, die Füße gut auf dem Boden.
– Lockern Sie Schultern, Arme, Hände und die Gesichtsmuskeln.
– Atmen Sie ganz und bewußt aus, zum Beispiel auf den Buchstaben H.
– Lassen Sie dann den Atem kommen, lassen Sie ihn von selbst anspringen und einfließen.
– Atmen Sie wieder ganz aus, lassen Sie den Atem langsam ausströmen.

– Wiederholen Sie diesen Vorgang ruhig und bewußt siebenmal.
– Spüren Sie nach, wie Sie sich jetzt fühlen.

Auswertung

Die Übung vermag über den Weg einer leichten Hyperventilation gestaute Energien zu lösen. Sie bewirkt dadurch
– Abbau von Müdigkeit und Unlustgefühlen,
– bessere Konzentration und Leistungsfähigkeit.

Die Augen

Die Vielfalt, die Menge und die Dauer der Reize, denen wir ausgesetzt sind – der Streß –, sind ein großes Problem für unsere Augen. Unser Sehen-Können hat sich vom ruhigen *Schauen* zu einem ständigen *Fixieren* hin entwickelt. Diese Tatsache wirkt sich auf die *Sehfähigkeit* (Sehschwäche) und auch auf das *Wahrnehmungsvermögen* (selektiv-ausschließend) aus.

Unter dem Titel »Nirgends hinschauen – alles sehen« bietet G. Pennington im »Kleinen Handbuch für Glasperlenspieler«[18] ein Übungsprogramm an, das uns helfen kann, das fixierende Sehen wieder mit dem ganzheitlichen Schauen zu verbinden. Wer sich spielerisch in die »Welt des Schauens« einüben möchte, dem kann dieses Büchlein eine Hilfe sein. Es folgt hier eine einfache, an Pennington angelehnte Übung.

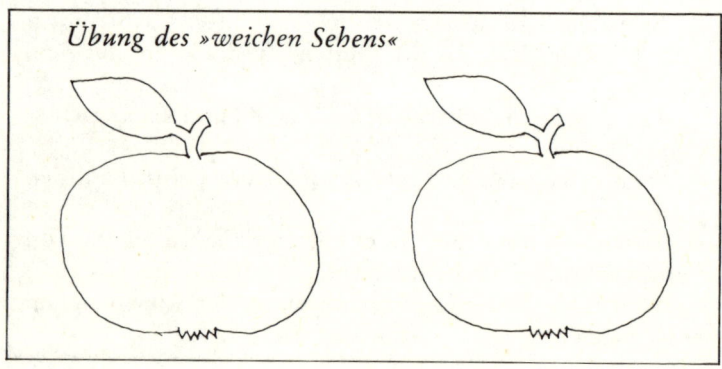

Übung des »weichen Sehens«

Übung des weichen Sehens

– Kopieren Sie das Bild mit den beiden Äpfeln (sie können auch durch andere Gegenstände ersetzt werden) und malen Sie sie gleichmäßig rot aus. Legen Sie das Blatt vor sich auf den Tisch.
– Schließen Sie das linke Auge und betrachten Sie mit dem rechten die Äpfel.
– Schließen Sie das rechte Auge und schauen Sie mit dem linken die Äpfel an.
– Halten Sie nun den Zeigefinger in die Höhe, ungefähr bei ein Drittel der Entfernung zwischen Nasenspitze und den Äpfeln (ohne diese zu verdecken).
– Betrachten Sie das Apfelbild mit beiden Augen (es verändert sich nicht, bleibt klar und scharf).
– Schließen Sie nun das linke Auge und schauen Sie mit dem rechten auf die Fingerspitze.
– Lösen Sie Ihre Aufmerksamkeit vom Zeigefinger (bleiben Sie aber in der Ausrichtung Fingerspitze) und richten Sie den Fall Ihres Blickes auf die – etwas unscharfen – Äpfel im Hintergrund – etwas rechts vom Finger sind nun zwei Äpfel sichtbar.
– Schließen Sie das rechte Auge und schauen Sie mit dem linken – die Äpfel erscheinen links vom Finger.
– Lassen Sie Ihre Aufmerksamkeit einige Male abwechselnd über das linke und rechte Auge hin und her wandern.
– Öffnen Sie dann beide Augen gleichzeitig, lassen Sie den Blick auf dem Finger ruhen.
– Richten Sie dann Ihre Aufmerksamkeit auf die Äpfel im Hintergrund – Sie sehen nun etwas verschwommen sowohl rechts wie links vom Finger wahrnehmbar die Äpfel – es sind nun deren vier.

Auswertung, Vertiefung

Diese und ähnliche Übungen sollen, ohne die Augen anzustrengen, in Muße (ruhige Umgebung, Einstimmung) vorgenommen werden. Sie eröffnen uns den Zugang zu einer ganzen Fülle von neuen Wahrnehmungsmöglichkeiten. Das bewußtere Umgehen mit der *Sehkraft* und dem *Schauen-*

Können hilft uns, diese beiden Fähigkeiten bewußter in den Alltag und in die Krankenbeobachtung einfließen zu lassen:
– das Sehen von Details und die scharfe Sicht der Dinge,
– das Schauen ohne Fixierung im »weichen Blick«, der ganzheitlicher wahrnimmt und der auch die Dinge hinter den Dingen sehen kann.

Es ist diese intuitive Wahrnehmung, die hinter dem klar ersichtlichen Symptom (z. B. normale Blutdruckwerte) den ganzen Menschen zu erfassen vermag und womöglich erkennt, daß es ihm trotz normaler Werte nicht gutgeht.

Übung mit geschlossenen Augen

Diese Übung kann auf dreierlei Weise ausgeführt werden:
1. *als Vertrauensübung* (ohne Gebrauch der Augen): Der Schwerpunkt liegt auf dem *Führen* und *Geführtwerden* (im Wechsel) und auf dem Erfahrungsaustausch.
2. *als Tastübung:* Der Schwerpunkt liegt auf dem *Ertasten*, Erspüren- und Empfindenlassen der lebenden und toten Umwelt bei *geschlossenen Augen.* Es sollen möglichst viele verschiedene Gegenstände der Erfahrung zugänglich gemacht werden, so daß man gleichsam mit den Händen sieht.
3. *als Blindenübung:* Schwerpunkt ist die *Erfahrung der Umwelt ohne Sehkraft und Augenlicht*, um die Welt des Blinden besser verstehen zu lernen.

Zeitdauer der Übung

– *Für die Vertrauensübung* reichen in der Regel je 10 Minuten. Sie kann im Raume durchgeführt werden.
– *Für die Tast- und Blindenübung* lohnt es sich, viel Zeit einzusetzen und sie im freien Gelände durchzuführen, wo vielfältigere Begegnungspunkte gegeben sind (Vorschlag je 30 Minuten im Wechsel).
– *Für die Auswertung:* ca. 1 Stunde, davon ein Drittel für den Erfahrungsaustausch in der Zweiergruppe.

Übungsanleitung

– Instruktion über den Ablauf der Übung. Es sind in der Regel vier Schritte einzuhalten:

1. Partner A »ist« ohne Augenlicht, Partner B führt ihn.
2. Wechsel der Rolle.
3. Austausch der Erfahrungen unter den Partnern selbst.
4. Auswertung und Vertiefung im Plenum.

– Zeitbekanntgabe. Für die Übung im Freien muß genug Zeit eingeräumt werden. Der jeweils Führende übernimmt auch die Kontrolle der Uhrzeit. Der Rollenwechsel findet statt an dem Ort, an dem die beiden sich gerade aufhalten. Zeitpunkt des Treffens im Plenum verabreden.

– Für die länger dauernde Tast- und Blindenübung sollen die Augen des zu Führenden verdeckt werden. (Tuch umbinden, Wattekugeln befestigen.)

– Impulse zum Ziel der Übung mit auf den Weg geben und die Teilnehmer durch eine kurze Einführung für das Thema sensibilisieren.

– Etwa anstehende Fragen abklären und die Übenden in die Erfahrung entlassen.

Auswertung, Vertiefung

– Erfahrungen austauschen,
– Ergänzen nach Bedarf, eventuell auch durch weiterführende Literatur,
– Bezug zur Praxis herstellen:
☐ Was hilft mir die gemachte Erfahrung für mich selbst?
☐ Welche Erkenntnisse kann ich umsetzen für den Umgang mit Menschen (Sehbehinderten) und Dingen?

Die Hände

Die Hand als physisches Organ befähigt zum *Handeln*. Die Hände sind äußerst beweglich, sie können über 400 000 verschiedene Bewegungen ausführen. Die meisten Kontakte mit allem, was uns umgibt, geschehen über die Hand. In Ausdrücken wie »handgreiflich«, »handfest«, »handlich« paßt sich auch der Sprachgebrauch der Bedeutung dieser Befähigung an.

Die menschliche Hand als wichtigstes Kontaktorgan vermag Energien und Kräfte von einem Menschen auf den anderen zu übertragen: Dann handeln wir nicht mehr, sondern wir behandeln.

In unserem Beruf hat die Hand eine besonders große Bedeutung, sei es, daß sie etwas am Patienten tut, sei es, daß sie mit einer vertrauenspendenden Gebärde dem anderen Menschen aufgelegt wird. Es lohnt sich deshalb, die Energieströme der eigenen Hand übend wahrzunehmen, damit sie um so wirksamer in die Arbeit miteinfließen können. Denn Energie ist Kraft, die fließen, aber auch blockiert sein kann.

Übung: Sensibilisierung für den Energiefluß

– Setzen Sie sich entspannt auf Ihre Sitzhöcker, das Steißbein ist frei, die Wirbelsäule aufrecht, die Füße sind fest auf dem Boden.
– Schließen Sie die Augen und lockern Sie Spannungen in Schultern, Armen, Händen.
– Konzentrieren Sie sich einen Augenblick auf sich selbst – lassen Sie den Atem frei fließen.
– Öffnen Sie die Augen und reiben Sie die Handflächen einige Sekunden lang kräftig gegeneinander.
– Halten Sie die Hände in Bauchhöhe und lösen Sie die Handflächen ganz langsam, zuerst nur einige Zentimeter, voneinander.
– Konzentrieren Sie sich auf die Hände und nehmen Sie die strömende Schwingung zwischen ihnen wahr.
– Verändern Sie den Abstand der Hände und nehmen Sie wahr, ob und wie die Schwingung sich verändert – finden Sie heraus, wo sie am stärksten, wo sie am schwächsten ist.

Auswertung und Vertiefung

Diese Händeübung ist eine wichtige Grundübung für Menschen in Pflegeberufen. Sie soll dazu hinführen, daß wir
– Energien wahrnehmen,
– sie bewußter in den Alltag einfließen lassen,
– durch Übung den Energiestrom und die Sensibilität verstärken.

Die Füße

Wie die Hände sind auch die Füße ein Bereich, in dem sich der ganze Mensch zum Ausdruck bringt. Das ist seit dem Altertum bekannt, wo dem Barbier (der immer auch Fußpfleger war) eine wichtige psychohygienische Bedeutung zukam. Durch Erfahrung weiß man, daß durch Zuwendung beim Behandeln der Füße der ganze Mensch heiler werden kann. Heute ist diese Erkenntnis auch wissenschaftlich untermauert, zum Beispiel durch Erforschung der Funktion der Reflexzonen speziell auch der Füße und davon abgeleitet durch die »Theorie und Funktionsweise der *Fußreflexzonenmassage*«[19]. Für eine Pflegeperson kann es vorteilhaft sein, die Fußreflexzonenmassage zu lernen. Unabhängig davon geschieht aber das Einüben der bewußten Hinwendung auf das, was wir tun und wie wir es tun, auch *in der alltäglichen Arbeit an den Füßen* unserer Patienten (beim Waschen, Fußpflegen, Verbinden). Dieses bewußte und damit therapeutisch-heilende Tun ist wiederum nur möglich über die Sensibilisierung für die entsprechenden Empfindungen bei uns selbst.

Übung zur Sensibilisierung an den eigenen Füßen

– Setzen Sie sich entspannt auf die Sitzhöcker, die Füße in Hüftbreite nebeneinander auf dem Boden.

– Nehmen Sie sich Zeit, sich in sich selbst zu spüren – nehmen Sie das Bei-sich-selber-Sein bewußt wahr.

– Konzentrieren Sie sich nun auf Ihre Füße – die Fersen – den Mittelfuß – den Ballen – den Zehenbereich – jede einzelne Zehe und die Zwischenräume zwischen ihnen.

– Nehmen Sie mit Ihren Fußsohlen Kontakt mit der Erde auf – lassen Sie alle Spannungen in die Erde abfließen und nehmen Sie neue Energien aus der Erde auf.

– Konzentrieren Sie sich auf den Punkt, wo die Achillessehne in die Ferse übergeht, hier liegt ein zentraler Punkt des Sich-öffnen-Könnens – denken Sie gleichsam in diese Öffnung hinein. Lassen Sie Ihrem Körper Zeit, sich zu entspannen – lassen Sie alle Spannungen los – auch die Spannungen, die sich zuletzt noch in den Zehen zusammenballen.

– Wenden Sie Ihre Konzentration wieder fußsohlenwärts in die Erde hinein – spüren Sie das Tragende, Feste – Sie sind getragen von dieser Erde – fühlen Sie die Verbindung der Füße mit der Erde.

– Nehmen Sie nun Ihre Füße einen nach dem andern in die Hände.

– Legen Sie zuerst das linke Bein (die Übung wird genauso mit dem rechten Bein wiederholt) auf den rechten Oberschenkel und betrachten Sie aufmerksam seine Form – Fußknochen – Fußgewölbe – Fersen – Knöchel – die Haut.

– Folgen Sie mit Ihrem Zeigefinger *behutsam* den Umrissen der Zehen – nehmen Sie einen um den andern in die Hand und wärmen Sie ihn mit dem Energiestrom, der durch Ihre Hand fließt.

– Spüren Sie diesem wärmenden Strom ganz *bewußt* nach – Sie selbst sind dieser Strom.

– Bewegen Sie nun mit den Fingern Ihre Zehen – nach allen Richtungen – finden Sie heraus, wie viele Bewegungen Ihnen möglich sind – lassen Sie sich viel Zeit.

– Wandern Sie mit Ihren Händen auf diese Weise über den ganzen Fuß – erleben Sie alle Bewegungsmöglichkeiten – alle Blockierungen und Grenzen.

– Massieren Sie dann Ihre Füße (mit Massageöl, wenn Sie barfuß sind) – denken Sie daran, daß auch die Knöchel und die Fersen mit dazugehören.

– Achten Sie darauf, *wie* Sie Ihre Füße be-handeln: liebevoll – behutsam – oder wie eine Sache, die nichts mit Ihnen zu tun hat?

– Wenn Sie beide Füße behandelt haben, stellen Sie sie auf die Erde – spüren Sie den Bodenkontakt – nehmen Sie die Veränderung wahr.

– Stehen Sie nun vom Stuhl auf und stellen Sie die Füße in Hüftbreite – spüren Sie, wie lebendig und frisch Ihre Füße nun auf dem Boden stehen – verbunden mit der Erde und offen für Energieströme.

– Lassen Sie Ihre Konzentration nun durch die Beine in den Beckenbereich aufsteigen – wandern Sie von dort durch die aufsteigende Wirbelsäule von Wirbel zu Wirbel nach oben bis zum Nacken.

– Erkunden Sie, wie weit Sie die Verbindung mit Ihren Füßen und mit der Erde fühlen und behalten können.

Auswertung und Vertiefung

Diese Übung kann beliebig erweitert werden. Es geht darum, zu erfahren, daß in unseren Füßen die Fähigkeit liegt, sich zu öffnen für die Erde und für die Energieströme unseres Körpers. Die Theorie der Fußreflexzonenmassage lehrt uns, daß wir über die Füße alle Teile des Organismus ansprechen und beeinflussen können. In dieser Richtung kann diese Übung erweitert werden, zum Beispiel:

– Von den Füßen ausgehend langsam in die Hände und Finger wandern, die Fingerspitzen zur Erde hin ausstrahlen lassen. Wir nehmen dann wahr, wie sich dadurch der Akzent in unsere Mitte verlagert, in den Unterbauch, und wie sich dadurch auch der Atemfluß mit verändert.

– Diese und ähnliche Übungen dienen der *Aufmerksamkeit* und *Bewußtheit*. Wenn wir gleichzeitig das Berühren mit einsetzen, kann ein weiterer Schwerpunkt gesetzt werden: die *Behutsamkeit* im Gebrauch unserer Hände.

– In Gruppen kann der Teil des Bewegens und Massierens auch gegenseitig vorgenommen werden. Dann fördert diese Übung gleichzeitig das *Vertrauen* (gerichtete Konzentration fördert Vertrauen).

Ausklang

Wer, was ist der Mensch? Ob der Mensch diese Frage philosophisch zu beantworten sucht, in wissenschaftlichen Beweisführungen, in Bildern oder Visionen, das ist vielleicht von untergeordneter Bedeutung. Denn indem der Mensch diese Frage aufgreift, indem er Bilder in sich aufsteigen läßt, bestätigt er: »Ja, ich bin ein Mensch – Mensch bin ich also soweit, als ich mich diesem Mensch-Sein stelle und mich auf diese Frage einlasse.« Zwar malen sich die Bilder unserer Vorstellungen und Hoffnungen immer nur in den Spiegelungen dieser Welt, die wir kennen, sind gefärbt von dem Standpunkt, den wir innehaben. Aber es ist uns doch möglich, das Geheimnis unseres Menschseins in eben diesem Spiegel wenigstens zu erahnen – mehr aber auch nicht, denn wir werden die eigentliche Wirklichkeit nie ganz zu erfassen vermögen. Auch heutige Begriffe wie »vernetzt«, »komplex«, »rhythmisch-dynamisch« sind wandelbar, sind immer nur begrenzte Hier-und-jetzt-Aussagen, umschließen nie mehr als einen Ausschnitt aus dem Ganzen. Der Mensch ist immer *mehr* und *anders*, als unsere Aussagen und Bilder einzufangen vermögen. Was bleibt uns, an das wir uns halten könnten? Welches Bild vom Menschen kann uns etwas von der Gültigkeit geben, die wir suchen? Was ist wichtig?

Wenn wir davon ausgehen, daß sich die Bilder unserer Hoffnung und Ahnung nur in den Spiegelungen der Welt ausdrücken lassen (dem Tai Gi, dem Baum, dem Kreuz usw.) oder in abstrakt wissenschaftlichen Modellen, so bleibt uns nichts Sicheres. Und doch bleibt eines, das den Menschen unterscheidet von allen Bildern und Modellen: *Geist und Liebe*! Ihnen beiden ist es gegeben, im Irdischen – in den Bildern dieser Welt und den Bildern vom Menschen – schon hier und jetzt die Verheißung und Versprechung unserer ewigen Bestimmung zu entdecken. Doch wie nur im Boden dieser Erde die Eichel eine Eiche werden kann, so kann auch der Mensch nur auf dieser Erde – als irdischer und menschlicher Mensch – der werden, der er sein kann und sein soll: Geist-Träger und Ebenbild Gottes. Das heißt aber auch: die Erde und damit die *Begrenzung* anzunehmen, das Leben im Hier und Jetzt.

Wie aber ist es dann mit der Sehnsucht des Menschen nach dem Unbegrenzten? Wie mit der Hoffnung auf das Ewig-Gültige? Wie vermag der Mensch die Erde mit dem Himmel zu verbinden?

Das Bindeglied zwischen Himmel und Erde – dies ist die einzige Antwort auf diese Frage, die ich zu finden vermag –, das, was die Beziehung des Menschen mit dem Ewigen schafft und erhält, *ist die Liebe*. Wer Liebe an sich erfahren hat, der weiß, wie unvergeßlich jedes Wort der Liebe ist. Wie also sollte die Liebe *selbst* nicht ein Zeichen sein für die Unvergänglichkeit des Menschen, den wir lieben – und damit für die Unvergänglichkeit des Menschen überhaupt? Liegt hier vielleicht auch *eine* Antwort und *eine* mögliche Herausforderung unserer Zeit? Nicht die einzige, gewiß nicht! Aber ohne Liebe, gepaart mit Wachheit des Denkens, wird das Streben nach Rückkehr zur Ganzheit und das Bemühen um Heilwerden und Heilen zur »mystifizierenden Utopie« oder zur belächelten Weltfremdheit. Beides führt in eine Sackgasse.

Die im Wachstum des Menschen reifende Liebe zu sich selbst, zu den Mitmenschen, zu den Dingen der Umwelt und zu Gott vermag unser Denken, Fühlen und Handeln auszurichten auf Einheit, die uns ganzheitlicher leben läßt.

Der Weg dahin ist der Weg des wachen Menschen; es gilt
– offen zu sein für die Not der Welt und unserer Zeit,
– uns den leitenden Ideen, Sichtweisen, Paradigmen und Strömungen zu stellen, ohne den Anspruch zu erheben, daß wir sie ganz und gar begreifen; denn noch ehe wir sie wirklich begriffen und von Irrtümern befreit haben, sind sie bereits von neuen, anderen überholt,
– und dies noch: »Öl für die Lampe bereit zu halten« (Matthäus 25,1–13). »Bleibt wach« bedeutet dann: nicht nachzulassen in der Auseinandersetzung mit den Fragen und den Problemen der Welt und des Menschen von heute; nicht stehenzubleiben, sondern stetig voranzuschreiten auf dem Wege, der kein Ziel hat, aber selbst das Ziel ist.

So gelingt uns in Ansätzen die Beantwortung der Frage nach dem Wesentlichen: die Welt mit den Augen der Liebe zu sehen. Antoine de St. Exupéry läßt den Kleinen Prinzen sprechen: »Man sieht nur mit dem Herzen gut – das Wesentliche ist für die Augen unsichtbar.«

Wie können wir für uns den »Kleinen Prinzen« wiederfinden inmitten der Wüste dieser Welt? Wie können wir die Liebe wiederfinden in einer Welt, die so nach außen gerichtet ist und so viel von uns verlangt? Es gibt auf diese Frage kein Patentrezept. Im Ausschauen aber nach einer Antwort sehe ich, wie alt diese Frage ist, sehe, daß sie den Menschen begleitet hat durch alle Zeiten und Kulturen und daß die Zeitlosigkeit der Frage in der Zeitlosigkeit der Antworten zutage tritt, wie in diesem Wort der alten Ägypter: »Die ganze Welt ist in den Augen der Liebe nur ein Schleier, der Schimmer, der Schatten der Ewigkeit.« Auch die Griechen überlieferten dieses Urwissen um Ewiges, Unvergängliches, Unsterblichkeit. In dieser Tradition steht schließlich auch das Christentum:

Jetzt sehen wir Gott
wie unser eigenes Gesicht
in kupfernem Spiegel,
fremd und rätselvoll,
dann aber klar und nahe
von Angesicht zu Angesicht.
Jetzt erkenne ich eins oder das andere,
dann aber werde ich erkennen,
so klar, wie ich selbst von ihm erkannt bin.
Ein Dreifaches bleibt:
Glaube, Hoffnung, Liebe,
drei Gaben aus Gottes Fülle,
die Liebe aber ist die größte unter ihnen.
1. Korinther 13,12–13, Übersetzung: Jörg Zink

Der Weg des Menschen in der Welt soll ihn dahin führen, dies »dreifache Bleibende« in diesem Leben schon zu finden und in seinen Alltag aufzunehmen. Diesen Weg zu gehen, das kann gelernt und eingeübt werden, wenn wir uns ihm nur öffnen.

Darum stelle ich – wie eine Brücke – das Märchen, mit dem das Buch »Sein und Handeln«[20] beginnt, hier an den Abschluß – als Ausblick in die Zukunft, die es zu bewältigen gilt.

Eine junge Schwesternschülerin, die in der kurzen Zeit ihrer Ausbildung in Schule und Spital schon viel vom Leiden der Menschen und von der Krankenpflege gehört und gesehen hatte, setzte sich eines Abends müde und mutlos in die »stille Ecke«

213

ihrer kleinen Wohnung nieder. »Wie«, so fragte sie sich, »kann ich das viele, das ich zu tun und zu lernen habe, so begreifen, daß ich darin das eine finde, von dem ich weiß, daß es wichtig ist, obwohl ich es nicht kenne?« Die Sehnsucht nach dem geheimen Wert, der allen Dingen innewohnt, war in ihr erwacht. Sie begann zu erfassen, daß es nur darauf ankomme, zu verstehen, wie das viele zum einen führen könne. Wer aber konnte sie darüber belehren?

In solchen Überlegungen ging sie mit noch größerem Eifer an ihre Arbeit. Sie öffnete die Augen und Ohren noch weiter, um mehr zu sehen und zu hören. Sie machte die Bücher zu ihren Freunden und lernte alles, was sie ihr zu sagen hatten. So kam es, daß sie eines Tages von einem alten Weisen hörte, der ein Weisheitsbuch hütete, das die wichtigste aller Antworten auf ihre Frage in sich barg. Da machte sie sich auf und suchte den weisen Mann, um aus seinem Buch zu hören. Und da es zum Geheimnis der Weisheit gehört, vom Suchenden sich finden zu lassen, fand sie, was sie gesucht: den weisen alten Mann.

»Sag mir«, sprach sie zu ihm, »sag mir den Weg, der mich über das viele hinaus zum einen führt.« Der Weise sah, daß hier ein ernster junger Mensch vor ihm stand, der die Augen hatte, um zu sehen, und die Ohren, um zu hören, und der das Wissen um die tiefsten Werte schlummernd in sich trug. Da öffnete er sein Buch und schenkte ihr den Schlüssel zu dem Geheimnis, das sie suchte: *Das Lied der Liebe:*

Wenn ich in allen Sprachen der Menschen redete
und sänge in den Worten der Engel,
und keine Liebe wäre in mir,
gliche ich einer dumpfen Brummglocke
oder einem scheppernden Becken aus Blech.

Wenn ich Gottes Gedanken kennte
und alle Geheimnisse wüßte,
wenn ich alle Weisheit der Welt besäße,
wenn mein Glaube die Macht hätte,
Berge zu versetzen,
und keine Liebe wäre in mir,
so wäre ich nichts.

Wenn ich mein Gut verteilte
und alle Hungrigen der Welt sättigte,
wenn ich für Christus ins Feuer ginge
und ließe meinen Leib brennen,
und es wäre keine Liebe in mir,
es nützte mir nichts.

Die Liebe ist langmütig und freundlich,
sie kennt keine Eifersucht,
sie prahlt nicht
und bläht sich nicht auf,
sie achtet auf das,
was sich schickt, und verletzt es nicht.
Sie sucht keinen Vorteil
und wird nicht bitter durch dunkle Erfahrung.
Sie rechnet niemandem Böses an.
Sie trauert über das Unrecht
und freut sich über die Wahrheit.
Sie trägt alles,
sie glaubt und hofft alles.
Sie beugt sich den Lasten
und bleibt geduldig gebeugt.
Die Liebe hört niemals auf.

1. KORINTHER 13,1–8

Bildnachweis

Seite 9 Zen-Kreis, von Karlfried Graf Dürckheim

Seite 12 Bambus. Zeichnung aus Korea

Seite 17 Labyrinth in der Kathedrale von Chartres aus: Hermann Kern, Labyrinthe, Prestel Verlag, 1983[2], S. 225

Seite 27 Radbild von Josua Bösch aus: Bruder Klaus von Flüe, Benziger Verlag, Zürich Einsiedeln Köln 1983, S. 53

Seite 55 Mandala. UNICEF-Karte mit einem Motiv, das Frauen in Nepal mit einem handgeschnitzten Stempel auf Papier gedruckt haben

Seite 75 Pierre Yves Trémois, l'Apocalypse – Pur la Naissance du Surhomme

Seite 101 Karl Iten, Strom des Lebens (Schabzeichnung 1984), Illustration aus dem Buch »Winteratem – mein Urner Jahr« von Bruno Stephan Scherer, Cantina-Verlag, Goldau

Seite 118 Irisches Steinkreuz. Foto: Hilde Körnig

Seite 126 aus: Alfons Rosenberg, Kreuzmeditation, Kösel Verlag

Seite 149 aus: Ellen Breindl, Das große Gesundheitsbuch der H. Hildegard von Bingen, Paul Pattloch Verlag, Aschaffenburg 1983, S. 52

Seite 171 Hans Hug, Samenstand einer Sonnenblume

Anmerkungen

1. Gedanken zur Zeitenwende

1 Ferguson, M., Die sanfte Verschwörung, Basel 1982
2 Siehe dazu auch Gebser, J., Ursprung und Gegenwart, in: Gesamtausgabe Band II, Novalis, Schaffhausen, und Enomiya-Lassalle, H. M., Am Morgen einer besseren Welt, Herder 1984

2. Bilder vom Menschen im Wandel

1 Ferguson, M., Die sanfte Verschwörung, Basel 1982
2 Krüger, F., Lehre vom Ganzen, Bern 1948
3 Besonders hinweisen möchte ich auf die zahlreichen Veröffentlichungen von C. F. v. Weizsäcker, z. B. »Die Einheit der Natur«, München 1971, und »Der Garten des Menschlichen«, München 1977
4 Capra, F., Wendezeit. Bausteine für ein neues Weltbild, Bern 1983
5 ebenda
6 ebenda
7 Ferguson, M., Die sanfte Verschwörung, Basel 1982
8 Brendan O'Regan, The Aquarian Conspiracy: Grounds for Optimism, in: Newsletter des Institute of Noetic Science, Vol. 8/1, Winter 1980. Übersetzung: Fritz Hoffmeister. Aus: Geisler, G., New Age. Zeugnisse der Zeitenwende, Freiburg 1984[2]
9 Juchli, L., Sein und Handeln, Kapitel »Ressourcen«
10 Zur Entstehung des Hologramms siehe weiterführende Literatur. Erfahrungen dazu können z. B. in der Galerie für Holographie in Basel gesammelt werden, wo die dreidimensionalen Bilder hautnah und doch nicht anfaßbar erlebt werden können.
11 Holo (griech.) – ganz, unversehrt, ist gleichbedeutend mit hólos (lat.) – heil, gesund. Daraus entstanden die Begriffe holo-graphisch, holistisch, Holismus – Ganzheitslehre. Auf diesem Hintergrund sind die »holistischen Modelle« wie »holistisches Heilen« oder – aus dem Englischen importiert – »holistische Pflege« zu verstehen, zu deutsch: Ganzheitspflege, ganzheitliches Heilen.
12 Teegen, F., Ganzheitliche Gesundheit, Reinbek 1983
13 Juchli, L., Sein und Handeln
14 Jacobi, J., Die Psychologie von C. G. Jung, Frankfurt 1980
15 Zur Synchronizität siehe C. G. Jung, Ges. Werke, Band 8, sowie Jacobi, J., Zur Psychologie von C. G. Jung
16 Wilson, R. A., Der sinnvolle Zufall, in: Psychologie heute, Nr. 1, 1985
17 ebenda
18 Siehe dazu z. B. P. Teilhard de Chardin, Das Tor in die Zukunft. Ausgewählte Texte zu Fragen der Zeit, München 1984
19 Capra, F., Wendezeit, München 1983
20 Dossey, L., Die Medizin von Raum und Zeit, Basel 1984
21 ebenda
22 I Ging, Das Buch der Wandlungen, Hrsg. R. Wilhelm, Düsseldorf/Köln 1970
23 Huber, L., Die Tierkreiszeichen. Reflexionen, Meditationen, Adliswil-Zürich 1981

217

24   Fromm, E., Märchen, Mythen, Träume, Stuttgart 1980
25   Duden: Herkunftswörterbuch, Mannheim 1983
26   Herder-Lexikon: Symbole, Freiburg
27   Rosenberg, A., Einführung in das Symbolverständnis, Freiburg 1984
28   Herder-Lexikon: Symbole, Freiburg
29   ebenda   30   ebenda
31   Wilson, A. und Bek, L., Farbtherapie, Bern/München 1984
32   Herder-Lexikon: Symbole
33   ebenda   34   ebenda
35   Saint-Exupéry, A. de, Der kleine Prinz, Düsseldorf 1950
36   Rosenberg, A., Einführung in das Symbolverständnis, Freiburg 1984
37   Wilhelm, R. und Jung, C. G., Das Geheimnis der Goldenen Blüte, Olten/
Freiburg 1981
38   Herder-Lexikon: Symbole
39   Ein Hauptanliegen des Individuationsprozesses (Ganzwerdung des Menschen) ist die Auseinandersetzung mit den zumeist unbewußten weiblichen
Zügen des Mannes (Anima) und den unbewußt männlichen Zügen der Frau
(Animus).
40   Existentialpsychologische Bildungs- und Begegnungsstätte, Leitung Prof.
Dr. K. Graf Dürckheim und Dr. Maria Hippius, D-7867 Todtmoos-Rütte
41   Siehe zum Beispiel Jaffé, D. T., Kräfte der Selbstheilung, Stuttgart 1983
42   Simonton, C., Wieder gesund werden, Reinbek 1982

3. Modelle menschlichen Seins

1   Hierzu verweise ich auf das ausgezeichnete Buch »Modelle des Menschen«
von Ch. Hampden Turner, Weinheim 1983
2   Capra, F., Wendezeit, Bern 1983
3   I Ging. Das Buch der Wandlungen, Hrsg. R. Wilhelm
4   Juchli, L., Krankenpflege, Praxis und Theorie der Gesundheitsförderung
und Pflege Kranker, Stuttgart 1983[4]
5   Siehe dazu weiterführende Literatur: Hampden-Turner, Ch., Modelle des
Menschen, Weinheim 1983, und: Blakeslee, T. R., Das rechte Gehirn, Freiburg 1982
6   Jaffé, D. T., Kräfte der Selbstheilung, Stuttgart 1983
7   Stangl, A. und M. L., Das Entspannungsprogramm, München 1978
8   Selyes, H., Streß, Bewältigung und Lebensgewinn, München 1974
9   Diamond, J., Der Körper lügt nicht, Freiburg 1983
10   Hinkelmann, K. G., Alpha-Tiefenentspannung, Kassette und Begleitheft,
PLS Bremen. Die folgende Übung ist in Anlehnung an diese Kassette entstanden.
11   Siehe dazu Juchli, L., Krankenpflege, Stuttgart 1983
12   Tucci, in: Teegen, F., Ganzheitliche Gesundheit, Reinbek 1983
13   Zu erwähnen ist das Malbuch: Mandalas der Welt von R. Dalke (Irisiana)
sowie der vom gleichen Autor zusammengestellte Mandala-Malblock – ein
Abreißblock mit 72 verschiedenen Mandalas (Neptun), München 1985
14   Zum Beispiel in der Literatur von Simonton, C., Wieder gesund werden,
Reinbek 1982; Teegen, F., Ganzheitliche Gesundheit, Reinbek 1983, und
Jacobi, J., Vom Bilderreich der Seele, Olten 1969

15   St-Exupéry, A. de, Definition vom Menschen in »Wind, Sand und Sterne«, Düsseldorf 1939

16   Buber, M., Das Dialogische Prinzip, Heidelberg 1973   17   ebenda

18   Frankl, V. E., Der unbewußte Gott, München 1974

19   Logotherapie: Die von V. E. Frankl begründete Logotherapie ist eine sinnzentrierte Psychotherapie. Im Zusammenhang damit bedeutet »Logos« einfach Sinn. Es werden Wege gesucht, das Leiden mit den Kräften der eigentlich menschlichen, der geistigen Dimension, zu bewältigen.

20   Dürckheim, K. Graf, Vom doppelten Ursprung des Menschen, Freiburg 1979

21   Frankl, V. E., Der unbewußte Gott, München 1974

22   Dürckheim, K. Graf, Vom doppelten Ursprung des Menschen, Freiburg 1979

23   Eine Anleitung auf der Grundlage der »Initiatischen Therapie« von K. Graf Dürckheim bietet sein Büchlein »Die Übung des Leibes«, München 1981. Weiterführende Literatur in Anlehnung an Dürckheim sind zum Beispiel: Roden, R. v., Aus Dir mach Wir, Freiburg 1983, und Draayer, H., Finde dich selbst durch Meditation, München 1984.

24   Eine ausführliche Darstellung der Kreuzsymbolik findet sich in: Rosenberg, A., Kreuzmeditation, München 1976

25   Rosenberg, Kreuzmeditation   26   ebenda

27   Diese Integration findet sich auch in der Farbensymbolik, z.B. im Lüscher-Funktionsdiagramm, in: Lüscher, M., Der Vier-Farben-Mensch, München 1981. Es zeigt die senkrecht-männliche Achse rot und die waagrecht-weibliche blau. Diese beiden Farben mischen sich im Kreuzungspunkt zur Königsfarbe Purpur.

28   Rosenberg, Kreuzmeditation

29   Maslow, A., Psychologie des Seins, München 1973

30   Burow, O. A. und Scherpp, K., Lernziel: Menschlichkeit, München 1981

31   Dürckheim, K. Graf, Vom doppelten Ursprung des Menschen, Freiburg 1979

32   Dürckheim, K. Graf, Übung des Leibes, München 1981, und: Alltag als Übung, Bern/Stuttgart 1980

33   Buber, M., Das dialogische Prinzip, Heidelberg 1973, und vgl. Kapitel 2

34   Fromm, E., Haben oder Sein, München 1979

35   Dürckheim, K. Graf, Hara, die Erdmitte des Menschen, München 1981

36   Burow, O. A. und Scherpp, K., Lernziel: Menschlichkeit, München 1981

37   Fromm, E., Haben oder Sein   38   ebenda

39   Rosenberg, A., Kreuzmeditation, München 1976

4. Gesundheit und Krankheit

1   Teegen, F., Ganzheitliche Gesundheit, Reinbek 1983, S. 50

2   Juchli, L., Krankenpflege, Stuttgart 1983

3   Nightingale, F., Notes on Nursing, Brockhaus, Leipzig 1877

4   Maslow, A., Psychologie des Seins, München 1973

5   Foudraire, J., Wir sind nicht aus Holz

6   Einer der wichtigsten Vertreter des soziologischen Ansatzes ist Alexander Mitscherlich. Mitscherlich, Gesammelte Schriften, Band 1–5, Frankfurt 1983.

Parsons, T., zeigt die Zusammenhänge auf, z. B. in: Sozialstruktur und Persönlichkeit, Fachbuch für Psychologie, 1981

7   Duden: Herkunftswörterbuch, Mannheim 1983
8   Frankl, V. E., Der unbewußte Gott, München 1974
9   Dethlefsen, Th., Krankheit als Weg, München 1983
10   Groddeck, G., Krankheit als Symbol, Frankfurt 1983
11   ebenda
12   Aus: Impuls Nr. 3/83, 4. Jahrgang, Verlag Beat Kaufmann, CH-8712 Stäfa
13   Groddeck, G., Krankheit als Symbol, Frankfurt 1983
14   Teegen, F., Ganzheitliche Gesundheit, Reinbek 1983
15   Ferguson, M., Die sanfte Verschwörung, Basel 1982

5. Ansätze zu einem ganzheitlichen Pflegeverständnis

1   Nightingale, F., Notes on Nursing, Brockhaus, Leipzig 1877
2   Dürckheim, K. Graf, Übung des Leibes, München 1981
3   George, J. B., Nursing Theories, Prentice-Hall ICN, Englewoods Cliffs New Jersey 1980, und: Poletti, R., Wege zur ganzheitlichen Krankenpflege, Basel 1985, Fiechter, V./Meier, M., Pflegeplanung, Basel 1981, sowie weitere Krankenpflegeliteratur, zum Beispiel im RECOM Verlag, Basel.
4   Teegen, F., Ganzheitliche Gesundheit, Reinbek 1983
5   Ferguson, M., Die sanfte Verschwörung, Basel 1982
6   Juchli, L., Sein und Handeln, Basel 1983, Kapitel: P: Phantasie entfalten, N: Nachdenken, O: Offene Augen haben
7   Zinker, J., Gestalttherapie als kreativer Prozeß, Paderborn 1982
8   Hippius, M., Der Weg der Initiation zur Individuation, in: Der zielfreie Weg, Hrsg. Dürckheim, Freiburg 1982
9   Tagungsmotto des 3. Deutschschweizer Symposions für soziokulturelle Animation, Basel 1984
10   Geistliches Oberhaupt der Tibeter; gesprochen auf dem Weltkongreß der transpersonalen Psychologie über Wege zur Rettung der Welt, 1983 in Davos
11   Aus: Michael Ende, Momo, Thienemanns Verlag, Stuttgart 1973
12   Haun, R., Der befreite Patient, München 1982
13   Zu diesem Komplex wurde in diesem Buch nicht deshalb wenig gesagt, weil er nicht wichtig wäre, sondern gerade deshalb, weil hier noch einiges zu leisten bleibt und zu hoffen ist, daß die entsprechende Fachliteratur auch im deutschen Sprachgebiet vorangetrieben wird. Siehe dazu auch Anmerkung 3
14   Dürckheim, K. Graf, Alltag als Übung, Bern/Stuttgart 1980
15   Reich, W., Charakteranalyse, Köln 1971
16   Lowen, A., Bioenergetik, München 1976
17   Siehe weiterführende Literatur, besonders die Übersicht im »Buch der ganzheitlichen Gesundheit«, Bern/München 1976, Hrsg. Berkeley Holistic Health Center. Johnson, D., Rolfing und die menschliche Flexibilität, Essen 1984
18   Pennington, G., Kleines Handbuch der Glasperlenspieler, Haldenwang 1981
19   Bendix, G. J., Handbuch für die Füße, Berlin 1980
20   Juchli, L., Sein und Handeln, Basel 1983